경매절차
실전사례
완전정복

경매절차 실전사례 완전정복

1판 1쇄 인쇄	2016년 7월 15일
1판 1쇄 발행	2016년 7월 22일

지은이	김창식
펴낸이	신민식

책임편집	경정은 정혜지
디자인	박정은
마케팅	이수성
경영지원	박현하

펴낸곳	가디언
출판등록	2010년 4월 15일
주소	서울시 마포구 토정로 222 한국출판콘텐츠센터 319호
전화	02-332-4103(마케팅) 02-332-4104(편집실)
팩스	02-332-4111
인쇄 · 제본	(주) 상지사P&B

홈페이지	www.sirubooks.com
이메일	gadian7@naver.com

ISBN 978-89-94909-93-6 03320

이 도서의 국립중앙도서관 출판예정도서목록(CIP)은 서지정보유통지원시스템 홈페이지
(http://seoji.nl.go.kr)와 국가자료공동목록시스템(http://www.nl.go.kr/kolisnet)에서
이용하실 수 있습니다.(CIP제어번호: CIP2016016175)

경매절차
실전사례
완전정복

부동산경매, 절차를 지배하는 자가 고수다

김창식 지음

가디언

일러두기

▶ 본서는 실전사례 해설서다. 이론서가 아니다. 혹여 본서 해설의 바탕이 되는 이론의 전개가 부족하다고 느끼는 독자가 있을 수 있겠다. 그렇다면 이론을 어디까지 전개할 것인가가 문제였다. 부족한 이론은 필자의 저서 《부동산경매백과》를 참고하기 바란다.

▶ 본서는 기본 법리의 해설, 사례해설, 칼럼, 하이라이트, 팁으로 구성되어 있다. 칼럼은 필자의 카페 《김창식의 경매교실》에 있는 '실전사례해설' 내용을 발췌하여 그대로 옮긴 것이다. 칼럼을 사례해설의 형식으로 전환해야 하는가에 대하여 고민해 보았으나, 칼럼이 사례해설과 비교하여 다이나믹한 면이 있어 그대로 인용키로 하였다.

▶ 칼럼 '빌딩경매해설'에서 다소 야한 표현이 들어 있다. 이 칼럼을 쓸 때 너무 긴 글이 될 것 같아 독자에게 재미로 읽을 수 있도록 배려한 부분이다. 심혈을 기울여서 썼던 기억이 난다. 이 또한 그대로 인용하였다.

▶ 13장 '집행법원의 불법행위'는 필자의 지식 내에서 집행절차상의 문제를 지적한 것이다. 경매 실무자로서 사례를 분석하면서 내린 결론이다. 선의로 지적한 것이다. 오해가 없길 바란다.

▶ 본서가 과거, 현재, 진행 중인 사건에 대한 법률적 판단과 칼럼 '토지를 보는 눈'에 대한 해설은 필자의 자의적인 판단일 수도 있다는 점을 염두에 두어야 한다.

▶ 필자로서는 해설을 위하여 집행기록 및 관련 자료에서 필요한 부분을 인용하였으나 독자에게는 부족할 수 있겠다. 그리하여 본서를 정독하고자 한다면 스스로 연구자의 자세로 집행기록 및 관련 자료를 총람할 것을 권한다.

머리말

경매를 전업으로 산 세월이 이제 십 수 년이 흘렀습니다. 경매강의를 해온 지 이제 만 10년이 지났습니다. 실전 경매를 하면서 '경매의 절차를 지배하는 자가 고수다'라는 생각을 줄곧 해왔습니다.

그동안《부동산경매백과》와《부동산경매 실전사례 153선》을 출판하여 분에 넘치는 사랑을 받았습니다.《부동산경매백과》는 초판을 출간할 때, 서문에 '살아 있는 동안 개정을 하겠다'라고 약속을 드린 바 있습니다. 이후 두 번의 개정작업을 했습니다.《부동산경매 실전사례 153선》은 한 번의 개정작업을 했습니다.

시중에 경매와 관련하여 많은 서적이 있습니다만, '경매의 절차'를 심도 있게 다룬 서적이 없다는 것을 압니다. '경매의 절차'라는 주제는 틈새의 지식에 의한 남다른 기회 포착 및 다툼에 관한 해결방안의 제시, 나아가서 소송행위로 발전합니다.

그리하여 '경매의 절차'에 관한 지식은 필연적으로 '전투적인 지식'이 됩니다. 미천한 지식으로 담대한 주제를 다루었음은 저의 당돌한 도전이라고 말할 수밖에 없습니다.

그동안 경매 실무를 하면서 직접 다루었던 사례들을 모아 한 권의 책으로 냅니다. 우리에게 위안을 주는 것은 아직 오지 않은 나날입니다. 그날을 위하여 분투노력하는 경매 참가자 여러분에게 조금이나마 도움이 되었으면 좋겠습니다.

2016년 7월 연구소에서

김창식

3장 현황조사

4장 감정평가

5장 매각물건명세서

6장 농지취득자격증명

7장 공유자우선매수

8장 매각허가에 대한 이의

9장 매각불허가결정

10장 즉시항고 및 매각허가결정취소

11장 미납과 불허가

15장 경매의 절차 기타

16장 매각허가결정취소 실전사례

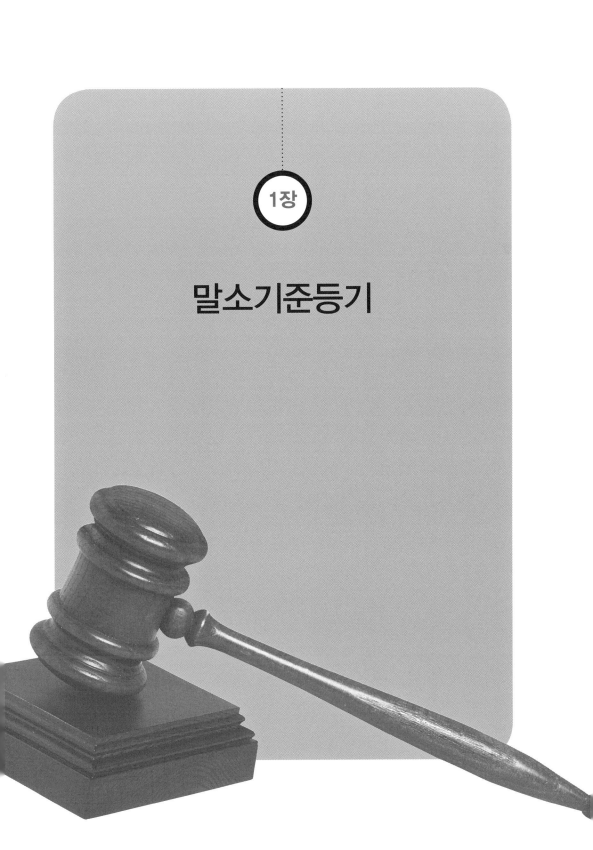

1장

말소기준등기

말소기준등기

저당권, 근저당권, 압류, 가압류, 담보가등기, 경매개시결정등기, 전세권(전체에 대한 전세권으로서 경매신청하거나 배당요구한 것) 중에서 등기부상 최초로 설정된 등기다. 이 중 권리의 실체가 없는 등기(예, 원인채권의 소멸로 인하여 그 외관만 남은 근저당권)는 말소기준등기가 되지 못한다.

경매가 종결되어도 낙찰자가 인수하는 등기 및 권리

- 선순위의 보전가등기 · 가처분 · 지상권 · 지역권 · 전세권 · 환매등기 · 임차권등기, 대항력 있는 주택 · 상가임차권.
- 순위에 관계없이 예고등기(예외 있음), 유치권, 법정지상권, 분묘기지권.

소멸시점

낙찰자의 잔금 완납 시 자동 소멸된다. 그러나 절차상으로는 낙찰자가 말소촉탁신청을 한다.

민사집행법 제91조(인수주의와 잉여주의의 선택 등)

① 압류채권자의 채권에 우선하는 채권에 관한 부동산의 부담을 매수인에게 인수하게 하거나, 매각대금으로 그 부담을 변제하는 데 부족하지 아니하다는 것이 인정된 경우가 아니면 그 부동산을 매각하지 못한다.

② 매각부동산 위의 모든 저당권은 매각으로 소멸된다.

③ 지상권·지역권·전세권 및 등기된 임차권은 저당권·압류채권·가압류채권에 대항할 수 없는 경우에는 매각으로 소멸된다.

④ 제3항의 경우 외의 지상권·지역권·전세권 및 등기된 임차권은 매수인이 인수한다. 다만, 그중 전세권의 경우에는 전세권자가 제88조에 따라 배당요구를 하면 매각으로 소멸된다.

⑤ 매수인은 유치권자에게 그 유치권으로 담보하는 채권을 변제할 책임이 있다

소멸주의를 원칙으로 하고 인수주의를 병용한다

압류부동산을 매각한 경우, 당해 부동산에 설정된 부담이 매각에 의하여 소멸된다면 소멸주의를 선택한 것이고, 반대로 매수인이 인수한다면 인수주의를 선택한 것이다.

잉여주의

집행법원은 부동산의 최저매각대금으로 우선채권, 즉 집행비용 중 공익비용인 절차비용 및 압류채권자의 채권에 우선하는 채권을 변제하고 남는 것이 없다고 인정되면 그 내용을 압류채권자에게 통지하고, 압류채권자가 우선채권을 초과하는 가격으로 매수하는 자가 없는 경우에는 스스로 매수할 것을 신청하고 충분한 보증을 제공하지 않는 한 매각절차를 취소하여야 한다.

일부에 대한 등기와 지분에 대한 등기의 말소기준등기 여부

주택이나 상가에 대한 일부 전세권은 주택이나 상가가 경매될 때 말소기준등기가 되지 못한다. 그러나 지분에 대하여 저당권이 설정되었다면 지분이 경매될 때 말소기준등기가 되고, 공유물분할을 위한 경매가 될 때에는 각 지분에 설정된 저당권이 말소기준등기가 된다. 즉 공유물분할을 위한 경매에서는 말소기준등기가 여러 개 나올 수 있다.

다가구주택 지분경매 시의 말소기준등기와 전체경매 시의 말소기준등기

다가구주택의 지분이 경매될 경우에는 지분에 설정된 저당권이 말소기준등기가 되나, 전체가 경매될 경우에는 각 지분에 대하여 동일한 저당권이 설정되어 있지 않는 한 지분에 설정된 저당권은 말소기준등기가 될 수 없다. 이때에는 전체지분에 등기된 경매개시결정등기가 말소기준등기가 되고, 임차인의 대항력을 판단하는 기준이 된다. 채권불가분의 원칙 때문이다.

| 2013-31175 서울 북부 | 공유물분할을 위한 경매에서는 말소기준등기가 각 지분 별로 정해진다 |

2013타경31175　　서울특별시 동대문구 제기동 345-25

물건종별	주택	감 정 가	340,339,500원	오늘조회: 0 2주누적: 7 2주평균: 1			
				구분	입찰기일	최저매각가격	결과
				1차	2014-08-18	340,339,500원	유찰
토지면적	90.4㎡(27.346평)	최 저 가	(41%) 139,403,000원	2차	2014-09-22	272,272,000원	유찰
				3차	2014-10-27	217,818,000원	유찰
건물면적	45.15㎡(13.658평)	보 증 금	(20%) 27,890,000원	4차	2014-12-01	174,254,000원	낙찰
				낙찰 174,598,009원(51.3%) / 1명 / 미납			
				5차	2015-03-23	174,254,000원	유찰
매각물건	토지·건물 일괄매각	소 유 자	지 용 외 3명		2015-04-20	139,403,000원	변경
				6차	2015-06-22	139,403,000원	
개시결정	2014-01-21	채 무 자	지 용 외 3명	낙찰 155,200,000원 (45.6%)			
				(입찰4명,낙찰:송 윤외1 / 2등입찰가 144,874,000원)			
사 건 명	임의경매(공유물분할을 위한 형식적 경매)	채 권 자	노 성	매각결정기일 : 2015.06.29 - 매각허가결정			
				대금지급기한 : 2015.09.14			
				대금납부 2015.09.08 / 배당기일 2015.10.15			
				배당종결 2015.10.15			

매각물건 명세서

사건	2013타경31175 부동산임의 경매	매각물건번호	1	담임법관(사법보좌관)	정 배
작성일자	2015.06.01	최선순위 설정일자	지명식지분 : 2004.3.4. 압류 노 성, 지 용, 지 애 지분 : 2014.1.21.자 경매개시결정		
부동산 및 감정평가액 최저매각가격의 표시	부동산표시목록 참조	배당요구종기	2014.04.02 / /		

가처분이 말소기준등기가 된 사례

2009-2813 수원·성남   가처분등기가 말소기준등기가 되었다. 가처분의 피보전권리에 주목을 해야 한다. 등기부현황상 피보전권리가 근저당권설정등기청구권이다, 그런데 아래 6번을 보니 국민은행이 근저당을 설정하고 있다. 그리하여 매각물건명세서상 가처분의 순위보전효력에 의하여 가처분의 설정 시점으로 근저당권을 말소기준 등기로 보는 것이다. 배당의 순위에 있어서도 국민은행의 저당권은 가처분의 순위로 배당받는다. 아래 가압류가 보이는데 가압류와 평등배당을 받는 것이 아니라 가압류에 대하여 선순위로 배당받는다.

2009타경2813 경기도 하남시 신장동 569 외 1필지, 대명강변타운아파트 107동 202호

물건종별	아파트(33평형)	감 정 가	430,000,000원	오늘조회: 0 2주누적: 3 2주평균: 0			
				구분	입찰기일	최저매각가격	결과
대 지 권	미등기감정가격포함	최 저 가	(80%) 344,000,000원	1차	2009-08-24	430,000,000원	유찰
건물면적	84.83㎡(25.661평)	보 증 금	(10%) 34,400,000원	2차	2009-09-28	**344,000,000원**	
매각물건	토지·건물 일괄매각	소 유 자	이 석	낙찰 : 372,150,000원 (86.55%)			
				(입찰3명,낙찰:안 미)			
개시결정	2009-02-12	채 무 자	이 석	매각결정기일 : 2009.10.05 – 매각허가결정			
사 건 명	임의경매	채 권 자	국민은행	대금납부 2009.10.30 / 배당기일 2009.12.18			
				배당종결 2010.01.15			

매각물건 명세서

사건	2009타경2813 부동산임의 경매	매각물건번호	1	담임법관(사법보좌관)	김 주
작성일자	2009.09.14	최선순위 설정일자	2008. 8. 8.자 근저당권		
부동산 및 감정평가액 최저매각가격의 표시	부동산표시목록 참조	배당요구종기	2009.07.31		

■ 등기부현황 (채권액합계 : 322,504,947원)

No	접수	권리종류	권리자	채권금액	비고	소멸여부
1	2008.08.08	소유권보존	이 석		가처분등기의 촉탁으로 인하여	
2	2008.08.08	가처분	국민은행		근저당권설정등기청구권	인수
3	2008.09.04	가압류	국민은행 (담보여신관리센터)	96,618,315원	말소기준등기	소멸
4	2008.11.13	가압류	하남대명연합주택조합	116,686,632원		소멸
5	2008.11.14	압류	송파세무서			소멸
6	2008.12.30	근저당	국민은행	109,200,000원		소멸
7	2009.01.14	압류	강동세무서			소멸
8	2009.03.27	임의경매	국민은행 (경매소송관리센터)	청구금액: 103,894,764원	2009타경2813	소멸
9	2009.04.14	압류	하남시		세무과-3863	소멸

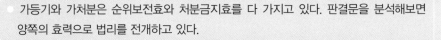

- 가등기와 가처분은 순위보전효와 처분금지효를 다 가지고 있다. 판결문을 분석해보면 양쪽의 효력으로 법리를 전개하고 있다.

- 매각물건명세서상 최선순위 설정일자란 말소기준등기를 의미한다. 등기부상 최초등기 일자를 말하는 것이 아니다.

유사사례

2014-12994
서울남부

매각물건명세서상 최선순위 설정일자를 확인한다.

2014타경12994 • 서울남부지방법원 본원 • 매각기일 : **2014.12.18(木) (10:00)** • 경매 1계(전화:02-2192-1331)

소재지	서울특별시 영등포구 신길동 4938, 신길자이 103동 3층 302호 도로명주소검색						

물건종별	아파트	감정가	350,000,000원	오늘조회: 1 2주누적: 1 2주평균: 0 조회동향			
				구분	입찰기일	최저매각가격	결과
대지권	36.084㎡(10.915평)	최저가	(80%) 280,000,000원	1차	2014-11-18	350,000,000원	유찰
건물면적	59.99㎡(18.147평)	보증금	(10%) 28,000,000원	2차	2014-12-18	280,000,000원	
매각물건	토지·건물 일괄매각	소유자	노 영	낙찰 : **345,000,010원 (98.57%)**			
				(입찰17명,낙찰:구로구 박 이 /			
				2등입찰가 335,000,000원)			
개시결정	2014-06-02	채무자	노 영	매각결정기일 : 2014.12.26 - 매각허가결정			
사건명	강제경매	채권자	박 숙	대금지급기한 : 2015.02.05			
				대금납부 2015.02.05 / 배당기일 2015.03.03			
				배당종결 2015.03.03			
관련사건	2014타경27309(중복), 서울남부지법 2012카합779(가처분)						

• 등기부현황 (채권액합계 : 222,000,000원)

No	접수	권리종류	권리자	채권금액	비고	소멸여부
1(갑1)	2011.08.16	소유권보존	신길제5구역주택재개발조합			
2(갑2)	2012.12.04	가처분	하나은행		근저당권설정등기청구권 서울남부지법 2012카합779 가처분내역보기	
3(갑3)	2014.05.23	소유권이전(매매)	노육영			
4(을1)	2014.05.29	근저당	하나은행 (신길동지점)	222,000,000원	말소기준등기	소멸
5(갑4)	2014.06.02	강제경매	박 숙	청구금액: 950,000,000원	2014타경12994	소멸
주의사항	▶하나은행으로부터 매각대금이 환납되는 경우, 갑구 1번 가처분등기(2012. 12. 4. 접수 제48612호)에 대한 말소동의서가 2014. 10. 1. 제출되었음					

매각물건 명세서

🖨 인쇄

사건	2014타경12994 부동산강제경매 2014타경27309(중복)	매각물건번호	1	담임법관(사법보좌관)	이 룡
작성일자	2014.12.10	최선순위 설정일자	2014.5.29.근저당권 (2012.12.04.가처분등기에 의함)		
부동산 및 감정평가액 최저매각가격의 표시	부동산표시목록 참조	배당요구종기	2014.08.14		

임차인의 우선변제권이 말소기준이 된 사례

매각물건명세서상 최선순위 설정일자가 임차권등기명령이다. 그렇다면 등기상 선순위인 가처분의 말소 여부가 의문시되는데, 이에 대하여 임차권등기권자가 전액 배당을 받아 말소된다면 가처분등기도 소멸한다는 조건이다. 사실상 임차권등기를 말소기준등기로 본 것이 아니라 임차인의 우선변제권을 말소기준으로 본 것이다.

2007타경16504	경기도 성남시 분당구 구미동 13, 까치마을건영빌라 603동 3층 304호							
물건종별	다세대(빌라)	감정가	350,000,000원	오늘조회: 0 2주누적: 2 2주평균: 0				
				구분	입찰기일	최저매각가격		결과
				1차	2008-02-11	350,000,000원		유찰
대지권	71.724㎡(21.697평)	최저가	(51%) 179,200,000원	2차	2008-03-10	280,000,000원		낙찰
				낙찰 285,300,000원(81.51%) / 1명 / 미납				
건물면적	59.93㎡(18.129평)	보증금	(20%) 35,840,000원	3차	2008-10-13	280,000,000원		유찰
				4차	2008-11-10	224,000,000원		유찰
매각물건	토지·건물 일괄매각	소유자	김 화	5차	2008-12-08	179,200,000원		
				낙찰: 193,330,000원 (55.24%)				
개시결정	2007-10-25	채무자	김 화	(입찰2명, 낙찰:전 란)				
				매각결정기일: 2008.12.15 - 매각허가결정				
사건명	강제경매	채권자	조 수	대금납부 2009.01.22 / 배당기일 2009.02.20				
				배당종결 2009.02.20				

■ 임차인현황 (말소기준권리 : 2007.08.22 / 배당요구종기일 : 2007.12.31)

임차인	점유부분	전입/확정/배당	보증금/차임	대항력	배당예상금액	기타
조한수	주거용 전부	전 입 일: 2002.11.22 확 정 일: 2002.10.09 배당요구일: 2007.10.25	보120,000,000원	있음	순위배당가능	임차권등기자 경매 신청인
임차인분석	▶ 조한수:임차권등기권자로 말소예정임 ▶ 매수인에게 대항할 수 있는 임차 있으며, 보증금이 전액 변제되지 아니하면 잔액을 매수인이 인수함					

● 등기부현황 (채권액합계 : 123,872,480원)

No	접수	권리종류	권리자	채권금액	비고	소멸여부
1	2003.09.30	소유권이전(매매)	김 화			
2	2003.12.06	가처분	최 자		소유권이전등기말소 청구권	인수
3	2004.12.23	주택임차권(전부)	조 수	120,000,000원	전입:2002.11.22 확정:2002.10.09	
4	2007.08.22	가처분	대한민국	진정명의회복을 원인으로 한 소유권이전등 기절차이행의 소,소관:동수원세무서		인수
5	2007.08.22	가압류	건영빌라3,6단지입주자 대표회	3,872,480원	말소기준등기 대표자:이상미	소멸
6	2007.10.25	강제경매	조 수	청구금액: 150,312,328원	2007타경16504	소멸

매각물건 명세서

사건	2007타경16504 부동산강제경매	매각물건번호	1
작성일자	2008.11.21	담임법관(사법보좌관)	정 진
부동산 및 감정평가액 최저매각가격의 표시	부동산표시목록 참조	최선순위 설정일자	2004.12.23.(임차권등기명령)

※ 등기된 부동산에 관한 권리 또는 가처분으로 매각허가에 의하여 그 효력이 소멸되지 아니하는 것
선순위 가처분 있음(2003.12.06.자 접수 제99192호), 2순위 가처분(2007.08.22.자)은 임차권등기의 말소 여부에 따라 소멸 여부 결정됨
※ 매각허가에 의하여 설정된 것으로 보는 지상권의 개요
해당사항없음
※ 비고란
1. 최선순위 가처분이 있으며, 대항력 있는 임차권등기 등이 있으므로 주의 요망 2. 특별매각조건 매수보증금 20%

유사사례

2012-19313 부산

매각물건명세서상 최선순위 설정일자가 경매개시결정등기이다. 그렇다면 등기부상 가처분등기의 말소 여부가 의문시되는데, 매각물건명세서상 '가처분으로 매각허가에 의하여 그 효력이 소멸되지 않는 것'을 보면 '해당사항 없음'으로 기재되어 있다. 사실상 임차인의 우선변제권을 말소기준으로 본 것이다.

2012타경19313	부산광역시 사상구 주례동 80-85, 삼황빌원룸 4층 404호 (가야대로366번길 83)							
물건종별	다세대(빌라)	감 정 가	28,000,000원	오늘조회: 0 2주누적: 3 2주평균: 0				
				구분	입찰기일	최저매각가격	결과	
대 지 권	9.13㎡(2.762평)	최 저 가	(33%) 9,175,000원	1차	2013-02-14	28,000,000원	유찰	
건물면적	15.72㎡(4.755평)	보 증 금	(10%) 920,000원	2차	2013-03-21	22,400,000원	유찰	
				3차	2013-04-25	17,920,000원	유찰	
매각물건	토지·건물 일괄매각	소 유 자	박 대	4차	2013-05-30	14,336,000원	유찰	
				5차	2013-07-04	11,469,000원	유찰	
개시결정	2012-07-05	채 무 자	박 대		2013-08-08	9,175,000원	변경	
사 건 명	강제경매	채 권 자	이 녀		2014-05-14	0원	취하	
				본사건은 취하(으)로 경매절차가 종결되었습니다.				

● **등기부현황** (채권액합계 : 45,496,000원)

No	접수	권리종류	권리자	채권금액	비고	소멸여부
1	2008.04.15	소유권이전(매매)	박 대		거래가액 금106,000,000원	
2	2011.06.24	주택임차권(전부)	이 녀	26,000,000원	전입:2010.03.02 확정:2010.03.02	
3	2011.12.12	가처분	김 현	약정을 원인으로 한 소유권이전등기청구권 부산지법 2011카합2412		인수
4	2012.07.05	강제경매	이 녀	청구금액: 26,000,000원	말소기준등기 2012타경19313	소멸
5	2013.02.28	가압류	부산신용보증재단	19,496,000원		소멸

매각물건 명세서   🖨 인쇄

사건	2012타경19313 부동산강제 경매	매각물건번호	1	담임법관(사법보좌 관)	김 용
작성일자	2012.12.11	최선순위 설정일 자	2012. 7. 5. 경매개시결정		
부동산 및 감정평 가액 최저매각가격의 표 시	부동산표시목록 참조	배당요구종기	2012.09.14		

※ 등기된 부동산에 관한 권리 또는 가처분으로 매각허가에 의하여 그 효력이 소멸되지 아니하는 것

해당사항 없음

원칙이 만드는 모순 (말소기준등기에 관하여)

임차인의 우선변제권을 말소기준으로 보지 않은 사례

2014-8421
대구 서부

평범합니다.

2014타경8421			• 대구지방법원 서부지원 • 매각기일 : 2015.05.07(木) (10:00) • 경매 1계(전화:053-570-2301)	

소 재 지	대구광역시 서구 평리동 1139-36, 대영월드빌 2층 202호 [도로명주소검색]			
물건종별	다세대(빌라)	감 정 가	47,000,000원	

오늘조회: 3 2주누적: 7 2주평균: 1 [조회동향]

물건종별	다세대(빌라)	감 정 가	47,000,000원	구분	입찰기일	최저매각가격	결과
대 지 권	23.824㎡(7.207평)	최 저 가	(49%) 23,030,000원	1차	2015-03-03	47,000,000원	유찰
건물면적	38.16㎡(11.543평)	보 증 금	(10%) 2,310,000원	2차	2015-04-02	32,900,000원	유찰
매각물건	토지·건물 일괄매각	소 유 자	박 칠	3차	**2015-05-07**	**23,030,000원**	
개시결정	2014-09-29	채 무 자	박 칠	낙찰 : 25,000,000원 (53.19%)			
				(입찰1명,낙찰:대구 서구 권 성)			
사 건 명	강제경매	채 권 자	권 승	매각결정기일 : 2015.05.14 - 매각허가결정			
				대금지급기한 : 2015.06.22			
				배당기일 : 2015.06.22			
				배당종결 2015.06.22			

아래 기록을 보면, 임차인이 경매를 신청했군요. 임차인은 대항력이 있습니다. 그런데 임차인의 대항력 발생일 및 우선변제권보다 후순위로 가등기가 있습니다. 그런데 가등기를 인수한다고 적혀 있는데요. 그렇다면 매각물건명세서를 확인해봐야겠군요.

● **임차인현황** (말소기준권리 : 2007.02.14 / 배당요구종기일 : 2014.12.09)

임차인	점유부분	전입/확정/배당	보증금/차임	대항력	배당예상금액	기타
권오승	주거용 전부	전 입 일 : 2005.04.04 확 정 일 : 2005.03.18 배당요구일 : 2014.10.17	보25,000,000원	있음	소액임차인	경매신청인
임차인분석		☞조사참여인-임차인 권오승의 처 구은주 ☞권오승 : 경매신청채권자 ▶매수인에게 대항할 수 있는 임차인 있으며, 보증금이 전액 변제되지 아니하면 잔액을 매수인이 인수함				

● **등기부현황** (채권액합계 : 123,000,000원)

No	접수	권리종류	권리자	채권금액	비고	소멸여부
1(갑2)	2006.02.20	소유권이전(매매)	박병			
2(갑3)	2006.03.06	소유권이전 청구권가등기	박 종		매매예약	인수
3(갑4)	2007.02.14	압류	안산세무서		말소기준등기	소멸
4(갑5)	2007.06.01	압류	대구광역시서구			소멸
5(갑6)	2009.07.08	가압류	정 삼	123,000,000원	2009카합290	소멸
6(갑9)	2011.03.30	압류	동대구세무서			소멸
7(갑10)	2013.11.22	압류	대구지방검찰청			소멸
8(갑11)	2014.09.29	강제경매	권 승	청구금액: 25,000,000원	2014타경8421	소멸

매각물건명세서도 가등기를 인수한다고 기록하고 있습니다. 그렇다면, 가등기의 인수 또는 소멸에 관하여 한번 토론해보고자 합니다. 가등기가 말소기준등기인 안산세무서의 압류보다 선순위이니 당연히 인수되는 것이 아닌가 하고 생각하겠지요. 그런데 이게 그리 간단한 문제가 아닙니다. 살펴볼까요?

매각물건 명세서

사건	2014타경8421 부동산강제경매	매각물건번호	1	담임법관(사법보좌관)	박 명
작성일자	2015.03.09	최선순위 설정일자	2007. 2. 14. 압류		
부동산 및 감정평가액 최저매각가격의 표시	부동산표시목록 참조	배당요구종기	2014.12.09		

부동산의 점유자와 점유의 권원, 점유할 수 있는 기간, 차임 또는 보증금에 관한 관계인의 진술 및 임차인이 있는 경우 배당요구 여부와 그 일자, 전입신고일자 또는 사업자등록신청일자와 확정일자의 유무와 그 일자

점유자의 성명	점유부분	정보출처 구분	점유의 권원	임대차 기간 (점유기간)	보증금	차임	전입신고 일자.사업 자등록신 청일자	확정일자	배당요구 여부 (배당요구 일자)
권오승	202호 전부	현황조사	주거 임차인	2005.03.31	이천오백 만원		2005.04.04	2005.03.18	
	202호 전부	권리신고	주거 임차인	2005.03.31~	이천오백 만원		2005.04.04	2005.03.18	2014.10.17

〈 비고 〉
권오승 : 경매신청채권자.

※ 최선순위 설정일자보다 대항요건을 먼저 갖춘 주택.상가건물 임차인의 임차보증금은 매수인에게 인수되는 경우가 발생할 수 있고, 대항력과 우선 변제권이 있는 주택.상가건물 임차인이 배당요구를 하였으나 보증금 전액에 관하여 배당을 받지 아니한 경우에는 배당받지 못한 잔액이 매수인에게 인수되게 됨을 주의하시기 바랍니다.

※ 등기된 부동산에 관한 권리 또는 가처분으로서 매각으로 그 효력이 소멸되지 아니하는 것
매수인에게 인수되는 2006.3.6.자 접수번호9219호 선순위 가등기 있음.

이 사건의 토론의 핵심은 임차인의 대항력 발생일시 및 우선변제권보다 가등기가 후순위라는 데에 착안해야 합니다. 그런데도 집행절차 안에서 인수시키고 있다는 점입니다. 앞에서 해설한 사건과 모순이 되고 있다는 것입니다. 이게 무슨 문제를 낳는지 순서대로 그려보겠습니다.

임차권의 대항력 발생일시 및 우선변제권 – 가등기 – 중략 – 강제경매(임차권자가 집행권원에 의해)된 상황에서,

1. 가등기는 설정 당시 임차인의 대항력과 우선변제권을 수인하고 있었다는 점입니다. 즉, 후순위입니다

2. 집행절차에서 가등기를 인수시킴으로써, 집행절차에서 낙찰가의 하락을

면할 수가 없다는 점입니다

3. 임차인은 후순위인 가등기가 인수됨으로써 본인의 권리가 침해당하는 모양새입니다.

그렇다면 가등기를 소멸시킨다면, 그 전제조건으로, 말소기준등기를 임차인의 우선변제권으로 보아야 합니다. 그러나 《민사집행 실무제요》(2014년 개정판 359쪽)에서는 부동산등기부에 기록된 것만을 말소기준으로 삼아야 한다는 것입니다. 즉, 특별법상의 우선변제권을 말소기준으로 삼아서는 안 됩니다. 그러다 보니 이런 모순이 나오게 되는 것입니다. 원칙을 이렇게 정했으니 어쩔 수 없다는 것이지요. 물론 이 견해에 반대의견도 있다는 것을 부설하고 있습니다.

본 경매사건에서 임차인은 임차권에서 해방될 방법을 찾기가 어려워 보입니다. 배당 순위에서 등기부상으로도 국세 2건, 지방세 1건이 보입니다. 교부청구한 조세도 있을 수 있습니다.

임차인은 영영 임차권에서 벗어날 방법이 없는가에 천착해보면, 한 가지 방법이 있습니다. 임차권을 양도하면 벗어날 수가 있는데, 물론 임차권의 양수인은 대항력과 우선변제권을 종전의 임차인 기준으로 발생시킬 수가 있습니다. 그러나 이를 인수할 양수인을 구하기는 쉬운 일이 아닙니다.

원칙은 늘 모순을 발생시키기 마련이지요. 안타깝지만 어쩔 수 없는 일입니다.

이 경매사건이 진행 중일 때 본 칼럼을 〈김창식의 경매교실〉에 올렸습니다. 원고를 정리하는 지금 시점에서 보니 낙찰이 되었네요. 이후 가등기는 어떻게 되었는지 궁금합니다. 그리하여 등기부를 열람한 결과 해제로 나오네요. 집행절차에서 해제된 것은 아니고 협의해제한 것입니다.

13	소유권이전	2015년7월6일 제108820호	2015년6월22일 강제경매로 인한 매각	소유자 권오승 770228-****** 대구광역시 서구 통학로18길 36-13, 202호(팔라동)
13-1	13번등기명의인표시변경	2016년3월4일 제22443호	2015년10월26일 전거	권오승의 주소 대구광역시 서구 달서로12길 27-1, 501호 (비산동, 신성그린빌)
14	4번압류, 5번압류, 6번가압류, 9번압류, 10번압류, 11번강제경매개시결정 등기말소	2015년7월6일 제108820호	2015년6월22일 강제경매로 인한 매각	
15	3번가등기말소	2016년2월24일 제18976호	2016년2월24일 해제	

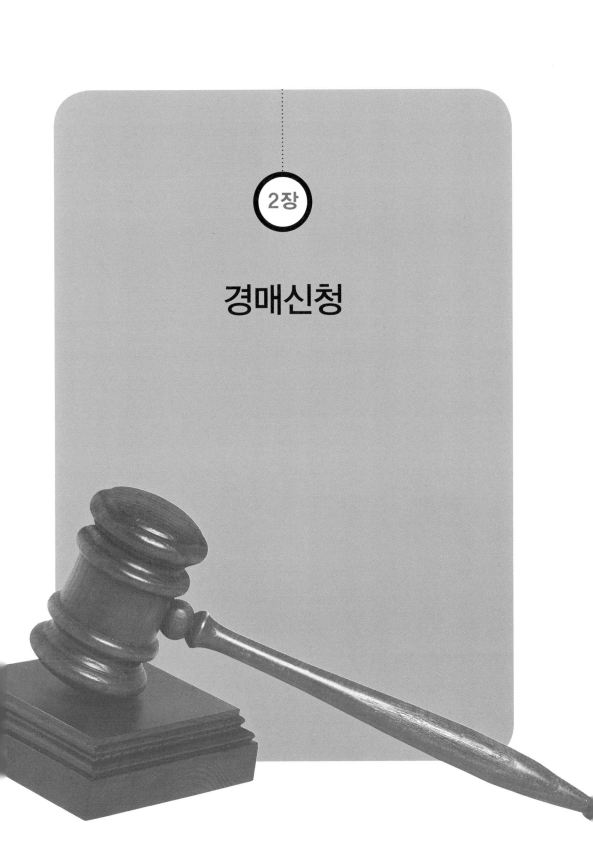

2장

경매신청

미등기 부동산에 대한 경매신청

미등기 부동산에 대하여 경매를 신청할 때는 즉시 채무자의 명의로 등기할 수 있음을 증명하는 서면과 부동산의 표시를 증명하는 서면을 첨부해야 한다. 미등기부동산에 관하여 경매개시결정을 하면 등기관이 직권으로 소유권보존등기를 하고 경매개시결정등기를 하게 된다.

① 미등기 토지에 관한 채무자의 명의로 등기할 수 있음을 증명할 서류로는 토지대장, 소유권확인판결, 수용증명서 등이 있다.
② 미등기 건물에 관한 채무자의 명의로 등기할 수 있음을 증명할 서류로는 재산세과세증명서, 건축물사용승인서, 건축물의 사용검사필증 등이 있다.

미등기건물에 대한 경매신청의 남용금지

만일 건축허가나 건축신고를 하지 아니한 건물에 대해서도 부동산집행을 허용함으로써 이를 위한 보존등기가 가능하게 되면, 불법건축물이 양산되는 측면이 있고 절차적인 측면에서도 그 건물의 소유권자를 확인하기 어려운 문제가 있으므로, 미등기건물의 경매신청에 관하여는 적법하게 건축허가나 건축신고를 마친 건물(완성된 건물만이 대상이

고, 미완성된 건물은 가사 독립한 건물로 볼 수 있는 정도라고 하여도 대상에서 제외된다)이
사용승인을 받지 못한 경우에만 해당된다(실무제요 2-10).

경매신청 타이밍에 관한 사례

2011-8658 서울 서부 전세권자가 경매를 신청한 사건이다. 그런데 근저당과 가등기가 설정된 후에 전입 및 전세권을 설정했다. 상당히 위험해보인다. 집행기록에 의하면, 가등기권자가 배당을 요구한 것으로 나온다. 즉, 담보가등기이다. 가등기가 보전가등기인지 담보가등기인지에 관하여는 등기상의 표시에 의하는 것이 아니라 거래의 실질과 당사자의 의사해석에 따른다는 것이 대법원 판례이다. 애매모호하다. 당사자들이 귀에 걸면 귀고리 코에 걸면 코걸이가 될 것 같다. 전세권자가 경매를 신청한 사안에서는 당연히 담보가등기임을 주장하여 배당에 참여할 수밖에 없겠지만 말이다. 어차피 선순위의 근저당과 가등기를 부담하는 상황에서는 빨리 경매를 신청하는 것이 좋다. 또한 담보가등기라도 청산금을 지급하면 보전가등기가 되어 소유권이전등기청구권을 갖게 된다. 이때 청산금의 범위 내에서는 임차인에게 우선변제권이 있다.

2011타경8658	■ 서울서부지방법원 본원 ■ 매각기일 : **2012.03.22(木) (10:00)** ■ 경매 4계 (전화:02-3271-1324)						
소재지	서울특별시 용산구 이촌동 395 외 3필지, 대림아파트 101동 19층 1901호 도로명주소검색						
물건종별	아파트	감정가	870,000,000원	오늘조회: 1 2주누적: 1 2주평균: 0 조회동향			
				구분	입찰기일	최저매각가격	결과
대지권	17.28㎡(5.227평)	최저가	(64%) 556,800,000원	1차	2012-01-05	870,000,000원	유찰
				2차	2012-02-16	696,000,000원	유찰
건물면적	59.22㎡(17.914평)	보증금	(10%) 55,680,000원	3차	2012-03-22	556,800,000원	
				낙찰 : 632,510,000원 (72.7%)			
매각물건	토지·건물 일괄매각	소유자	강 영	(입찰3명,낙찰:부천시원미구 권 근 / 2등입찰가 604,770,000원)			
개시결정	2011-06-16	채무자	강 영	매각결정기일 : 2012.03.29 - 매각허가결정			
				대금지급기한 : 2012.05.07			
사건명	임의경매	채권자	김의정,케이디비생명보험(주)	대금납부 2012.04.09 / 배당기일 2012.05.25			
				배당종결 2012.05.25			
관련사건	2011타경13773(중복)						

* **임차인현황** (말소기준권리 : 2007.05.11 / 배당요구종기일 : 2011.12.14)

임차인	점유부분	전입/확정/배당	보증금/차임	대항력	배당예상금액	기타
김의정	주거용 전부	전 입 일: 2008.04.07 확 정 일: 미상 배당요구일: 없음	보135,000,000원	없음	배당순위있음	전세권등기자
기타사항	☞ 폐문부재로 안내문을 남겨두고 왔으나 아무 연락이 없어 점유관계 미상이나, 본건 목적물 상에 주민등록 전입세대가 소유자 세대 뿐임.(현관문에 우편물도착안내문이 2010. 9월분부터 현재까지 10여개 부착되어 있음)					

* **등기부현황** (채권액합계 : 397,600,000원)

No	접수	권리종류	권리자	채권금액	비고	소멸여부
1	2003.01.10	소유권이전(매매)	강 영			
2	2007.05.11	근저당	케이디비생명보험(주)	262,600,000원	말소기준등기 구)금호생명보험 주식회사	소멸
3	2008.01.02	소유권이전 청구권가등기	조 자		매매예약	소멸
4	2008.04.07	전세권(전부)	김 정	135,000,000원	존속기간: 2008.04.05~2010.04.04	소멸
5	2011.06.16	임의경매	김 정	청구금액: 135,000,000원	2011타경8658	소멸
6	2011.08.23	임의경매	케이디비생명보험(주) (여신심사관리팀)	청구금액: 210,791,389원	2011타경13773	소멸

2011.11.17	가등기권자 조용자 배당요구신청 제출
2011.11.23	가등기권자 조용자 배당요구종기연기신청서 제출
2011.11.23	가등기권자 조용자 주소보정 제출
2011.11.23	채권자 김의정 공시송달신청 제출
2011.12.05	교부권자 마포세무서 교부청구 제출
2012.04.09	최고가매수신고인 매각대금완납증명
2012.04.09	최고가매수신고인 등기촉탁신청 제출
2012.04.12	법원 서부법원 공탁계 전언통신문 제출
2012.04.16	등기소 용산구 등기필증 제출
2012.04.30	전세권자 김미정 원리금계산서 제출
2012.05.09	교부권자 마포세무서 교부청구 제출
2012.05.21	가등기권자 조용자 대금지급에관한의견서 제출
2012.05.25	가등기권자 조용자 배당액 계좌입금요청신고서 제출

경매의 방식(분할경매 또는 일괄경매)의 결정에 관한 집행법원의 재량권

경매목적 부동산이 2개 이상인 경우, 분할경매를 할 것인가 일괄경매를 할 것인가 여부는 집행법원의 자유재량에 의하여 결정할 성질의 것이다. 그러나 2필지 이상의 토지를 매각하면서 분할경매에 의하여 일부토지만 매각되면 맹지 등이 되어 가치가 현저히 하락할 수 있으므로 분할경매를 하는 것보다 일괄경매를 하는 것이 당해 물건 전체의 효용을 높일 수 있다. 또한 가액이 현저히 고가로 될 것이 명백히 예측되는 경우 등에는 일괄경매의 방법에 의하는 것이 타당하다. 이때 분할경매를 하는 것은 그 부동산이 유기적 관계에서 가지는 가치를 무시하는 것으로, 집행법원의 재량권의 범위를 넘어 위법한 것이 된다.

일괄경매를 해야 하는데 분할경매를 한 사례

| 2015-2418(1, 4)
울산 | 물건번호 1번과 4번은 일괄경매를 진행해야 한다. 지적도를 보면 물건번호 1번 땅 안에 4번 땅이 있다. 이는 같은 소유자 |

에게 낙찰받게 하는 것이 합리적이라는 것이다. 토지의 유기적 관계를 무시한 집행으로서 집행법원의 재량권을 넘어 위법한 것이다. 낙찰자의 이름을 보니 동일인임을 알 수 있다. 만약에 각각의 사건을 다른 사람이 낙찰받았다면 매각허가에 대한 이의사유가 될 것이다

2015타경2418 (1) ● 울산지방법원 본원 ● 매각기일 : **2016.01.28(木) (10:00)** ● 경매 7계(전화:052-216-8267)

소 재 지	경상남도 양산시 상북면 석계리 산87-3	도로명주소검색					
물건종별	임야	감 정 가	55,840,000원	오늘조회: 1 2주누적: 2 2주평균: 0 조회동향			
토지면적	1396㎡(422.29평)	최 저 가	(80%) 44,672,000원	구분	입찰기일	최저매각가격	결과
				1차	2015-12-28	55,840,000원	유찰
건물면적	건물은 매각제외	보 증 금	(10%) 4,470,000원	2차	2016-01-28	44,672,000원	
매각물건	토지만 매각이며, 지분 매각임	소 유 자	최 창	낙찰 : 47,731,000원 (85.48%)			
				(입찰1명,낙찰:양산 주 민)			
				매각결정기일 : 2016.02.04 - 매각허가결정			
개시결정	2015-02-16	채 무 자	최 창	대금지급기한 : 2016.03.04			
사 건 명	강제경매	채 권 자	(주)국민행복기금	대금납부 2016.02.16 / 배당기일 2016.03.30			
				배당종결 2016.03.30			

2015타경2418 (4)

● 울산지방법원 본원 ● 매각기일 : 2016.01.28(木) (10:00) ● 경매 7계 (전화:052-216-8267)

소재지	경상남도 양산시 상북면 석계리 797 도로명주소검색							
물건종별	농지	감정가	7,984,860원	오늘조회: 1 2주누적: 1 2주평균: 0 조회동향				
토지면적	137.67m²(41.645평)	최저가	(80%) 6,388,000원	구분	입찰기일	최저매각가격	결과	
				1차	2015-12-28	7,984,860원	유찰	
건물면적		보증금	(10%) 640,000원	2차	2016-01-28	6,388,000원		
매각물건	토지지분매각	소유자	최 창	낙찰: 6,731,000원 (84.3%)				
				(입찰1명,낙찰:양산 주 민)				
개시결정	2015-02-16	채무자	최 창	매각결정기일 : 2016.02.04 - 매각허가결정				
				대금지급기한 : 2016.03.04				
사건명	강제경매	채권자	(주)국민행복기금	대금납부 2016.02.16 / 배당기일 2016.03.30				
				배당종결 2016.03.30				

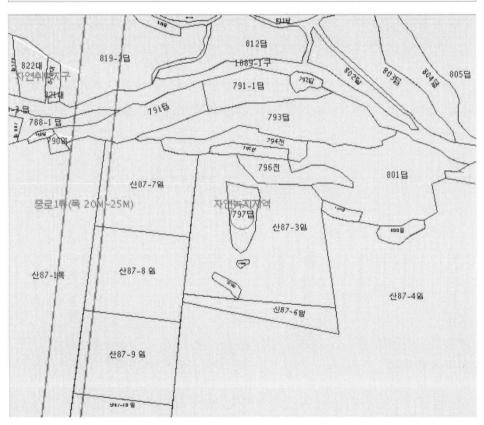

민사집행법 제121조(매각허가에 대한 이의신청 사유) 5항
일괄매각의 결정에 중대한 흠이 있는 때…
* 필자주: 해석상 분할매각의 결정에 중대한 흠이 있는 때를 포함한다고 본다.

유사 사례

2015-26978(1, 2)
부산

물건번호 1번과 2번을 분할경매하고 있다. 그러나 지적도를 보면 물건번호 1은 맹지이다. 물건번호 2번을 통해야만 출입이 가능하다. 이럴 때에는 일괄경매를 해야 한다.

2015타경26978 (1) · 부산지방법원 본원 · 매각기일 : **2016.04.29(金) (10:00)** · 경매 9계(전화:051-590-1821)

소 재 지	부산광역시 동래구 온천동 산59-4 도로명주소검색							
물건종별	임야	감 정 가	25,308,000원	오늘조회: 1 2주누적: 3 2주평균: 0 조회동향			
				구분	입찰기일	최저매각가격	결과
토지면적	114㎡(34.485평)	최 저 가	(80%) 20,246,000원	1차	2016-04-01	25,308,000원	유찰
건물면적		보 증 금	(10%) 2,030,000원	2차	**2016-04-29**	**20,246,000원**	
매각물건	토지 매각	소 유 자	이 현	낙찰 : 21,520,000원 (85.03%)			
				(입찰1명,낙찰:구 경외1명)			
개시결정	2015-12-08	채 무 자	이 현	매각결정기일 : 2016.05.09 - 매각허가결정			
				대금지급기한 : 2016.05.27			
사 건 명	임의경매	채 권 자	영등포제일새마을금고	대금납부 2016.05.25 / 배당기일 2016.07.05			

2015타경26978 (2) · 부산지방법원 본원 · 매각기일 : **2016.04.29(金) (10:00)** · 경매 9계(전화:051-590-1821)

소 재 지	부산광역시 동래구 온천동 산60-1 도로명주소검색							
물건종별	임야	감 정 가	223,146,000원	오늘조회: 1 2주누적: 7 2주평균: 1 조회동향			
				구분	입찰기일	최저매각가격	결과
토지면적	1078㎡(326.095평)	최 저 가	(80%) 178,517,000원	1차	2016-04-01	223,146,000원	유찰
건물면적	건물은 매각제외	보 증 금	(10%) 17,860,000원	2차	**2016-04-29**	**178,517,000원**	
매각물건	토지만 매각	소 유 자	이 현	낙찰 : 181,520,000원 (81.35%)			
				(입찰1명,낙찰:구 경외1명)			
개시결정	2015-12-08	채 무 자	이 현	매각결정기일 : 2016.05.09 - 매각허가결정			
				대금지급기한 : 2016.05.27			
사 건 명	임의경매	채 권 자	영등포제일새마을금고	대금납부 2016.05.25 / 배당기일 2016.07.05			

3장

현황조사

현황조사서 및 집행기록의 활용

현황조사서는 집행법원의 명령에 의하여 독립기관인 집행관이 작성하는 것이다. 그 내용에 마땅한 신뢰가 인정된다.

① 위장임차인 판단

2015-18960
부산 전입세대열람을 보면, 소유자 최 씨가 소유권을 취득하고 현재의 점유자와 동일한 날짜에 전입하였음을 알 수 있다. 현재 점유자 최 씨는 임차인이라고 주장하지 않지만 임차인 여부를 분석해야 한다. 현장답사 후 아들임을 밝혀내고 낙찰을 받았다. 이후 인도명령결정을 받았다.

2015타경18960

• 부산지방법원 본원 • 매각기일 : 2016.03.03(木) (10:00) • 경매 7계 (전화:051-590-1819)

소 재 지	부산광역시 금정구 회동동 201-10, 늘봄맨션 4층 402호 도로명주소검색							
물건종별	아파트	감 정 가	49,000,000원	오늘조회: 1 2주누적: 6 2주평균: 0 조회동향			

대 지 권	미등기감정가격포함	최 저 가	(64%) 31,360,000원

구분	입찰기일	최저매각가격	결과
1차	2016-01-07	49,000,000원	유찰
2차	2016-02-04	39,200,000원	유찰
3차	**2016-03-03**	**31,360,000원**	

건물면적	75.53m²(22.848평)	보 증 금	(10%) 3,140,000원

낙찰 : **37,131,000원** (75.78%)

매각물건	토지및건물 지분 매각	소 유 자	최 태

(입찰2명,낙찰:청도 백 호 /
2등입찰가 35,569,990원 / 차순위신고)

개시결정	2015-08-18	채 무 자	최 태

매각결정기일 : 2016.03.10 - 매각허가결정

대금지급기한 : 2016.04.08

사 건 명	임의경매	채 권 자	서동새마을금고

대금납부 2016.04.07 / 배당기일 2016.05.11

배당종결 2016.05.11

• 임차인현황 (말소기준권리 : 1999.03.05 / 배당요구종기일 : 2015.10.29)

임차인	점유부분	전입/확정/배당	보증금/차임	대항력	배당예상금액	기타
최 석	주거용	전 입 일 : 1998.08.04 확 정 일 : 미상 배당요구일 : 없음	미상		배당금 없음	

기타사항	☞본건 현장에 수차례 방문했으나 폐문되어 본건 경매와 관련된 내용이 기재된 통지서를 출입문에 넣어 두었으나 연락이 없어 점유 및 임대차 관계는 알 수 없었음 ☞범천2동 주민센타에서 전입 세대 열람한 바 최우석 세대가 주민등록되어 있었음 ☞최우석은 권리신고를 하지 않아 임대차관계를 알 수 없음. ☞최우석은(는) 전입일상 대항력이 있으므로, 보증금있는 임차인일 경우 인수여지 있어 주의요함.

• 건물등기부 (채권액합계 : 84,335,815원)

No	접수	권리종류	권리자	채권금액	비고	소멸여부
1(갑35)	1998.07.28	박 옥지분전부이전	최 태		매매,지분1/20	
2(을2)	1999.03.05	최 태지분전부근저당	서3동새마을금고	21,000,000원	말소기준등기	소멸
3(을7)	2010.01.07	최 태지분전부근저당	이 금	45,000,000원		소멸
4(갑64)	2014.08.04	최 태지분가압류	산와대부(주)	10,736,120원	2014카단51293	소멸
5(갑65)	2014.08.14	최 태지분가압류	신한카드(주)	7,599,695원	2014카단6448	소멸
6(갑66)	2015.08.19	최 태지분임의경매	서동새마을금고	청구금액: 14,038,750원	2015타경18960	소멸

매각물건 명세서

사건	**2015타경18960** 부동산임의경매	매각물건번호	1	담임법관(사법보좌관)	
작성일자	2016.02.23	최선순위 설정일자	1999. 3. 5. 근저당권		
부동산 및 감정평가액 최저매각가격의 표시	부동산표시목록 참조	배당요구종기	/ 2015.10.29 / /		

부동산의 점유와 점유의 권원, 점유할 수 있는 기간, 차임 또는 보증금에 관한 관계인의 진술 및 임차인이 있는 경우 배당
요구 여부와 그 일자, 전입신고일자 또는 사업자등록신청일자와 확정일자의 유무와 그 일자

점유자의 성명	점유부분	정보출처 구분	점유의 권원	임대차 기간 (점유기간)	보증금	차임	전입신고 일자.사업 자등록신 청일자	확정일자	배당요구 여부 (배당요구 일자)
최 석		현황조사	주거 점유자				1998. 8. 4		

〈 비고 〉
최우석 : 권리신고를 하지 않아 임대차관계를 알 수 없음.

전입세대열람 내역(동거인포함)

행정기관 : 부산광역시 연제구 연산제8동

작업일시 : 2015년 12월 29일 10:56
페 이 지 : 1

주소 : 부산광역시 금정구 회천로13번길 51 402호
　　　부산광역시 금정구 (일반+산) 402호

순번	세대주성명	전입일자	등록구분	최초전입지	전입일자	등록구분	동거인 수	동거인사항		
				주　소				순번	성명	전입일자	등록
1	최 **	1998-08-04	거주자	최 **	1998-08-04	거주자				
	부산광역시 금정구 회천로13번길 51, (10/3) 402호 (회동동,늘봄맨션)									

- 이하여백 -

부동산인도명령 신청

사건번호 2015타경18960 임의경매

신청인(매수인)

피신청인1(채무자)

피신청인2(점유자)

　위 사건에 관하여 매수인은 2016년 4월 5일에 낙찰대금을 완납한 후 피신청인 1, 2에게 매수부동산의 인도를 청구하였으나 불응하고 있습니다. 매수인은 입찰을 준비하는 단계에서 현황을 조사할 당시 이웃에게 확인한 바, 피신청인1은 경매목적물에 거주하고 있었습니다. 집행기록을 열람하였던 바 피신청인1의 주민등록초본(첨부1)에 의하면 현재 주민등록상 부산광역시 기장군으로 전출하였으나 문건처리내역(첨부2)상 경매개시결정문이 이곳에서 도달하였음을 확인할 수 있습니다.

　1. 피신청인1은 소유자이므로 당연 인도명령 대상입니다.

　2. 피신청인2는 소유자의 아들입니다. 피신청인 1, 2의 본건에 대한 전입신고가 1998년 8월 4일(첨부1의 주민등록초본과 전입세대열람(첨부3))로 동일합니다. 피신청인2는 본건의 입찰에 참여하였던 바 기일입찰표(첨부4)의 기록에 의하면 1983년생입니다. 그렇다면 현재 나이는 33세이지만 전입신고를 할 당시에는 15세 어린 학생입니다. 이는 아버지인 피신청인1이 이사를 함에 따라 어린 아들이 동반하여 전입신고를 한 것입니다. 아

버지인 피신청인1에 대한 집행의 효력이 아들에게 당연히 미치는 것이나 집행의 간결을 위하여 피신청인2로 신청에 포함합니다.

  귀원 소속 집행관으로 하여금 피신청인 1, 2의 위 부동산에 대한 점유를 풀고 이를 매수인에게 인도하도록 하는 명령을 발령하여 주시기 바랍니다.

  첨부 1. 채무자 피신청인1(○○○)의 주민등록초본 1부

     2. 문건처리내역 1부

     3. 점유자 피신청인2(○○○)의 전입세대열람 1부

     4. 점유자 피신청인2(○○○)의 입찰표 1부

     5. 현황조사서 1부

2016년 4월 5일

매수인

연락처

부산지방법원 경매7계 귀중

매각불허가 판단

일괄경매를 하여야 함에도 분할경매를 하였다면 매각허가에 대한 이의를 제기하여 매각불허가결정을 받을 수 있다.

  본서 2장 경매신청 '일괄경매를 해야 하는데 분할경매를 한 사례' 참조.

② 유치권 판단

2014-4526(5)
부산 동부

필자가 낙찰받은 사건이다. 등기현황을 보면, 선순위 가등기가 보이는데 배당요구를 했다. 그리하여 매각물건명세서상 최선순위 설정일자란에 담보가등기임을 밝히고 있다. 그리하여 가등기가 말소기준등기가 됨에 따라 전세권도 말소된다. 이제 유치권 신고가 문제가 되는데, 본건에는 임차인이 있다. 그렇다면 유치권이 성립할 여지가 없어지는 것이다. 본 사건이 복잡해 보이기는 하지만 아무런 문제가 없는 깨끗한 사건이다.

2014타경4526 (5) • 부산지방법원 동부지원 • 매각기일 : **2016.02.23(火) (10:00)** • 경매 1계 (전화:051-780-1421)

소재지	부산광역시 기장군 기장읍 청강리 청강2지구 163블럭 9롯트, 청림오피스텔 3층 305호 도로명주소검색							
					오늘조회: 1 2주누적: 7 2주평균: 1 조회동향			
물건종별	오피스텔	감 정 가	89,000,000원	구분	입찰기일	최저매각가격	결과
				1차	2015-02-03	89,000,000원	유찰
				2차	2015-03-10	71,200,000원	유찰
대 지 권	대지권 매각제외	최 저 가	(21%) 18,664,000원	3차	2015-04-14	56,960,000원	유찰
				4차	2015-05-19	45,568,000원	유찰
				5차	2015-06-23	36,454,000원	낙찰
				낙찰 41,000,000원(46.07%) / 1명 / 미납			
건물면적	62.03㎡(18.764평)	보 증 금	(20%) 3,740,000원	6차	2015-09-01	36,454,000원	유찰
				7차	2015-10-06	29,163,000원	낙찰
				낙찰 36,100,000원(40.56%) / 3명 / 미납 (2등입찰가:31,150,000원)			
매각물건	건물만 매각	소 유 자	빅 옥	8차	2015-12-15	29,163,000원	유찰
				9차	2016-01-19	23,330,000원	유찰
				10차	**2016-02-23**	**18,664,000원**	
개시결정	2014-04-11	채 무 자	빅 옥	낙찰 : **25,131,000원** (28.24%)			
				(입찰5명,낙찰:청도군 백 호 / 2등입찰가 21,370,000원)			
				매각결정기일 : 2016.02.29 - 매각허가결정			
사 건 명	강제경매	채 권 자	신 환외2	대금지급기한 : 2016.03.25			
				대금납부 2016.03.16 / 배당기일 2016.06.14			
관련사건	2014타경12411(중복), 2015타경1098(중복), 2015타경1197(중복), 2015타경7126(중복)							

● 등기부현황 (채권액합계 : 90,000,000원)

No	접수	권리종류	권리자	채권금액	비고	소멸여부
1(갑4)	2013.12.17	소유권이전(매매)	박 옥			
2(갑11)	2014.03.14	소유권이전 청구권가등기	이 근		말소기준등기 매매예약	소멸
3(을1)	2014.03.14	전세권(전부)	이 근	60,000,000원	존속기간: 2014.03.14~2014.06.10	소멸
4(갑12)	2014.04.11	강제경매	신 환	청구금액: 47,000,000원	2014타경4526	소멸
5(갑13)	2014.04.23	압류	동래세무서			소멸
6(갑14)	2014.10.22	강제경매	곽 희	청구금액: 80,000,000원	2014타경12411	소멸
7(갑15)	2015.01.16	가압류	정 용	30,000,000원	2014카단10142	소멸
8(갑16)	2015.06.30	강제경매	정 용	청구금액: 30,000,000원	2015타경7126,정규용 가압류의 본 압류로의 이행	소멸
9(갑17)	2015.07.10	강제경매	윤 남	청구금액: 28,813,630원	2015타경7560	소멸

[소재지] 5. 부산광역시 기장군 기장읍 청강리 청강2지구163블록9놋트 청림오피스텔 3층 305호

1	점유인	박 교	당사자구분	임차인
	점유부분	305호	용도	주거
	점유기간	2010.11.05 -24개월		
	보증(전세)금	15,000,000	차임	무
	전입일자	2010.11.11	확정일자	기장읍사무소 제901호 2010.11.11

사건	2014타경4526 부동산강제경매 2014타경12411, 2015타경1098, 2015타경1197, 2015타경7126(중복)	매각물건번호	5	담임법관(사법보좌관)	정병화
작성일자	2016.02.01	최선순위 설정일자	2014.3.14.소유권이전청구권가등기(담보)		
부동산 및 감정평가액 최저매각가격의 표시	부동산표시목록 참조	배당요구종기	2014.06.24 / / / / / /		

부동산의 점유자와 점유의 권원, 점유할 수 있는 기간, 차임 또는 보증금에 관한 관계인의 진술 및 임차인이 있는 경우 배당요구 여부와 그 일자, 전입신고일자 또는 사업자등록신청일자와 확정일자의 유무와 그 일자

점유자의 성명	점유부분	정보출처 구분	점유의 권원	임대차 기간 (점유기간)	보증금	차임	전입신고 일자.사업 자등록신 청일자	확정일자	배당요구 여부 (배당요구 일자)
박 교	305호	현황조사	주거 임차인	2010.11.05 -24개월	15,000,000	무	2010.11.11	기장읍사무소 제901호 2010.11.11	
	건물 전부	권리신고	주거 임차인	2010. 11. 5.~	15,000,000		2010. 11. 1.	2010. 11. 1.	2014.05.02
이 근	업무용 건물전부	등기사항 전부증명서	전세권자	2014.3.14.~ 2014.6.10.	60,000,000			2014.3.14.	
이 근.	전부	권리신고	주거 전세권자		30,000,000				2014.05.16

〈 비고 〉
박 교 : 전소유자(김 라)로부터 위임 받은 관리인(박 환)과 임대차계약을 체결하였다고 함.
이 근 : 305호, 403호, 802호 공동전세권자
이 근. : 전세권등기일은 2014. 3. 14.이고, 가등기권리신고시 채권원금 30,000,000원 및 이자로 신고함.

※ 최선순위 설정일자보다 대항요건을 먼저 갖춘 주택.상가건물 임차인의 임차보증금은 매수인에게 인수되는 경우가 발생할 수 있고, 대항력과 우선 변제권이 있는 주택.상가건물 임차인이 배당요구를 하였으나 보증금 전액에 관하여 배당을 받지 아니한 경우에는 배당받지 못한 잔액이 매수인에게 인수되게 됨을 주의하시기 바랍니다.

※ 등기된 부동산에 관한 권리 또는 가처분으로서 매각으로 그 효력이 소멸되지 아니하는 것

해당사항 없음

※ 매각에 따라 설정된 것으로 보는 지상권의 개요

해당사항 없음

※ 비고란

건축법상 사용승인 받지 못한 상태로서 건축물대장 없음, 대지권 미등기임, 대지권유무 알 수 없음, 건물만의 가액임, 주거용 오피스텔로 이용 중임. 박 서로부터 공사대금(금액미상)의 유치권신고가 있으나 그 성립여부는 불분명함(공사도급계약서의 도급계약금액은 110,180,000원임).(채무자겸소유자 박 옥으로부터 전건축주 김 리의 사실확인서(인증서)를 첨부한 유치권배제신청서 제출됨), 재매각, 매수신청보증금 20%.

③ 법정지상권 판단

미등기건물을 제외하고 대지만 경매되는 사건이다. 그런데 매각물건 명세서상의 기록을 보면, "임차인 최 씨는 1996년부터 소유자로서 거주하다가 2007년 매도 후 임차인으로 계약함"이라는 기록이 있다. 그렇다면 법정지상권은 성립하지 않는다. 판례에 의하면, 미등기건물을 대지와 함께 매도하였으나 대지에 관하여만 매수인 앞으로 소유권이전등기가 경료된 경우에는 건물에 대하여 법정지상권을 인정하지 않기 때문이다. 본건의 임차인은 대지에 관한 경매에서도 임차보증금을 전액 배당받을 수가 있다.

2010타경37555			• 서울중앙지방법원 본원	• 매각기일 : 2012.01.04(水) (10:00)		• 경매 6계 (전화:02-530-1818)	
소재지	서울특별시 종로구 창신동 130-116 외 1필지 도로명주소검색						
물건종별	대지	감정가	542,530,000원	오늘조회: 1 2주누적: 2 2주평균: 0 조회동향			
				구분	입찰기일	최저매각가격	결과
토지면적	146.2㎡(44.226평)	최저가	(41%) 222,220,000원	1차	2011-07-13	542,530,000원	유찰
				2차	2011-08-17	434,024,000원	유찰
				3차	2011-09-21	347,219,000원	유찰
건물면적	건물은 매각제외	보증금	(10%) 22,230,000원	4차	2011-10-26	277,775,000원	유찰
				5차	2012-01-04	222,220,000원	
매각물건	토지만 매각	소유자	김 환	낙찰 : 257,000,000원 (47.37%)			
				(입찰2명,낙찰:중구신당동 이 자외1 / 2등입찰가 223,330,000원)			
개시결정	2011-01-19	채무자	김 환	매각결정기일 : 2012.01.11 - 매각허가결정			
				대금지급기한 : 2012.02.29			
사건명	임의경매	채권자	교원나라저축은행	대금납부 2012.02.21 / 배당기일 2012.03.22			
				배당종결 2012.03.22			

매각물건 명세서

사건	2010타경37555 부동산임의경매	매각물건번호	1	담임법관(사법보좌관)	김창호
작성일자	2011.12.20	최선순위 설정일자	2007. 8. 7. 근저당권		
부동산 및 감정평가액 최저매각가격의 표시	부동산표시목록 참조	배당요구종기	2011.04.18		

부동산의 점유자와 점유의 권원, 점유할 수 있는 기간, 차임 또는 보증금에 관한 관계인의 진술 및 임차인이 있는 경우 배당요구 여부와 그 일자, 전입신고일자 또는 사업자등록신청일자와 확정일자의 유무와 그 일자

점유자의 성명	점유부분	정보출처 구분	점유의 권원	임대차 기간 (점유기간)	보증금	차임	전입신고 일자.사업 자등록신 청일자	확정일자	배당요구 여부 (배당요구 일자)
신 순	미상	현황조사	주거 임차인	미상	미상		2007.4.2.	미상	
	1층 일부 (방2칸)	권리신고	주거 임차인	2006.11.05. ~	이천이백 만원		2007.04.0 2.	2006.10.1 7.	2011.03.14
오 미	미상	현황조사	주거 임차인	미상	미상		2002.7.18.	미상	
	1층 일부 (방2칸)	권리신고	주거 임차인	2002.07.13. ~	이천오백 만원		2002.07.1 8.	2002.07.1 3.	2011.04.15
이 해	미상	현황조사	주거 임차인	미상	미상		2005.6.27.	미상	
이 해 (건물임 차인)	2층(방2칸)	권리신고	주거 임차인	2005.06.26. ~	삼천만원		2005.06.2 7.	2005.06.2 7.	2011.02.07
최 례	미상	현황조사	주거 임차인	미상	미상		2003.10.7.	미상	
	1,2층 일부	권리신고	주거 임차인	1996.08.26. ~	삼천오백 만원	사십만원	2003.10.0 7.	2007.08.0 9.	2011.04.15

〈 비고 〉
오 미 : 임대차 계약은 2009. 3. 10. 사망한 모 왕병금이 함
최 례 : 1996년부터 소유자로서 거주하였다가 2007년 매도한 이후 임차인으로 계약함

※ 최선순위 설정일자보다 대항요건을 먼저 갖춘 주택.상가건물 임차인의 임차보증금은 매수인에게 인수되는 경우가 발행할 수 있고, 대항력과 우선 변제권이 있는 주택,상가건물 임차인이 배당요구를 하였으나 보증금 전액에 관하여 배당을 받지 아니한 경우에는 배당받지 못한 잔액이 매수인에게 인수되게 됨을 주의하시기 바랍니다.

※ 등기된 부동산에 관한 권리 또는 가처분으로 매각허가에 의하여 그 효력이 소멸되지 아니하는 것

해당사항 없음

※ 매각허가에 의하여 설정된 것으로 보는 지상권의 개요

해당사항 없음

※ 비고란

- 지상에 매각에서 제외되는 미등기 건물이 소재하고 있으며, 법정지상권 성립여부 불분명함 - 목록 1 토지는 대장상 "종교용지"이나 현황은 "도로"로 이용중임

지상의 미등기건물을 제외하고 대지만 경매에 나온 사건이다. 그런데 아래 건물등기부와 토지등기부를 보면, 국민은행이 건물과 토지에 공동담보를 설정하고 있는 것을 볼 수 있다. 그런데 건물은 매각에서 제외되었다. 왜일까? 건물의 현황이 건물등기부의 현황과 다르기 때문이다. 감정평가서를 보면 공부상 존재하는 시멘트블록조 슬래브지붕 단층건물을 멸실 처리했다. 국민은행이 존재하지 않는 건물에 설정한 저당권이 무효가 된 것이다. 문건처리내역상 "채권자 국민은행 일부취하서 제출"이라는 기록이 보인다. 그렇다면 정리를 해보자. 국민은행은 토지와 건물을 일괄경매로 신청하였다가 건물에 대한 경매신청을 취하했다는 것이다.

2004타경74964

• 부산지방법원 본원　• 매각기일 : 2006.12.13(水) (10:00)　• 경매 14계 (전화:051-590-1834)

소 재 지	부산광역시 사하구 감천동 16-91　도로명주소검색						
				오늘조회: 1　2주누적: 4　2주평균: 0　조회동향			
물건종별	대지	감 정 가	79,800,000원	구분	입찰기일	최저매각가격	결과
토지면적	95㎡(28.738평)	최 저 가	(41%) 32,686,000원	1차	2006-07-26	79,800,000원	유찰
				2차	2006-08-30	63,840,000원	유찰
건물면적	건물은 매각제외	보 증 금	(10%) 3,270,000원	3차	2006-10-04	51,072,000원	유찰
				4차	2006-11-08	40,858,000원	유찰
매각물건	토지만 매각	소 유 자	김 묵	5차	2006-12-13	32,686,000원	
				낙찰 : 36,655,000원 (45.93%)			
개시결정	2004-12-27	채 무 자	(주)원다,김 묵	(입찰4명,낙찰:김 광)			
				매각결정기일 : 2006.12.20 - 매각허가결정			
				대금지급기한 : 2007.01.15			
사 건 명	임의경매	채 권 자	국민은행	대금납부 2007.01.04 / 배당기일 2007.03.05			
				배당종결 2007.03.05			

기타사항	☞소유자의 처 강 영에게 확인한바 도로가 개설되면서 기존 제시건물을 헐고 제시외 건물인 지하1층~지상2층건물을 신축하였다고 진술함. ☞1층 방3칸 및 2층전부 소유자 점유, 지하창고는 공실임

● **건물등기부** (채권액합계 : 1,260,000,000원)

No	접수	※주의 : 건물은 매각제외		채권금액	비고	소멸여부
1	1985.10.25	소유권보존	김 묵			
2	1988.03.31	근저당	국민은행	70,000,000원		
3	1995.03.31	근저당	국민은행	390,000,000원		
4	2004.07.30	가압류	신용보증기금	300,000,000원		
5	2004.09.24	압류	서부산세무서			
6	2004.10.04	가압류	기술신용보증기금	500,000,000원		

● **토지등기부** (채권액합계 : 1,540,000,000원)

No	접수	권리종류	권리자	채권금액	비고	소멸여부
1	1974.04.02	소유권이전(매매)	김 묵			
2	1988.03.31	근저당	국민은행 (부산지점)	70,000,000원	말소기준등기	소멸
3	1995.03.31	근저당	국민은행	390,000,000원		소멸
4	2004.07.30	가압류	신용보증기금	300,000,000원		소멸
5	2004.09.24	압류	서부산세무서			소멸
6	2004.10.04	가압류	기술신용보증기금	500,000,000원		소멸
7	2004.11.05	가압류	한국수출보험공사	280,000,000원		소멸
8	2004.12.30	임의경매	국민은행 (부산엔피엘관리센터)	청구금액: 460,000,000원	2004타경74964	소멸

등기부 분석	☞토지만 매각주의(건물은 매각제외)
주의사항	☞제시외건물 매각제외로 법정지상권 성립여지있음

토지, 건물감정평가 명세표

번호	소 재 지	지목 용도	구 조	면 적 (㎡)		금 액		비 고
				공 부	사 정	단 가	금 액	
가	부산광역시 사 하 구 감 천 동 16-91	대		95	95 (28.74평)	1,200,000	114,000,000	
	" 위지상	주택 및 근린생활 시설	시멘트블록조 슬래브지붕 단층	103.87		-		멸실
	소 계						114,000,000	
ㄱ	(제시외건물) 부산광역시 사 하 구 감 천 동 16-91지상	주택 및 점포 창고	블 록 조 슬래브지붕 2층(지하실부)건					
			1층	(83.4)	83.4 (25.23평)	250,000	20,850,000	
			2층	(76.4)	76.4 (23.11평)	300,000	22,920,000	
			지하	(83.4)	83.4 (25.23평)	222,000	18,514,800	
	소 계						62,284,800	

※ 제시외건물 기호(ㄱ)이 소재함으로 인하여 토지에 미치는 영향을 감안한 평가액
95㎡ x 840,000원/㎡ = 79,800,000원

2005.10.25	기타 삼창감정 감정평가서 제출	
2005.12.05	채권자 주식회사국민은행 경매중지신청서 제출	
2005.12.20	채권자 주식회사국민은행 일부취하서 제출	
2005.12.20	채권자 주식회사국민은행 접수증명	2005.12.20 발급
2005.12.21	채권자 주식회사국민은행 기일연기신청 제출	
2006.01.02	등기소 사하 등기필증 제출	
2006.12.14	압류권자 서부산세무서 교부청구 제출	

④ 지분경매가 아니라 구분건물 1호가 경매로 나온 것

2015-18960
부산

'토지 및 건물 지분 매각'이다. 그런데 지분경매는 아니다. "지분 1/20 매각, 총 호수 20세대' 및 '현황은 공동주택 20세대인 구분건물임'"이라는 기재가 있다. 과거를 돌이켜보면, 오늘날의 집합건물에 대한 등기법이 제정되기 전에 집합건물이 세상에 출현했다. 이때에는 각 건물등기부 및 토지등기부에 공유지분으로 등기할 수밖에 없었다. 그렇다면 구분 소유적 공유관계로서 본건 1/20 지분낙찰자는 소유자의 점유 부분 402호에 대한 완전한 소유권을 가져오게 되는 것이다. 본건은 감정평가 편에서 다시 해설한다.

2015타경18960

• 부산지방법원 본원 • 매각기일 : 2016.03.03(木)(10:00) • 경매 7계(전화:051-590-1819)

소 재 지	부산광역시 금정구 회동동 201-10, 늘봄맨션 4층 402호 도로명주소검색								
물건종별	아파트	감 정 가	49,000,000원	오늘조회: 2 2주누적: 2 2주평균: 0 조회동향				
				구분	입찰기일	최저매각가격		결과
대 지 권	미등기감정가격포함	최 저 가	(64%) 31,360,000원	1차	2016-01-07	49,000,000원		유찰
				2차	2016-02-04	39,200,000원		유찰
건물면적	75.53㎡(22.848평)	보 증 금	(10%) 3,140,000원	3차	2016-03-03	31,360,000원		
				낙찰: 37,131,000원 (75.78%)				
매각물건	토지및건물 지분 매각	소 유 자	최 태	(입찰2명,낙찰:청도 백 호 / 2등입찰가 35,569,990원 / 차순위신고)				
개시결정	2015-08-18	채 무 자	최 태	매각결정기일 : 2016.03.10 - 매각허가결정				
				대금지급기한 : 2016.04.08				
사 건 명	임의경매	채 권 자	서동새마을금고	대금납부 2016.04.07 / 배당기일 2016.05.11				
				배당종결 2016.05.11				

• 매각물건현황(감정원 : 연산감정평가 / 가격시점 : 2015.09.04 / 보존등기일 : 1980.02.29)

목록	구분	사용승인	면적	이용상태	감정가격	기타
건1	회동동 201-10	80.02.29	75.53㎡ (22.85평)	주거용	25,000,000원	* 1층 83평5작4재4모 2층 83평5작4재4모 3층 83평5작4재4모 4층 83평5작4재4모 5층 83평2홉1작7재7모 지하실 41평5홉2작7재2모 ☞ 전체면적 1510.62㎡중 최영태 지분 1/20 매각 * 총호수:20세대
토1	대지권		834㎡ 중 41.7㎡ * 대지권미등기이나 감정가격에 포함 평가됨		24,000,000원	

※ 비고란

1. 일괄매각. 2. 토지와 건물이 각각 토지 및 건물등기부에 등기(건물은 1980. 2. 29.가처분 등기촉탁으로 등기, 사용미승인)되어 있고 현황은 공동주택 20세대인 구분 건물임. 3. 본건 매각부분은 4층 402호임.

⑤ 인수되는 선순위가등기 말소 소송

등기부상 선순위가등기가 매각물건명세서상 인수되고 있다. 법인이 가등기 권리자인데 17년을 방치하고 있다. 이 물건에 매력을 느꼈다. 그리하여 등기부상 설정자와 권리자의 법인등기부를 열람했다. 둘 다 청산법인이었는데, 상법상 청산법인의 법률행위는 당시의 청산 대표자가 할 수 있다. 낙찰 후 가등기말소소송의 승소 여부에 대하여 판단을 해보았는데…… 처음 송달은 어렵겠지만 주소보정명령을 받으면 국가행정컴퓨터에 청산인의 주소를 열람하여 무난히 송달할 수 있다. 이후 무변론승소판결을 받을 수 있을 것이라는 판단이 들었다. 그리하여 낙찰받고 가등기말소소송을 제기하여 예상대로 승소판결을 받아 매도하였다(소송의 기록은 향후 가등기 관련 실전해설서에 수록 예정입니다)

2013타경10224
●울산지방법원 본원 ● 매각기일 : **2014.05.27(火) (10:00)** ● 경매 4계(전화:052-216-8264)

소 재 지	울산광역시 남구 무거동 842 외 2필지, 무거현대아파트 102동 18층 1812호 도로명주소검색							
새 주 소	울산광역시 남구 신복로71번길 13, 무거현대아파트 102동 18층 1812호							
물건종별	아파트	감 정 가	135,000,000원	오늘조회: 1 2주누적: 3 2주평균: 0 조회동향			
대 지 권	21.4㎡(6.474평)	최 저 가	(64%) 86,400,000원	구분	입찰기일	최저매각가격	결과
				1차	2014-03-25	135,000,000원	유찰
				2차	2014-04-25	108,000,000원	유찰
건물면적	59.94㎡(18.132평)	보 증 금	(10%) 8,640,000원	3차	2014-05-27	86,400,000원	
				낙찰 : 102,241,000원 (75.73%)			
매각물건	토지·건물 일괄매각	소 유 자	신동성개발(주)	(입찰14명,낙찰:부산시해운대구좌동 강 호외4명 / 2등입찰가 100,870,000원)			
				매각결정기일 : 2014.06.03 - 매각허가결정			
개시결정	2013-06-05	채 무 자	신동성개발(주)	대금지급기한 : 2014.06.27			
				대금납부 2014.06.20 / 배당기일 2014.07.24			
사 건 명	강제경매	채 권 자	권 기	배당종결 2014.07.24			

• 등기부현황 (채권액합계 : 300,000,000원)

No	접수	권리종류	권리자	채권금액	비고	소멸여부
1(갑1)	1995.03.17	소유권보존	신동성개발(주)			
2(갑2)	1997.10.10	소유권이전 청구권가등기	(주)마원		매매예약	인수
3(갑3)	2000.04.12	가압류	서울보증보험(주) (동래지점)	300,000,000원	말소기준등기 2000카단10659	소멸
4(갑4)	2001.06.08	압류	부산지방노동청			소멸
5(갑5)	2002.01.26	압류	중부산세무서			소멸
6(갑6)	2002.02.25	압류	울산광역시남구			소멸
7(갑7)	2002.04.16	압류	부산광역시사하구			소멸
8(갑8)	2002.10.09	압류	근로복지공단			소멸
9(갑9)	2013.06.05	강제경매	권오기	청구금액: 30,000,000원	2013타경10224	소멸

※ 등기된 부동산에 관한 권리 또는 가처분으로 매각허가에 의하여 그 효력이 소멸되지 아니하는 것

소유권이전청구권 가등기(1997.10.10.등기)

【 갑 구 】	(소유권에 관한 사항)				
순위번호	등 기 목 적	접 수	등 기 원 인	권 리 자 및 기 타 사 항
1 (전 1)	소유권보존	1995년3월17일 제28090호		소유자 신동성개발주식회사 180111-0078592 부산 중구 중앙동 4가 85-16
2	소유권이전청구권가등기	1997년10월10일	1997년10월1일	권리자 주식회사마원 180111-0002161

(전 2)		제70139호	매매예약	부산 사상구 학장동 718-3
				부동산등기법 제177조의 6 제1항의 규정에 의하여 1번 내지 2번 등기를 2000년 02월 26일 전산이기
2-1	2번가등기소유권이전청구권압류	2012년9월4일 제92447호	2009년8월14일 부산지방법원의 압류결정(2009타채17823)	채권자 주식회사케이알엠씨 110111-1837305 서울특별시 중구 다동 33

⑥ 입찰가의 결정

2010-10369
대구·포항

1,510만 원에 낙찰됐다. 합리적인 낙찰가인지 의문을 가진다. 매각물건 명세사상 '임차인이 임차보증금을 전액 배당받지 못하면 잔액을 낙찰자가 인수함'이라는 기록이 있다. 그렇다면 임차보증금 인수가 발생하지 않는 입찰가를 계산해볼 필요가 있다. 어차피 입찰경쟁에서는 높은 금액을 써야 낙찰을 받을 것인데, 당사자 내역을 보니 북구청과 남구청의 교부청구가 있다. 남구청은 당해세가 당연

히 포함되었다고 보아야 한다. 예상배당표에 의하면, 집행비용을 100만 원 정도로 보고 있다. 이제 배당계산을 해보자. 배당총액은 낙찰가 1,510만 원에 전경매보증금 161만 원을 더하고 집행비용 100만 원을 차감한 1,571만 원이다. 현재 금액으로도 임차보증금에 인수가 발생한다는 것을 알 수 있다. 여기에서 북구청과 남구청의 교부청구 원인 채권인 조세의 금액, 당해세 여부 및 법정기일을 알아야 하는데, 입찰자는 현행법상으로 알 수 없다. 가령 100만 원 정도로 본다면 129만 원의 임차보증금 인수가 발생한다. 필자가 입찰했다면 여유 있게 1,650만 원 정도가 합당해 보인다.

2010타경10369 • 대구지방법원 포항지원 • 매각기일 : 2011.10.17(月) (10:00) • 경매 2계(전화:054-250-3218)

소 재 지	경상북도 포항시 남구 동해면 도구리 602-32, 협성비취타운2차 2동 4층 403호 도로명주소검색						
물건종별	아파트	감 정 가	23,000,000원	오늘조회: 1 2주누적: 0 2주평균: 0 조회동향		
				구분	입찰기일	최저매각가격	결과
대 지 권	31.36㎡(9.486평)	최 저 가	(49%) 11,270,000원	1차	2011-05-09	23,000,000원	유찰
				2차	2011-06-20	16,100,000원	낙찰
건물면적	45.75㎡(13.839평)	보 증 금	(20%) 2,260,000원	낙찰 16,400,000원(71.3%) / 1명 / 미납		
				3차	2011-09-19	16,100,000원	유찰
매각물건	토지·건물 일괄매각	소 유 자	빈 화	**4차**	**2011-10-17**	**11,270,000원**	
				낙찰 : **15,100,000원** (65.65%)		
개시결정	2010-12-23	채 무 자	반 화	(입찰1명,낙찰:포항동해면 윤 희)		
				매각결정기일 : 2011.10.24 - 매각허가결정		
사 건 명	강제경매	채 권 자	권 미	대금지급기한 : 2011.11.25		
				대금납부 2011.11.03 / 배당종결 2011.11.22		

매각물건 명세서 🖨 인쇄

사건	2010타경10369 부동산강제경매	매각물건번호	1	담임법관(사법보좌관)	이재열
작성일자	2011.08.24	최선순위 설정일자		2008.12.9. 근저당권	
부동산 및 감정평가액 최저매각가격의 표시	부동산표시목록 참조	배당요구종기		2011.03.03	

부동산의 점유자와 점유의 권원, 점유할 수 있는 기간, 차임 또는 보증금에 관한 관계인의 진술 및 임차인이 있는 경우 배당요구 여부와 그 일자, 전입신고일자 또는 사업자등록신청일자와 확정일자의 유무와 그 일자

점유자의 성명	점유부분	정보출처 구분	점유의 권원	임대차 기간 (점유기간)	보증금	차임	전입신고 일자.사업 자등록신 청일자	확정일자	배당요구 여부 (배당요구 일자)
권 미	전체	현황조사	주거 임차인	2008~	16,000,000 원		2008.07.23	2008.07.23	
	전부	권리신고	주거 임차인	2008.7.23.부 터	16,000,000		2008.7.23.	2008.7.23.	2011.03.03

〈 비고 〉

※ 최선순위 설정일자보다 대항요건을 먼저 갖춘 주택.상가건물 임차인의 임차보증금은 매수인에게 인수되는 경우가 발행할 수 있고, 대항력과 우선 변제권이 있는 주택.상가건물 임차인이 배당요구를 하였으나 보증금 전액에 관하여 배당을 받지 아니한 경우에는 배당받지 못한 잔액이 매수인에게 인수되게 됨을 주의하시기 바랍니다.

※ 등기된 부동산에 관한 권리 또는 가처분으로 매각허가에 의하여 그 효력이 소멸되지 아니하는 것

매수인에게 대항할 수 있는 임차인 있음(임대차보증금 16,000,000원, 전입일 2008.7.23., 확정일자 2008.7.23.) 배당에서 보증금이 전액 변제되지 아니하면 잔액을 매수인이 인수함.

매각물건 명세서 🖨 인쇄

사건	2007타경16504 부동산강제경매	매각물건번호	1
작성일자	2008.11.21	담임법관(사법보좌관)	정장진
부동산 및 감정평가액 최저매각가격의 표시	부동산표시목록 참조	최선순위 설정일자	2004.12.23.(임차권등기명령)

◎ 예상배당표는 채권의 금액과 내용에 따라 사실과 다를수 있으므로 참고용으로 사용하시기 바랍니다.(면책조건으로 제공됨)

낙찰예상금액	15,100,000 (※ 낙찰예상가로 기준하여 분석하였습니다.) (금액단위:원)

낙찰예상가 설정하기	천억	백억	십억	억	천만	백만	십만	만	천	백	십	일	원
	0	0	0	0	1	5	1	0	0	0	0	0	원

▶ 낙찰예상가 적용하기

※ 회원님께서 직접 낙찰예상금액을 적으시고 적용을 누르시면 그금액에 따른 배당분석표가 만들어집니다.

매각부동산	경상북도 포항시 남구 동해면 도구리 602-32 토지 건물 일괄매각
매 각 대 금	금 15,100,000원
전경매보증금	금 1,610,000원
경 매 비 용	약 989,000원
실제배당할금액	금 15,721,000원 (매각대금 + 전경매보증금) - 경매비용

순위	이유	채권자	채권최고액	배당금액	배당비율	미배당금액	매수인 인수금액	배당후 잔여금	소멸 여부
0	주택소액임차인	권 기	16,000,000	7,861,000	49.13%	8,139,000		7,860,000	
1	압류	포항시(북구청)	체납상당액	교부신청액	%		0		소멸
2	확정일자부 주택임차인 (신청채권자)	권 미	8,139,000	7,860,000	96.57%	279,000	279,000		잔액 인수
3	근저당	정 희	7,000,000	0	%	7,000,000	0		소멸
	계		23,000,000	16,710,000		7,279,000	279,000	0	

⑦ 불법 용도변경

다세대주택 501호가 경매에 나왔다. 그런데 감정평가서의 사진을 보니 '현황은 2개호로 구분되어 있음'이다. 어떻게 사용하고 있는지 궁금하다. 만약에 501호 502호로 문패가 구분되어 있고 임차인이 502호로 전입 신고하였다면 주택임대차보호법의 적용대상이 될 수 없다. 공부상 존재하지 않는 호실이기 때문이다.

2011타경35493 (9)		• 부산지방법원 본원 • 매각기일 : 2013.03.28(木) (10:00) • 경매 9계(전화:051-590-1821)				
소재지	부산광역시 부산진구 양정동 167-4, 다세대주택 5층 501호 도로명주소검색					
물건종별	다세대(빌라)	감 정 가	165,360,000원	오늘조회: 1 2주누적: 0 2주평균: 0 조회동향		
				구분	입찰기일	최저매각가격	결과
대 지 권	42.067㎡(12.725평)	최 저 가	(80%) 132,288,000원	1차	2012-12-13	165,360,000원	유찰
				2차	2013-01-17	132,288,000원	낙찰
건물면적	84.16㎡(25.458평)	보 증 금	(20%) 26,460,000원	낙찰 133,850,000원(80.94%) / 1명 / 미납		
				3차	2013-03-28	132,288,000원	
매각물건	토지·건물 일괄매각	소 유 자	박 경	낙찰 : 132,311,000원 (80.01%)		
				(입찰1명,낙찰:이 여)		
개시결정	2011-12-28	채 무 자	박 경	매각결정기일 : 2013.04.04 - 매각허가결정		
				대금지급기한 : 2013.02.15		
사 건 명	임의경매	채 권 자	부산은행	대금납부 2013.04.26 / 배당기일 2013.06.07		
				배당종결 2013.06.07		
관련사건	부산지법 2009카단20966(가처분)					

2 ~ 4층 동일

5층 501호
(현황은 2개호로 구분되어 있음)

56

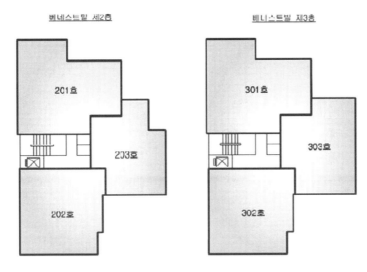

2010-21109 서울 중앙

다세대주택 6개호가 경매에 나왔다. 감정평가서상 사진을 보니 원룸으로 개조됐다. 이런 경우 시정명령을 발령하고 형사조치도 가능할 것 같은데, 무엇보다 구조물의 안전성이 걱정된다.

2010타경21109

● 서울중앙지방법원 본원 ● 매각기일 : **2012.05.15(火) (10:00)** ● 경매 5계(전화:02-530-1817)

| 소재지 | 서울특별시 종로구 부암동 148-6 외 2필지, 베네스트빌 2층 201호 외 5개호 도로명주소검색 | | | | | | | |

오늘조회: 1 2주누적: 0 2주평균: 0 조회동향

물건종별	다세대(빌라)	감 정 가	1,458,000,000원
대 지 권	251.36㎡(76.036평)	최 저 가	(64%) 933,120,000원
건물면적	591.84㎡(179.032평)	보 증 금	(20%) 186,630,000원
매각물건	토지·건물 일괄매각	소 유 자	가족 (주)
개시결정	2010-07-26	채 무 자	김 홍
사 건 명	임의경매	채 권 자	농협중앙회의 양수인 유앤제이차유동화전문유한회사

구분	입찰기일	최저매각가격	결과
	2011-07-05	1,458,000,000원	변경
	2011-08-09	1,458,000,000원	변경
1차	2011-11-22	1,458,000,000원	유찰
	2011-12-27	1,166,400,000원	변경
2차	2012-01-31	1,166,400,000원	낙찰

낙찰 1,500,000,000원(102.88%) / 2명 / 미납
(2등입찰가:1,325,060,000원)

| 3차 | 2012-04-10 | 1,166,400,000원 | 유찰 |
| **4차** | **2012-05-15** | **933,120,000원** | |

낙찰 : **1,203,300,000원** (82.53%)

(입찰4명,낙찰:인천계양구 이 진 /
2등입찰가 1,150,000,000원)

매각결정기일 : 2012.05.22 - 매각허가결정
대금지급기한 : 2012.06.29
대금납부 2012.06.29 / 배당기일 2012.08.14
배당종결 2012.08.14

베네스트빌 제2층

201호
203호
202호

베니스트빌 제3호

301호
303호
302호

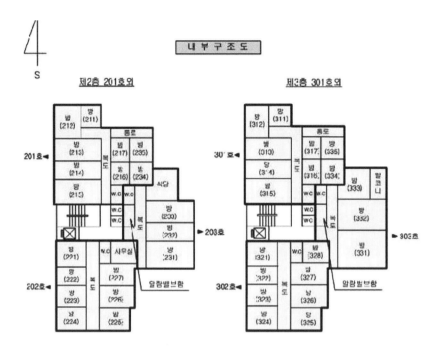

⑧ 지구단위계획구역의 주차장

미납이 4번, 불허가가 1번이다. 누구는 미납을 하고 누구는 불허가를 받고…… 이게 다 실력 차이다. 미납보증금을 합하면 꽤 큰돈이 될 것 같다. 왜 이런 일이 벌어졌나를 생각해보면, 본건의 표시를 '사무실'로 하고 있으나 토지이용계획확인에 의하면 지구단위계획에 의한 주차장이기 때문이다. 이럴 경우에는 주차장의 용도로만 사용 가능하다. 일반적으로 용도지역 안에서 주차장은 토지소유자의 자유의사로 사업을 하는 것이지만 용도가 붙박이가 되었기 때문이다. 미납보증금액이 커서 작업을 한다면 상당한 수익을 얻을 것 같아서 잔머리를 한번 굴려 봤지만 잔머리를 행동으로 옮기는 것은 아무나 할 수 있는 일이 아니다.

2011타경10064 · 창원지방법원 본원 · 매각기일 : **2012.12.26(水) (10:00)** · 경매 5계(전화:055-239-2115)

소재지	경상남도 김해시 삼계동 1436-20 도로명주소검색

오늘조회: 1 2주누적: 1 2주평균: 0 조회동향

물건종별	사무실	감 정 가	205,975,700원

구분	입찰기일	최저매각가격	결과
1차	2011-12-29	205,975,700원	낙찰

낙찰 218,990,000원(106.32%) / 1명 / 미납

토지면적	321.5㎡(97.254평)	최 저 가	(51%) 105,460,000원

2차	2012-02-23	205,975,700원	낙찰

낙찰 206,110,000원(100.07%) / 1명 / 미납

3차	2012-04-24	205,975,700원	유찰
4차	2012-05-24	164,781,000원	낙찰

건물면적	37.58㎡(11.368평)	보 증 금	(10%) 10,550,000원

낙찰 189,890,000원(92.19%) / 1명 / 미납

5차	2012-07-26	164,781,000원	낙찰

낙찰 190,120,000원(92.3%) / 1명 / 미납

6차	2012-09-24	164,781,000원	낙찰

낙찰 187,894,000원(91.22%) / 1명 / 불허가

매각물건	토지·건물 일괄매각	소 유 자	박　봉

7차	2012-10-24	164,781,000원	유찰
8차	2012-11-22	131,825,000원	유찰
9차	**2012-12-26**	**105,460,000원**	

낙찰 : **133,877,000원 (65%)**

(입찰6명,낙찰:김　선 /
2등입찰가 127,800,000원)

개시결정	2011-06-17	채 무 자	박　봉

매각결정기일 : 2013.01.02 - 매각허가결정

대금지급기한 : 2013.01.31

사 건 명	임의경매	채 권 자	서김해새마을금고

대금납부 2013.01.29 / 배당기일 2013.02.28

배당종결 2013.02.28

• 매각토지.건물현황(감정원 : 미리내감정평가 / 가격시점 : 2011.06.24 / 보존등기일 : 2004.07.14)

목록	지번	용도/구조/면적/토지이용계획		㎡당 단가	감정가	비고
토지	삼계동 1436-20	* 제1종일반주거지역, 제1종지구단위계획구역(주차장), 노외주차장,... ▾	주차장 321.5㎡ (97.254평)	610,000원	196,115,000원	표준지공시지가: (㎡당)550,000원
건물	위지상 경량철골조	단층	사무실 25.08㎡(7.587평)	290,000원	7,273,200원	* 사용승인:2004.07.00 * 위생설비
제시외 건물	삼계동 1436-20 경량철골조	단층	사무실 12.5㎡(3.781평)	207,000원	2,587,500원	매각포함
감정가	토지:321.5㎡(97.254평) / 건물:37.58㎡(11.368평)			합계	205,975,700원	일괄매각

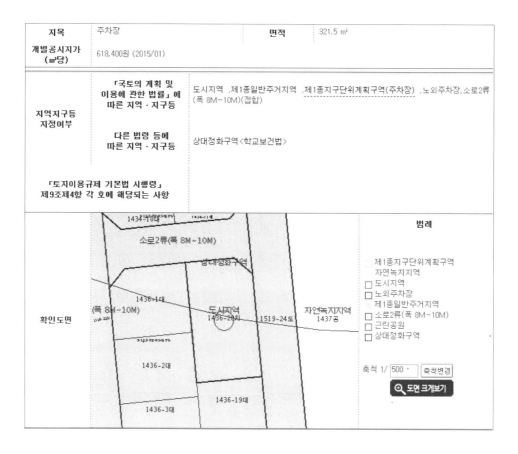

지목	주차장		면적	321.5 m²
개별공시지가 (㎡당)	618,400원 (2015/01)			

지역지구등 지정여부	「국토의 계획 및 이용에 관한 법률」에 따른 지역·지구등	도시지역 ,제1종일반주거지역 ,제1종지구단위계획구역(주차장) , 노외주차장, 소로2류 (폭 8M~10M)(접합)
	다른 법령 등에 따른 지역·지구등	상대정화구역〈학교보건법〉
	「토지이용규제 기본법 시행령」 제9조제4항 각 호에 해당되는 사항	

⑨ 빌딩경매 해설

🏠 필자의 카페 〈김창식의 경매교실〉의 '실전사례해설'을 옮긴다.

2012-7730 부산 오랜만에 마음먹고 함 풀어봅니다. 얼마 전에 비영리법인의 실행이사 님으로 계시는 어르신(?)으로부터 현금 20억 원으로 임대수익 가능한 빌딩경매를 부탁받았습니다. 요즘 은행 정기예금 이자율이 낮아 장학사업비 마련이 어렵다는 것이었지요. 그리하여 이 물건을 찜했습니다.

2012타경**7730**		• 부산지방법원 본원 • 매각기일 : **2012.12.13(木) (10:00)** • 경매 9계 (전화:051-590-1821)				
소재지	부산광역시 연제구 거제동 1486-4 도로명주소검색					

물건종별	사무실	감정가	3,471,944,480원	오늘조회: 1 2주누적: 0 2주평균: 0 조회동향		
				구분	입찰기일	최저매각가격	결과
토지면적	430m²(130.075평)	최저가	(64%) 2,222,045,000원	1차	2012-10-05	3,471,944,480원	유찰
				2차	2012-11-08	2,777,556,000원	유찰
건물면적	1949.12m²(589.609평)	보증금	(10%) 222,210,000원	**3차**	**2012-12-13**	**2,222,045,000원**	
매각물건	토지·건물 일괄매각	소유자	서 심 외 1명	낙찰 : **2,900,000,000원** (83.53%)		
				(입찰10명,낙찰:이 규 / 2등입찰가 2,652,600,000원)		
개시결정	2012-03-16	채무자	김 란	매각결정기일 : 2012.12.20 - 매각허가결정		
				대금지급기한 : 2013.01.11		
				대금지급기한 : 2013.01.11 - 기한후납부		
사건명	임의경매	채권자	자갈치신협외2	배당기일 : 2013.02.21		
				배당종결 2013.02.21		

사진빨이 좋습니다. 좋으면 일단 애정표현을 해야지요. 임장해도 인물이 좋습니다. 사진빨만 좋은 물건이 많거든요. 감정가 34.7억이 22.2억까지 떨어졌습니다. 이제는 결과가 나왔으므로 공개합니다만, 낙찰가가 쟈스트 29억 원입니다. 10명이 입찰했군요. 입찰 후 4일밖에 경과되지 않아 아직 매각허가결정도 나지 않은 사건입니다. 어쩌면 낙찰자도 건물주인도 이 글을 볼지 모르겠군요. 이렇게 되면 제가 성격이 내성적(?)으로 바뀔 수밖에 없는데, 맞아죽을 각오를 하고 회원님들에게 저의 소회를 가감 없이 밝힌다는 원칙을 고수하렵니다. 낙찰가 쟈스트 29억 원은 초보의 냄새가 납니다(가치판단은 차치하고 끝수가 없으므로). 이제 본격적으로 건물구경 함 들어가 볼까요?

사진에 보이는 건물입니다. 빨간 하나투어 글자가 보이는…… 본건 빌딩 뒤로 가느다란 빌딩이 보이지요. 주차 빌딩입니다. 지상에서는 별도 빌딩으로 보이지만 지하 부

〈주위 전경〉

〈주차장〉

분에서는 기초공사가 연결된 같은 건물입니다. 제 판단으로는 설계를 잘한 것으로 보였습니다. 여기에서 포인트 하나, 주차 빌딩은 아무리 높아도 바닥면적만 건축면적으로 본다는 것입니다. 수직으로 아무리 높아도 말입니다. 용적률 계산에서 말입니다. 아마 행정적으로 주차 빌딩을 장려한 흔적이겠지요. 그리고 건축물대장상 1개의 건물로 본다는 것입니다. 저는 이게 豚덩어리라고 본 것이지요. 지하 주차장 입구입니다. 주차 시설은 최신식으로 보입니다. 지은 지 2년밖에 되지 않았습니다. 안에 들어가서 위를 올려다보니 깨끗했습니다.

〈주차시설〉

차량 입고 풍경입니다. 요즘 이런 주차장은 차량번호만 때리면 알아서 들어가고 나오지요. 누가 발명했는지 몰라도 대단히 우수한 유전인자와 연구노력이 결합했을 것입니다. 저는 이런 장치를 보면 '아~ 나도 더러븐 경매 안하고 이런 제작기술 발명했다면 편안하게 살낀데' 하는…… 어린 시절의 양아치 생활을 뒤늦게 후회하곤 합니다. 그때 첫사랑만 안했다면…… 지금 지방법원장 정도는 하고 있어야 한다고 확신에 맹신을 登神을 하고…… 이 연사 강력하게 주장합니다…… 제가 이래뵈도 중2 말 전국학력고사에서는…… 이 놈의 치사한 밴댕이 심사!

광역 도면 첨부합니다. 부산지방법원 검찰청을 대로 25미터로 마주보고 있습니다. 위치의 힘(?)은 괜찮아 보입니다. 뇨자든 놈자든 멀리서도 멋이 있어야 합니다. 뇨자는 특히 밤에도 예뻐야 합니다.

소 재 지	부산광역시 연제구 거제동 1486-4 번지

2호	1호 (공실)	10층
		9층
2호	1호 공실	8층
2호	1호	7층
2호	1호	6층
		5층
2호	1호	4층
2호 공실	1호	3층
2호	1호	2층
1층 전부 공실		1층
공동주차장		지하층

•제시 건물은 전부
 사무실로 사용함

10층2호 :(주).
　　　　사이안스
9층 전부 :이스트
　　　산업개발㈜
8층2호 :씨엘에스정보㈜

7층2호 :　에프씨㈜

6층1호 :김　목
　　(제이엔씨건설)
6층2호 :배　일(굿피플)

5층전부 :(주)　　건설

4층1호 :김　수(에이엔디
　　　　건축사사무소
4층2호 :이　우법무사
　　(극동법무사사무소

3층1호 :엔　스㈜

2층1호 :대풍　　여행사㈜

2층2호 :코　노㈜

　　법원의 공고내용입니다. 임장을 하면 법원의 공고내용과는 다르다는 것을 발견하게 됩니다. 살벌한 기운, 정겨운 기운도 느꼈습니다…… 이러한 경우가 인간사이고, 특히 경매는 더욱 그렇다는 것을 알게 되지요. 여기서 교훈 하나, "아무리 실력이 있어도 협상력이 없으면 말짱 꽝이다."

S : 1/600

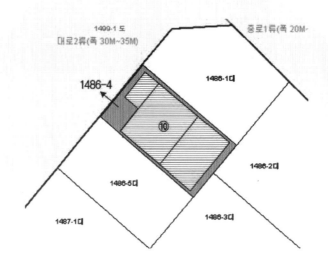

건축도면입니다. 도면상 3쪼가리가 나 있습니다. 오른쪽에 보이는 쪼가리가 주차 빌딩입니다. 내가 중 2때 첫사랑 이후 아무도 모르게, 두 번째 짝사랑했던…… 물건입니다…… 니미 쓰ㅍ. 미안합니다. 나도 모르게 욕이 나와서…… 짝사랑은 원래 욕을 하면서 하는 것 아닙니까? 이해해주시길.

본건 브리핑을 위하여 3번 임장했습니다. 겁도 없이 잠겨 있지 않는 문은 모조리 밀어붙였습니다. 따뜻한 사람도 만나고 문전박대 당하고…… 욕 비스무리(?)한 것을 듣고도, 미안한 자세로 고분하게 대가리 숙이고 나왔습니다. 내가 돈 놈이 아닐까, 내가 돌아버렸나 하는 생각이 순간적으로 들더군요. 하긴 그 사람은 빌딩 주인입니다. 제가 원래 점잖게(?) 경매하는 스타일인데, 하루아침에 이렇게 겁을 상실하다니…… 뭐 장학사업비 마련(?)을 위하여 擧杞적으로 열렬히 협조하려는 마음도 있었다고 고백하면…… 뻥 깐다고 생각하는 제법 깊이 있는 인간은 본 카페에 한 놈(양해하이소 재미있게 쓸라꼬)도 없을 것이라고…… 이 연사 졸라게 미썹니다. 사실 빌딩 입찰은 처음이고 이해관계인이 많다 보니, 많은 경우의 수 때문에 최대한의 밀착접근이라는 필요에 의하여 겁을 상실했던 것이지요. 저도 별 볼 일 없는 인간이었습니다 (이 상황에서 에디슨님은 이렇게 말씀하셨지요. 필요는 성공의 어머니다. 지는 성공했으니까 그럴 수 있지만…… 저는 그런 상황이 아니지 않습니까). 그런데 어르신(?)에게도 어르신(?)이 계시더군요…… 그렇다면 저에게 하늘 같으신 분이지요. 이 어르신들을 소개할 수 없는 점이 안타깝습니다. 말씀드리면 제 나이의 대한민국 사람이면 다 아는 분

들이기에 이 정도에서 그치는 것이 예의인 것 같습니다. 나의 어르신과 또 그분의 어르신을 겸손히 모셨습니다. 그러다가 입찰결의를 위하여 소집한 비영리법인의 긴급이사회(제가 롯데호텔에서 브리핑 후 개최되었음)가 결의를 하지 못함에 따라 입찰도 못 해 본 사건입니다. 특히 '경매는 空益법인이 할 도리가 아니라'는 정신 나간(?) 忍間 때문에…… 뭐 그 분이 미워서 하는 얘기가 아닙니다. 재미있게(니~이미 쓰~ㅍ) 쓰려고. 이 사장님은 추가비용 충당을 어려워하는 것 같고 이후…… 의견이 분분하여 자리를 뜨고 연구소에서 기다렸는데…… 쓰~ㅍ(뭐 재미 있게 쓸려고)…… 針은 이미 많이 발라놨으니 침 구경이나 재미있게 하시길.

  * 그동안 '실전사례해설'이라는 게시판에 오랫동안 최신 글이 없었음이 마음에 여엉 부담이 되더라구요. 사실 처음 이놈의 게시판을 만들 때부터 감당하기 어려울긴데…… 하는 자기비판이 있었습니다. 오늘 작심하고 써봤습니다. 잉끼가 있으면 우짜든동 빠른 시간 안에 다음 편을 올리겠습니다.

1. 사실의 확인

- ▶ 감정가: 3,471,944,480원 (토지:1,466,300,000, 건물:2,005,644,480)

- ▶ 최저매각가액: 2,222,045,000원 (2차 유찰)

- ▶ 대지: 430 m^2 (130.075평)

- ▶ 건물면적: 1,949.12 m^2 (589.609평, 주차 빌딩 80대 제외)

- ▶ 건축배경: 준주거지역(건폐율 60%. 용적률 400%)의 수익성 건물 건축을 위하여 건축조건을 만족하면서, 주차장 건물을 건축한 것으로 사료됨(현 건폐율: 59.46%. 용적률:378.21%).

- ▶ 분양실패 이유: 본 건물은 사용승인 2010.11.01./보존등기 2010.11. 22./원인무효

로 인한 소유권보존등기 말소청구소송 2010.12.07./ 1번 근저당 26.65억 원(자갈치신협 외 2) 2011.4.15./2번 근저당 12.42억 원 등 합계 약 39억 원의 근저당으로 분양에 장애가 되었을 것으로 사료됨. 이로 인하여 임차인의 보증금 및 월세가 들쑥날쑥함을 알 수 있음.

▶ 취득금액: 입찰금액(?)+인수금액(4,500만 원(씨엘○○정보 2,000만 원, ○○사이언스 2,500만 원)+명도비용(2,500~3,500만 원 ?)+취득세(감면대상 ?)=?

   🕙 법무사 이○○가 권리신고를 하지 않았으나 문제는 없을 것으로 사료됨(현황상 기록 없음, 재계약 대상).

▶ 적정임대시세: 보증금을 전액배당 받은 김○○(제이엔씨 건설) 씨의 보증금 1,000만 원/70만 원이 적정시세일 것으로 판단됨(부가세 포함?).

   🕙 특이점: 5층을 전부 점유하는 건설은 현황상 5,000만 원/100만 원이었으나, 권리신고는 보증금 5,000만 원만 하였음(○○건설이 매수한다는 소문이 있음).

2. 본건 입찰의 동기

▶ 감정평가에 대한 의견:

   1) 본건 토지가액은 평당 1,125만 원으로 평가되어 적정한 것으로 사료됨.

   2) 본건 건물의 건축비는 평당 340만 원으로 평가되어 있음. 철골철근콘크리트구조인 점을 감안하면 평당 건축비가 적정 수준으로 사료되나, 주차 빌딩을 바닥면적 기준으로 평가하였다는 점과 기계식 주차설비의 가액을 감안하면 저평가되었다고 판단됨(이와 관련 10억 원 상당의 소송이 진행 중이라고 탐문되었으나 확인할 길은 없었음).

   🕙 본건을 낙찰받는다면, 주차 빌딩의 소유권 및 주차설비에 대한 소유권을 취득하는 데는 문제가 없음.

▶ 수익성 판단:

1) 현황상 수익성 판단: 집행법원의 기록상 보증금 합계 3.9억 원. 월세 합계 514만 원임.

2) 향후 수익성 판단:

① 건물에 대한 판단

인근 부동산임대 현황과 본건 전액배당 임차인의 보증금을 감안하면 각층의 1/2면적 기준 보증금 1,000만 원에 월세 70만 원이 적정시세로 보임. 그렇다 면 전체 보증금 2억 원, 월세 1,400만 원임(20호실로 나뉘므로).

마이너스 요인-공실률 5%를 적용하면 월세 수입은 1,330만 원으로 예상됨.

플러스 요인-빌딩 1, 2층의 임대료는 각층의 평균 임대료를 대폭 상회하는 특징 이 있으므로 보증금 2억 원, 월세 수입 1,400만 원은 무난할 것으로 사료됨(1, 2층을 집객력이 있는 점포로 활용해야 함. 1, 2층 임차인은 월세 없이 계약하려 하 는 경향이 있음).

🉐 임대차계약 시 부가세 부담 및 1대 주차비(15만 원)는 무상임을 감안해야 함.

🉐 월주차비 15만 원은 인근 시세(10만 원)에 비해 비싼 편임.

② 주차 빌딩의 수익성 판단

주차능력 81대임(기계식 80대. 자주식 1대). 관리인에 의하면, 현재 월 주차 15만 원에 38대, 월 주차 10만 원(임차회사 직원)에 12대, 무상 주차 각 임차인 11대 로 운영되고 있으나 가동률은 50% 정도라 함. 현재 주차장 월수입은 690만 원 이 발생함(시간주차 제외).

향후 월 주차 70대로 늘린다면 주차수입 1,170만 원 달성이 가능함. 현재 관리 인 3인이 관리하고 있으므로 월 총임금 390만 원(평균 임금 130만 원 책정)을 제 하면 월 주차 수입 780만 원이 가능할 것으로 사료됨(시간주차 제외).

- 월 시간주차 수입: 일평균 10만 원일 때 영업일수 25일 기준으로 250만 원 가능.
- 주차설비의 정비비용 및 검사비용(연 1,000만 원) 및 전기료(연 1,200만 원)를 공제하면 연간 주차 순수입으로 1,016억 원(1,030만×12−2,200만)이 발생함.
- 월 주차비를 10만 원으로 책정하면 연간 주차 순수입은 5,960만 원임

③ 건물관리의 특징

일반적으로 사무실 빌딩은 집합건물이며 관리주체가 별도 존재하나 본건은 개인 소유이므로 주인이 직접 관리함. 평당 9,000원 부과함(부가세 별도). 490평의 월 관리비 441만 원을 주인이 취함. 현재 청소부 없음(수익금액 계산에서 제외).

④ 수익금액의 환원율에 의한 빌딩의 가치

위 계산에 따른 보증금 2억 원, 연간 수입 2,696억 원(건물수입: 1,400×12. 주차장 연간수입: 1,016억 원)으로 가정할 때,

가. 현 정기예금 연금리를 4%로 수익환원하면,

빌딩의 가치=(X−2억 원)×0.04(4%)=2,696억 원이면, X의 값이 69.4억 원임.

나. 수익률 8%로 환원하면. X의 값이 35.7억 원임.

- 일반적으로 수익률 8% 기준으로 수익성 판단함.
- 월 주차비 10만 원일 때 연간 수입 2,276억 원, 4% 환원가: 58.9억 원.
- 8% 환원가: 30.45억 원

3. 향후 과제

본건 건물에 임차인 11명 중 2명 전액배당, 2명 낙찰자 인수, 7명 미배당 명도대상임. 임차인을 전부 재계약으로 유도하는 것을 우선 고려함(3층 점유자 제외).

▶ 인수금액: 4,500만 원(대항력 있는 임차인의 미배당금) → 재계약이 가능할 것으

로 봄.

▶ 명도 전망: 1층 경호업체는 집행관의 현황조사상 공실이었으나 현재는 점유하고 있음. 사장을 만나 면담하였으나 재계약 의사 없고 이사비용을 요구할 것으로 사료됨.

2-1 ○○여행사는 현황상 및 권리 신고하였으나 현재 이사함.

2-2 코○노(주)는 미배당

3-1 엔○스(주)는 미배당

4-1 건축사사무소는 미배당

4-2 이○우 법무사는 미배당(현황상 및 권리신고 없음)

5 (주)○○건설 전부 점유. 미배당

6-1 제이○○건설은 전액 배당(1,000만 원/70만 원)

6-2 굿○○은 미배당

7-2 신화○○(주)는 미배당

8-2 쎄엘○○정보(주) 인수 2,000만 원

9 ○○○○산업개발(주)는 전액 배당(5,000만 원)

10-2 (주)○○사이안스는 인수 2,500만 원

🈺 보증금이 소액이고, 경매가 진행되면 월세를 내지 않는 경향이 있으므로 두잉건설(보증금 5,000만 원. 입찰경쟁자 가능성?)을 제외하면 큰 피해자 없음.

🈺 현재 등기부상 1/2지분 소유자 김○○의 남편이 3층을 점유하고 있음. 면담하였으나 공격적 성향을 보임. 현재 관리의 주체임. 향후 명도와 관련하여 협력을 받아야 할 대상인 점을 감안하면 최대한 예우를 갖추는 것이 좋으며 금전보상이 필요한 대상임. 또한 본건에 대한 경매신청등기 이후에 점유한 자들이 다수 소유자의 의도에 따른 것으로 판단해야 함.

▶ 입찰경쟁 분석: 현 소유자가 제3자를 통한 매수 가능성 있고, 임차인 ○○건설이 입

찰한다(전회에 입찰한다 했다 함)는 소문이 있으며, 하루에 3팀 정도는 방문한다 함. 경매를 신청한 신협에 의하면, 하루에도 많은 문의가 쇄도한다 함(특히 서울 사람들의 표적이 되어 있음).

▶ 지역 향후 전망: 법원 검찰청이 소재하여 부동의 법조수요가 존재하고 원근 지역의 법조 관련 임차인의 근접지 임차수요가 상존하여 향후 본건 주변의 상권 확대는 불가피해 보임.

▶ 향후 관리 문제: 월세 수입, 빌딩 관리, 임대차계약 등을 전담하는 관리인 선임 필요함.

4. 결론

빌딩 입찰에 있어서는 이해관계인이 다수 존재하고, 또한 권리관계가 명백하지 않은 임차인이 있어 입찰물건에 대한 권리분석이 명확성을 띄기 어려운 문제가 있음. 또한 명도에 있어서도 일반 아파트와는 다른 복잡성을 띔. 이러한 위험이 수익의 대가라고 봄이 타당할 것임. 본건에서 명확한 것은 낙찰자가 4,500만 원을 인수하는 것(재계약이 가능할 것으로 사료됨)과 명도의 저항을 이해하고 빠른 시간 안에 본건의 지배를 완수하는 것임. 이를 위하여 이사비용을 지불하는 것은 이 분야의 생리임을 이해하고 지분 소유자 남편과의 문제(관리 프로그램 인수 등)를 가장 빨리 해결해야 함(한 달 관리 순수입: 1,500만~2,000만 원임).

4장

감정평가

감정평가의 목적에 따른 분류

보상감정, 경매감정, 담보감정이 있다. 이때 보상감정가액이 제일 높고, 담보감정가액이 제일 낮게 결정되는 경향이 있다. 왜냐하면 보상감정은 사유재산의 침해라는 문제의해결, 담보감정은 채권자의 보수주의 경향 때문이다.

공법상 제한을 받는 토지의 평가

경매감정, 담보감정 시에는 제한을 받는 것으로 평가한다. 그러나 보상평가 시에는 제한을 받지 않는 것으로 평가한다. 예: 도시계획시설로서 도로예정지의 평가.

이미 보상을 위한 감정평가가 있었던 땅

2006-24 부산 동부 감정가액을 보면 1.2억 원이다. 감정평가서상 "본건은 이미 보상평가가 완료된 토지이므로 이를 참고하여 평가하였음"이다. 그런데 낙찰가가약 1억 원이다. 낙찰은 잘 받았지만 1명이 입찰한 것은 잘못이다. 낙찰 당시에는 노무현정권 시절로, 비업무용 토지에 대하여 양도소득세가 아주 높았다. 또한 양도소득세를 계산할 때 취득가액과 양도가액을 주무를 수(?)가 없는 경우이다. 취득가액은 법원의 기록을 속일 수가 없고, 보상가액은 보상청의 기록을 속일 수가 없다. 이럴 때는 인해전술을

써야 한다. 만약 양도소득세 과표를 1,500만 원으로 보았다면, 기본공제 250만 원을 감안하여 6명이 공동 입찰하였어야 옳다.

2)본건은 이미 보상평가가 완료된 토지이므로 이를 참고로 평가하였음.

감정평가가 잘못된 경우

2005-57362
부산

지목이 '도로'인 토지가 경매에 나왔다. 감정평가서상 "공부상 지목 및 현황이 도로(계획도로 속함)임을 감안 평가하였음"이다. 사진을 보면 '도로'라고 생각하기에는 뭔가 찜찜하지 않은가?…… 이러한 것을 보면서 찜찜함을 느끼지 못한다면 감정평가에 대한 감각이 부족한 것이다. 낙찰받고 3개월이 안되어 팔았다.

2005타경57362			• 부산지방법원 본원	• 매각기일 : 2006.10.04(水) (10:00)		• 경매 14계 (전화:051-590-1834)	
소 재 지	부산광역시 북구 구포동 700-81 도로명주소검색						
물건종별	도로	감 정 가	18,450,000원	오늘조회: 1 2주누적: 0 2주평균: 0 조회동향			
				구분	입찰기일	최저매각가격	결과
토지면적	61.5㎡(18.604평)	최 저 가	(64%) 11,808,000원	1차	2006-07-26	18,450,000원	유찰
				2차	2006-08-30	14,760,000원	유찰
건물면적		보 증 금	(10%) 1,190,000원	3차	2006-10-04	11,808,000원	
매각물건	토지지분매각	소 유 자	박 묵	낙찰 : 13,111,000원 (71.06%)			
				(입찰2명,낙찰:김창식외1)			
개시결정	2005-11-23	채 무 자	박 국	매각결정기일 : 2006.10.11 - 매각허가결정			
사 건 명	강제경매	채 권 자	황 윤	대금납부 2006.10.19 / 배당기일 2006.12.07			
				배당종결 2006.12.07			

2. 토지는 인근 표준지의 공시지가를 기준으로 하고, 입지조건 부근상황 토지의 상황
   기타 가격형성상의 제요인을 종합적으로 고려하여 평가하되, 공부상 지목 및 현황이
   도로(계획도로 속함)임을 감안평가 하였음.

도로의 평가

사도법상의 사도는 인근 대지 평가액의 1/3 이내로 평가한다. 공부상 지목에도 불구하고 현황을 기준으로 평가한다.

① 공부상 지목이 '대'이나 현황이 '도로'이면 '도로'로 평가한다.
② 공부상 지목이 '도로'이나 현황이 '대'이면 '대'로 평가한다.

국가산업단지에 편입 예정된 토지의 낙찰가

2015-2871
대구 서부

국가산단 시공사를 알아보니 LH공사이다. 보상시기를 물어보니 2016년 8월경이란다. 입찰을 해야겠는데 입찰가를 정하기가 난감했다. 보상가를 알아야 입찰가를 정할 수가 있다. 그래서 감정평가사와 상담을 했는데…… 아무래도 낙찰가 3,000만 원은 무리한 숫자로 보인다. 필자의 사견일 뿐이다.

• 대구지방법원 서부지원　• 매각기일 : **2015.10.15(木) (10:00)**　• 경매 3계 (전화:053-570-2303)

소재지	대구광역시 달성군 구지면 목단리 산2 도로명주소검색					
물건종별	임야	감정가	14,603,400원	오늘조회: 1 2주누적: 0 2주평균: 0 조회동향		
토지면적	768.6㎡(232.502평)	최저가	(100%) 14,603,400원	구분	입찰기일	최저매각가격	결과
건물면적		보증금	(10%) 1,470,000원	1차	2015-10-15	14,603,400원	
매각물건	토지만 매각이며, 지분 매각임	소유자	곽 건	낙찰: 30,010,000원 (205.5%)		
개시결정	2015-04-21	채무자	곽 건	(입찰22명,낙찰:대구 달서구 한 경 / 2등입찰가 24,899,000원)		
사건명	강제경매	채권자	희망모아유동화전문유한회사	매각결정기일 : 2015.10.22 - 매각허가결정		

매각결정기일 : 2015.10.22 - 매각허가결정
대금지급기한 : 2015.11.18
대금납부 2015.11.10 / 배당기일 2015.12.21
배당종결 2015.12.21

지목	임야		면적	3,074 ㎡
개별공시지가 (㎡당)	7,590원 (2015/01)			
지역지구등 지정여부	「국토의 계획 및 이용에 관한 법률」에 따른 지역 · 지구등	일반공업지역(2013-01-09) ,중로2류(폭 15M~20M)(2013-01-09)(저촉)		
	다른 법령 등에 따른 지역 · 지구등	국가산업단지(2015-05-11)〈산업입지 및 개발에 관한 법률〉		
	「토지이용규제 기본법 시행령」 제9조제4항 각 호에 해당되는 사항	토지거래계약에관한허가구역(2013-06-09)		
확인도면	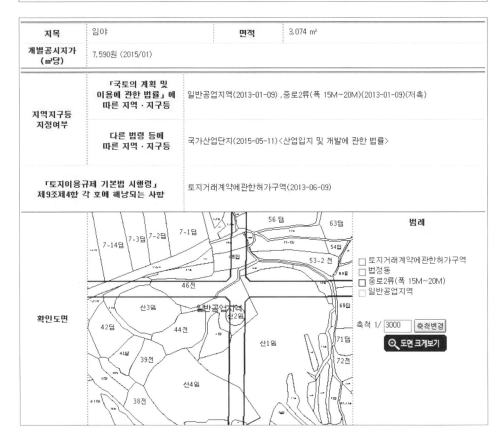			

계획도로에 저촉된 임야

제1종 일반주거지역의 임야인데 계획도로에 저촉되었다. 아래 사진을 보면 기가 찰 정도로 좋다. 도로예정지는 보상받고 나머지 땅은 삼거리 각지이다. 도로가 예정대로 뚫린다면 노가 날 땅이다. 문제는 '도로가 뚫리느냐'이다. 2015년 국토교통부에서는 '장기미집행 도시계획예정시설에 대한 해제 가이드라인 매뉴얼'이란 것을 발표했다. 이런 물건에 입찰할 때는 어떤 경우의 수에서도 수익이 확보돼야 한다. 가령 도로가 안 날 때의 경우의 수에서도 수익을 확보해야 한다는 것인데, 필자가 현장답사를 한 결과 예정도로가 해제될 가능성이 높다고 판단했다. 그래서 해제가 될 때의 수익방향이 있어야 하는데 그 방안을 찾았다. 아래 지도를 보면 본건 땅 옆에 럭키빌라가 보인다. 본건 땅에서 왼쪽으로 도로와 접하는 77번지 땅은 비닐하우스 정도였다. 만약 이 77번지 땅을 본건 토지와 함께 소유한다면 어떤 경우에도 수익성이 높다는 결론을 내렸다. 만약 도로가 난다면 왼쪽 현황도로와 오른쪽 예정도로와 곧장 통한다는 것이다.

2015타경8247 ● 대전지방법원 본원 ● 매각기일 : 2015.10.20(火) (10:00) ● 경매 8계 (전화:042-470-1808)

소재지	대전광역시 중구 옥계동 76-3 도로명주소검색							
물건종별	임야	감정가	120,099,000원	오늘조회: 1 2주누적: 1 2주평균: 0 조회동향				
				구분	입찰기일	최저매각가격		결과
토지면적	817㎡(247.142평)	최저가	(49%) 58,848,000원	1차	2015-08-04	120,099,000원		유찰
				2차	2015-09-08	84,069,000원		유찰
건물면적		보증금	(10%) 5,890,000원	3차	2015-10-20	58,848,000원		
				낙찰 : 66,054,450원 (55%)				
매각물건	토지만 매각	소유자	이 민	(입찰6명,낙찰:(주) 리츠 / 2등입찰가 65,300,000원)				
				매각결정기일 : 2015.10.27 - 매각허가결정				
개시결정	2015-03-25	채무자	이 민	대금지급기한 : 2015.11.27				
사건명	임의경매	채권자	대전한일신협	대금납부 2015.11.06 / 배당기일 2015.12.23				
				배당종결 2015.12.23				

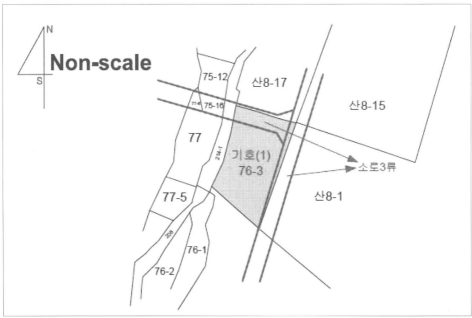

보상이 예정된 땅을 낙찰받아 보상받다

2008년 3월 초순경이다. 경매물건을 검색하다가 깜짝 놀랐다. 감정평가서상으로는 3종 일반주거지역일 뿐인데, 무심코 '토지이용계획확인'을 눌렀더니 "감전동 임대주택지구"라는 것이 기재되어 있었다. 아니 내가 보상 땅을 여태 모르고 있었단 말인가?…… 라는 자책이 들었다. 다음 날 아침 사상구청에 문의했다. 2월 말에 국토부로부터 통보를 받고 3월 초에 지적고시를 했다는 것이다. 시행처는 LH공사였다. 바로 공사로 전화하여 담당자와 통화했다. 굉장히 반가워하였다. 필자가 토지 소유자 행세를 했기 때문인데…… 3월에 낙찰받아 4월에 잔금을 납부하고 8월에 보상받았다. 보상가는 6,795만 원이었는데 통보를 받자마자 8월 22일에 1등으로 보상금을 수령했다. 수익금을 2,000만 원으로 보고 8명이 공동 투자했는데, 양도소득세 기본공제 250만 원으로 양도소득세 과표는 '0'였다.

2007타경35694 (4)   • 부산지방법원 본원   • 매각기일 : 2008.03.25(火) (10:00)   • 경매 15계 (전화:051-590-1835)

소 재 지	부산광역시 사상구 감전동 347 [도로명주소검색]						
					오늘조회: 1 2주누적: 0 2주평균: 0 [조회동향]		
물건종별	농지	감 정 가	60,500,000원	구분	입찰기일	최저매각가격	결과
					2007-12-11	60,500,000원	변경
토지면적	110㎡(33.275평)	최 저 가	(64%) 38,720,000원	1차	2008-01-15	60,500,000원	유찰
				2차	2008-02-19	48,400,000원	유찰
건물면적		보 증 금	(10%) 3,880,000원	3차	2008-03-25	38,720,000원	
				낙찰 : **47,131,000원** (77.9%)			
매각물건	토지 매각	소 유 자	박 호	(입찰2명, 낙찰:정 용외 6명 / 2등입찰가 41,755,000원)			
개시결정	2007-08-07	채 무 자	박 호	매각결정기일 : 2008.04.01 - 매각허가결정			
사 건 명	임의경매	채 권 자	초량6동새마을금고	대금납부 2008.04.30 / 배당기일 2008.06.03			
				배당종결 2008.06.03			
관련사건	2000타경36568(이전)						

> 5. 토지이용계획관계 및 제한상태
>   제3종일반주거지역, 도로(접함).

보상금 미수령 농지를 낙찰받았으나 이후 집행정지결정을 당하다

2005-16675
창원·진주 필자가 낙찰을 받았으나 기각되었다. 필자가 낙찰받은 후 채무자가 경매를 신청한 김 씨를 찾아가 변제확인서를 수령하고 이를 기초로 청구이의의 소를 제기하면서 집행정지결정을 받은 것이다. 이후 매각허가결정이 나지 않아 잔금을 납부할 수 없었고, 채무자가 청구이의의소에서 승소 후 판결문을 집행법원에 제출하여 집행절차가 취소됐다. 그런데 토지등기부를 보면, 낙찰가 1,300만 원에 관련채권이 2억 원 가까이 된다. 또한 경매개시결정등기 후에 가압류 1억 원이 보이는데 채권자의 이름이 채무자와 특수한 관계로 보인다. 배당을 예상해보면, 경매신청채권자는 60만 원 정도를 배당받을 수 있었다. 그러니 약간의 돈을 주고 협상하기가 쉬웠을 것 같다. 보상금 미수령 농지가 14평 정도인데, 필자가 잔금을 납부했다면 보상금을 챙겼을 것이다. 현장답사를 해보면 죽여준다.

2005타경**16675**	• 창원지방법원 진주지원	• 매각기일 : **2006.09.11(月) (10:00)**	• 경매 4계 (전화:055-760-3254)			
소재지	경상남도 진주시 지수면 청원리 325-2 외 2필지 도로명주소검색					
물건종별	농지	감 정 가	18,552,000원	오늘조회: 1 2주누적: 0 2주평균: 0 조회동향		
				구분	입찰기일	최저매각가격	결과
토지면적	1094㎡(330.935평)	최 저 가	(64%) 11,874,000원	1차	2006-06-19	18,552,000원	유찰
				2차	2006-07-31	14,842,000원	유찰
건물면적	건물은 매각제외	보 증 금	(10%) 1,190,000원	**3차**	**2006-09-04**	**11,874,000원**	
매각물건	토지만 매각	소 유 자	이 환	낙찰 : 13,211,000원 (71.21%)		
				(입찰1명)		
개시결정	2005-09-20	채 무 자	이 환	매각결정기일 : 2006.09.11 - 매각허가결정		
				2006-09-11	0원	정지
사 건 명	강제경매	채 권 자	김 룡	**2007-02-01**	**0원**	**기각**
				본사건은 기각(으)로 경매절차가 종결되었습니다.		

* 매각토지.건물현황(감정원 : 태평양감정평가 / 가격시점 : 2005.09.26)

목록		지번	용도/구조/면적/토지이용계획			㎡당 단가	감정가	비고
토지	1	청원리 325-2	* 관리지역		전 1048㎡ (317.02평)	27,500원	28,820,000원	표준지공시지가: (㎡당)13,000원 * 현황:대 * 제시외건물 감안토 지단가:@17,000원/㎡ * 수목단가:@2,500/㎡
	2	청원리 325-5	* 관리지역		전 3㎡ (0.908평)	16,000원	48,000원	* 현황:도로
	3	청원리 325-6	* 관리지역		전 43㎡ (13.008평)	16,000원	688,000원	* 현황:도로
			면적소계 1094㎡(330.935평)				소계 29,556,000원	
제시외 건물	1	청원리 325-2 블럭조	단층	주택	79.1㎡(23.928평)	312,000원	24,679,200원	매각제외
	2		단층	창고및화장실	7.3㎡(2.208평)	195,000원	1,423,500원	매각제외
	3		단층	창고	3㎡(0.908평)	6,000원	18,000원	매각제외
		제시외건물 매각제외						
감정가		토지:1094㎡(330.935평)				합계	18,552,000원	토지만 매각
현황 위치		* 청원저수지 북측 인근에 위치. 주위는 순수농촌지대로서 농경지,임야 등 형성 * 차량출입 가능.대중교통사정 보통. 남서측으로 약4미터 폭 내외의 콘크리트포장도로와 접합 * 서측은 인접도로보다 약6미터 고지이고,동측은 인접도로와 대체로 등고평탄한 완경사의 부정형 토지임						
참고사항		* 토지대장등본상 325-2(1,094㎡)번지가 325-5(3㎡), 325-6(43㎡)로 분할(2000.5.26)되어 1,048㎡이며, 325-5, 325-6번지는 도로 확포장공사에 편입된 토지로 2005.9.26.현재 보상금 미수령 상태임 * 지상에 동백나무,단풍나무 등이 약100여주가 식재되어 있음						

* 토지등기부 (채권액합계 : 176,609,280원)

No	접수	권리종류	권리자	채권금액	비고	소멸여부
1	1988.11.11	소유권이전(상속)	이 환			
2	1998.07.24	가압류	서울보증보험(주)	16,446,917원	말소기준등기 구,한국보증보험(주)	소멸
3	1998.08.12	가압류	우리은행	8,370,171원	구,한일은행	소멸
4	1999.01.29	가압류	농협중앙회	24,313,600원		소멸
5	1999.03.24	가압류	신한은행	9,761,899원		소멸
6	2000.11.07	가압류	광안2,4동새마을금고	10,000,000원		소멸
7	2002.01.09	가압류	한국자산관리공사	7,716,693원		소멸
8	2005.09.20	강제경매	김 룡	청구금액: 9,000,000원	2005타경16675	소멸
9	2005.11.23	가압류	이 환	100,000,000원		소멸
기타사항	☞ 건물미등기 등기부발급불가 ☞ 청원리 325-2 토지등기부상					
주의사항	☞제시외 건물로 인하여 법정지상권 성립여지 있음					

채무자가 작업하여 경매를 취소시켰으나 다시 경매로 나오다

2007-6191
창원 · 진주

앞에서 해설했던 사건이 또 경매로 나왔다. 경매를 취소시키기는 했지만 근본적으로 문제를 해결한 것은 아니기 때문이다. 필자가 1,300만

원에 낙찰받았었는데, 본건은 2,610만 원에 낙찰됐다. 특수관계인이 낙찰가의 절반 이상을 배당받았다. 이런 경우 사해행위로서 가압류를 말소시킬 수가 있었는데 배당금이 고루 분산되다 보니 누구도 이를 문제 삼지 않았던 것으로 보인다.

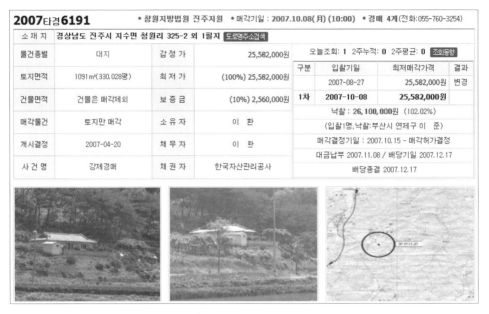

No	접수	권리종류	권리자	채권금액	비고	소멸여부
1	1988.11.11	소유권이전(상속)	이 환		협의분할에 의한 재산상속	
2	1998.07.24	가압류	서울보증보험(주)	16,446,917원	말소기준등기	소멸
3	1998.08.12	가압류	우리은행	8,370,171원		소멸
4	1999.01.29	가압류	농협중앙회	24,313,600원		소멸
5	1999.03.24	가압류	신한은행	9,761,899원		소멸
6	2000.11.07	가압류	광안2,4동새마을금고	10,000,000원		소멸
7	2002.01.09	가압류	한국자산관리공사	7,716,693원		소멸
8	2005.11.23	가압류	이 환	100,000,000원		소멸
9	2007.05.01	강제경매	한국자산관리공사 (부산지사)	청구금액: 7,287,027원	2007타경6191	소멸

서울 방배동의 금싸라기(?) 땅이 똥값에 경매로 나오다

2015-4581
서울 중앙

서울 방배동의 아파트 인근 임야가 경매로 나왔다. 감정평가서의 사진을 보고 가슴이 뛰었다. 아~ 이 땅을 개발할 수만 있다면…… 특이한 점은 감정평가 당시에는 비오톱 1등급이라는 기록이 있는데, 원고를 집필하는 현재 2016년 4월 11일 토지이용계획확인에서는 없어졌다. 있다가도 없어질 수도 있는 것이다. 이 땅을 누가 제대로 활용할 수 있을까? 결론은 본건 인근 아파트인 '이편한세상'의 소유자집단이 민원으로 해결할 수 있지 않을까' 하고 생각해봤다. 체육시설이든 휴양시설이든…… 필자의 사견이다.

2015타경4581

● 서울중앙지방법원 본원 ● 매각기일 : 2015.12.03(木) (10:00) ● 경매 2계 (전화:02-530-1814)

소재지	서울특별시 서초구 방배동 산23-16 [도로명주소검색]							
물건종별	임야	감정가	161,364,000원	오늘조회: 1 2주누적: 0 2주평균: 0 [조회동향]			
토지면적	480.25㎡(145.276평)	최저가	(80%) 129,091,000원	구분	입찰기일	최저매각가격	결과
				1차	2015-10-29	161,364,000원	유찰
건물면적		보증금	(10%) 12,910,000원	**2차**	**2015-12-03**	**129,091,000원**	
매각물건	토지지분매각	소유자	서 섭	낙찰 : 135,200,000원 (83.79%)			
				(입찰1명,낙찰:노 해외3)			
개시결정	2015-03-09	채무자	서 섭	매각결정기일 : 2015.12.10 - 매각허가결정			
				대금지급기한 : 2016.01.20			
사건명	강제경매	채권자	고 병	대금납부 2016.01.20 / 배당기일 2016.02.24			
				배당종결 2016.02.24			

● **매각토지.건물현황** (감정원 : 승현감정평가 / 가격시점 : 2015.04.21)

목록	지번	용도/구조/면적/토지이용계획	㎡당 단가 (공시지가 🔢)	감정가	비고
토지	방배동 산23-16	도시지역, 제1종일반주거지역, 공원, 가축사육제한구역<가축분뇨의 관리 및 이용에 관한 법률>, 대공방어협조구역(위탁고도:77-257m)<군사기지 및 군사시설 보호법>, 사방지<사방사업법>, 준보전산지<산지관리법>, 비오톱1등급<서울특별시 도시계획 조례>, 과밀억제권역<수도권정비계획법>, 상대정화구역(토지전산망의 내용은 참고 사항일뿐 교육청에 반드시 확인요망)<학교보건법>임. 🔼	임야 480.25㎡ (145.276평)	336,000원 (234,000원)	161,364,000원	☞ 전체면적 1921㎡중 갑구 1번 서인섭 지분 1/4 매각
감정가	토지:480.25㎡(145.276평)		합계	161,364,000원	토지지분매각
현황 위치	* 방일초등학교 남동측 인근에 위치, 주변은 아파트단지, 단독 및 다세대주택, 임야, 근린생활시설 등이 소재하는 지역으로 제반 여건은 보통시됨 * 본건까지 차량의 진출입이 불가능하며, 인근에 버스정류장 및 지하철 2호선 방배역이 소재하는 바, 대중교통상황은 보통임 * 서측 하향 완경사의 삼각형 토지로서, 자연림 및 일부 전으로 이용중임 * 지적 및 현황 맹지이나, 인접필지를 통하여 접근이 가능함				

지목	임야		면적	1,921 ㎡
개별공시지가 (㎡당)	234,000원 (2015/01)			

지역지구등 지정여부	「국토의 계획 및 이용에 관한 법률」에 따른 지역·지구등	도시지역 ,제1종일반주거지역 ,공원
	다른 법령 등에 따른 지역·지구등	가축사육제한구역<가축분뇨의 관리 및 이용에 관한 법률> ,대공방어협조구역(위탁고 도:77-257m)<군사기지 및 군사시설 보호법> ,사방지<사방사업법> ,준보전산지<산지 관리법> ,과밀억제권역<수도권정비계획법> ,상대정화구역(토지전산망의 내용은 참고 사항일뿐 교육청에 반드시 확인요망)<학교보건법>
	「토지이용규제 기본법 시행령」 제9조제4항 각 호에 해당되는 사항	

확인도면	범례 □ 보전산지 □ 준보전산지 □ 사방지 □ 도시지역 □ 공공공지 □ 제2종일반주거지역 □ 제1종일반주거지역 □ 어린이공원 □ 대공방어협조구역(위탁고도:54-236m) □ 문화재보호구역 □ 학교 □ 도로 □ 임업용산지 □ 비오톱1등급 □ 법정동 □ 노외주차장 □ 공익용산지 □ 공원 □ 국토이용용도지구기타 □ 상대정화구역 축척 1/ 3000 축척변경 🔍 도면 크게보기

도시계획예정도로에 저촉된 땅이 경매로 나오다

본건의 입찰이 있기 전에 대구에서 현장답사를 기획하여 〈김창식의 경매교실〉에 공지를 올렸던 바 26명이 참가했다. 본건을 임장하여 해설을 할 때, 필자가 예정도로의 해제가 예상되므로 입찰해서는 안 된다고 했다. 왜냐하면 본건의 가치는 도로가 건설되면 보상금을 수령하고 잔여토지의 개발로 인한 수익의 창출이 예상돼야 하는데…… 아래 사진을 보면 본건 도로의 개설이 그리 효율적인 재정의 집행으로 보이지 않는다는 것이다. 기존도로가 주거지역을 관통하고 있는데, 과거에는 주거지역을 직접 잇는 것이 도로의 기본 기능이었기 때문이다. 그러나 도로의 직선화 정책으로 예정도로를 긋기는 했지만 이 예정도로의 효율성이 그리 시급해 보이지 않는다는 것이다. 낙찰가는 14명이 입찰하여 137%이다.

2015타경4313 (1)			• 대구지방법원 본원 • 매각기일 : 2015.09.08(火) (10:00) • 경매 2계(전화:053-757-6772)				
소재지	대구광역시 동구 송정동 19 도로명주소검색						
물건종별	농지	감정가	206,460,000원	오늘조회: 1 2주누적: 0 2주평균: 0 조회동향			
토지면적	1332㎡(402.93평)	최저가	(100%) 206,460,000원	구분	입찰기일	최저매각가격	결과
건물면적		보증금	(10%) 20,650,000원	1차	2015-09-08	206,460,000원	
매각물건	토지 매각	소유자	권 학 외 5명	낙찰 : 283,333,000원 (137.23%)			
개시결정	2015-03-13	채무자	한 명 외 4명	(입찰14명,낙찰:대구 달서구 김 자 / 2등입찰가 260,113,000원)			
사건명	임의경매(공유물분할을 위한 부동산경매)	채권자	권 학	매각결정기일 : 2015.09.15 - 매각허가결정			
				대금지급기한 : 2015.10.19			
				대금납부 2015.10.19 / 배당기일 2015.12.28			
				배당종결 2015.12.28			

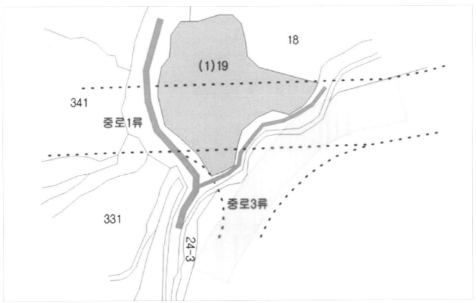

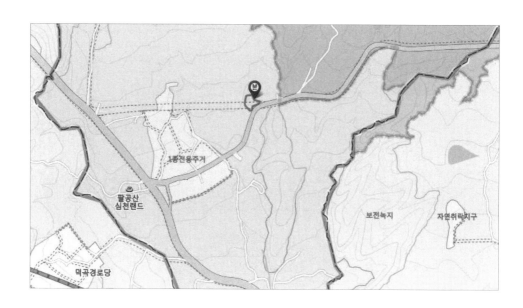

지하층에 대한 층별 효용가치 0.6

'감정평가액의 산출근거 및 결정의견'에 의하면, 호별요인을 0.6으로 평가했다. 가치형성요인의 세부항목이 많기는 하지만 층별 효용이 가장 큰 요인으로 보인다. 위치가 지하철역과 가까워서 창고로 쓴다면 괜찮을 것이다.

2015타경**7367**			• 대구지방법원 본원 • 매각기일 : 2016.04.07(木) (10:00) • 경매 7계(전화:053-757-6777)				
소재지	대구광역시 동구 방촌동 1113-286, 상명빌라 지하층 도로명주소검색						
물건종별	다세대(빌라)	감 정 가	42,000,000원	오늘조회: - 2주누적: - 2주평균: - 조회동향			
				구분	입찰기일	최저매각가격	결과
대 지 권	35.37㎡(10.699평)	최 저 가	(49%) 20,580,000원	1차	2015-11-10	42,000,000원	유찰
				2차	2015-12-07	29,400,000원	유찰
				3차	2016-01-08	20,580,000원	낙찰
건물면적	73.02㎡(22.089평)	보 증 금	(20%) 4,120,000원	낙찰 27,700,000원(65.95%) / 10명 / 미납 (2등입찰가:26,100,000원)			
매각물건	토지·건물 일괄매각	소 유 자	한 주		2016-03-08	20,580,000원	변경
				4차	**2016-04-07**	**20,580,000원**	
개시결정	2015-05-11	채 무 자	한 주	낙찰 : **35,550,000원** (84.64%)			
				(입찰4명,낙찰:조 자 / 2등입찰가 25,200,000원)			
사 건 명	임의경매	채 권 자	국민은행	매각결정기일 : 2016.04.14 - 매각허가결정			
				대금지급기한 : 2016.05.19			
				대금납부 2016.05.09 / 배당기일 2016.06.22			

4) 가치형성요인 비교

요인구분	세 부 항 목	격차율
단지외부 요인	대중교통의 편의성, 교육시설 등의 배치, 도심지 및 상업, 업무 시설과의 접근성, 차량이용의 편리성, 공공시설 및 편익시설과의 배치, 자연환경(조망,풍치,경관 등) 등	1.00
단지내부 요인	시공업체의 브랜드, 단지 내 총세대수 및 최고층수, 건물의 구조 및 마감상태, 경과연수에 따른 노후도, 단지 내 면적구성(대형,중형,소형), 단지 내 통로구조(복도식/계단식) 등	1.00
호별 요인	층별 효용, 향별 효용, 위치별 효용(동별 및 라인별), 전유부분의 면적 및 대지사용권의 크기, 내부 평면방식(베이), 간선도로 및 철도 등에 의한 소음 등	0.60
기타 요인	기타 가치에 영향을 미치는 요인	1.00
종합 비교	본건은 사례와 동일단지내 소재하여 제반요인 대체로 유사하나, 호별요인(층별효용)에서 열세임.	0.600

감정평가서의 모순 및 지하층 효용가치 0.07

토지이용계획을 보니 근린상업지역과 3종 일반주거지역에 걸쳐 있다. 전용면적이 39.5평인 지하층의 감정가액은 1,370만 원이다. 낙찰가는 6명이 입찰하여 2,067만 원이다. 매각물건명세서상 "대지권 가격이 포함됨"이다. 감정평가서에는 "대지사용권을 제외한 건물만의 평가"이다. 그런데 감정가액을 결정하는 과정을 추적해보면, 대지권이 포함된 '인근지역의 거래사례'를 추출하고 이에 대하여 '면적비교치'를 계산하여 '감정평가액(비준가격)의 결정'을 하고 있다. 모순이다. 더욱 놀라운 것은 감정평가서상 '가치형성요인비교'상 '개별요인'의 격차율이 0.07이다. 앞의 사건과 비교하면 대단히 균형감각을 잃고 있다는 느낌이 든다.

		• 대구지방법원 본원	• 매각기일 : 2016.04.07(木) (10:00)	• 경매 7계 (전화:053-757-6777)

소재지	대구광역시 동구 신천동 479, 동산아파트 지하층 [도로명주소검색]						
물건종별	근린상가	감 정 가	13,700,000원	오늘조회: 1 2주누적: 3 2주평균: 0 [조회동향]			
대 지 권	미등기감정가격포함	최 저 가	(100%) 13,700,000원	구분	입찰기일	최저매각가격	결과
건물면적	130.58m²(39.5평)	보 증 금	(10%) 1,370,000원	1차	2016-04-07	13,700,000원	
매각물건	토지·건물 일괄매각	소 유 자	장 진	낙찰: 20,670,000원 (150.88%)			
개시결정	2014-06-20	채 무 자	장 진	(입찰6명,낙찰:대구 동구 이 탁 / 2등입찰가 15,000,000원)			
사 건 명	임의경매	채 권 자	이 자	매각결정기일 : 2016.04.14 - 매각허가결정 대금지급기한 : 2016.05.19			

지목	대		면적	1,081 m²	
개별공시지가 (m²당)	1,396,000원 (2015/01)				
지역지구등 지정여부	「국토의 계획 및 이용에 관한 법률」에 따른 지역·지구등	근린상업지역 ,제3종일반주거지역 ,중심지미관지구 ,소로2류(폭 8M~10M)(접합),중로2류(폭 15M~20M)(집산도로)(접합)			
	다른 법령 등에 따른 지역·지구등	가축사육제한구역<가축분뇨의 관리 및 이용에 관한 법률>,비행안전제6구역(전술)<군사기지 및 군사시설 보호법>,상대정화구역<학교보건법>			
	「토지이용규제 기본법 시행령」 제9조제4항 각 호에 해당되는 사항				

확인도면	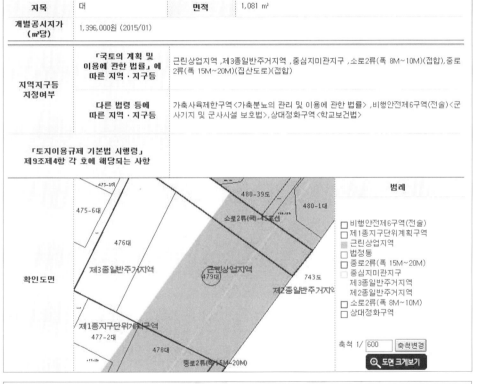

※ 비고란

최저매각가격에 대지권 가격이 포함됨. 대지권미등기이며, 그 유무는 알 수 없음. 건물의 대지는 1081분의 0.160을 제외한 나머지 부분은 대지권 등기가 경료되어 있음.

5. 기타 참고사항

본건은 『집합건물의 소유 및 관리에 관한 법률』 제20조와 같이 전유부분과 대지 사용권이 일체성을 가지나, 대지사용권이 등재되어 있지 않은바, 대지사용권을 제외한 건물만을 평가하였으니 경매 진행시 참고하시기 바랍니다.

2. 인근지역내 거래사례 및 사례의 선정

1) 인근지역내의 거래사례

기호	소재지	건물명	동/층/호	전유면적(㎡)	대지권(㎡)	거래가액	거래일자(사용승인일)
㉠	신천동 476	동산 아파트	- / - / 8	66.94	28.43	100,000,000	2014.02.24 (1977.08.17)
㉡	신천동 479	동산 아파트	- / 1 / 12	35.37	14.21	72,000,000	2013.08.30 (1977.08.17)

4) 가치형성요인비교

조건	세 항 목	사례	대상	격차율	비교내역
외부 요인	가로조건	보통	보통	1.00	본건은 사례와 비교하여 외부요인 대체로 대등함.
	접근조건				
	환경조건				
	행정조건				
	기타조건				
건물 요인	시공상태	보통	보통	1.00	본건은 사례와 비교하여 건물요인 대체로 대등함.
	설계/설비				
	노후도				
	공용시설				
	규모/구성비				
	건물용도				
	관리체계				
개별 요인	평형별 효용	양호	열세	0.07	본건은 사례와 비교하여 층별 효용, 부지에 대한 지분면적 및 관리상태에서 열세함.
	층별 효용				
	위치별 효용				
	향별 효용				
	공용부분의 전용사용권 유무				
	부지에 대한 지분면적				
	관리상태				
누 계				0.070	

5) 면적비교치

$$\frac{평가대상부동산의\ 면적(㎡)}{거래사례부동산의\ 면적(㎡)} = \frac{130.58}{66.94} = 1.951$$

6) 감정평가액(비준가격)의 결정

기호	거래사례 (원/세대)	사정 보정	시점 수정	가치형성 요인비교	면적 비교	시산가격	감정평가액
가	100,000,000	1.000	1.00199	0.070	1.951	13,684,177	13,700,000

놓쳐서 두고두고 생각나는 땅

2014-8792
울산

1종 일반주거지역 내의 임야다. 도로에 물려 있는 모양새가 보통이 아니다. 필자의 생각으로는 블록으로 나뉜 땅 중에서 가장 큰 덩어리와 575-2의 도로 내의 땅을 동일인이 소유한다면 땅의 효용성이 극대화된다는 점이다. 이를 본건의 도로 밖의 땅과 교환한다면 얼마나 좋을까…… 본건의 땅이 훨씬 커 보이니까 교환하더라도 얼마간의 땅이 남을 것 같다.

2014타경8792
• 울산지방법원 본원　• 매각기일 : 2014.11.21(金) (10:00)　• 경매 2계 (전화:052-216-8262)

소재지	경상남도 양산시 명곡동 576-1 도로명주소검색				
물건종별	임야	감 정 가	717,240,000원	오늘조회: 1 2주누적: 0 2주평균: 0 조회동향	
토지면적	5977㎡(1808.043평)	최 저 가	(80%) 573,792,000원	구분 / 입찰기일 / 최저매각가격 / 결과	
건물면적	건물은 매각제외	보 증 금	(10%) 57,380,000원	1차 2014-10-29 717,240,000원 유찰	
매각물건	토지만 매각	소 유 자	서 이	2차 2014-11-21 573,792,000원	
개시결정	2014-05-28	채 무 자	개발(주)	낙찰: 574,100,000원 (80.04%)	
사 건 명	임의경매	채 권 자	파산자 부산저축은행의 파산 관재인 예금보험공사	(입찰1명,낙찰:부산시북구대천길 권 령)	

매각결정기일 : 2014.11.28 - 매각허가결정
대금지급기한 : 2014.12.30
대금납부 2014.12.30 / 배당기일 2015.01.30
배당종결 2015.01.30

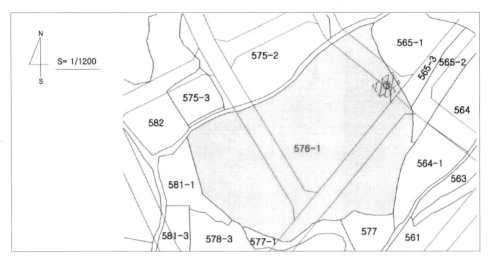

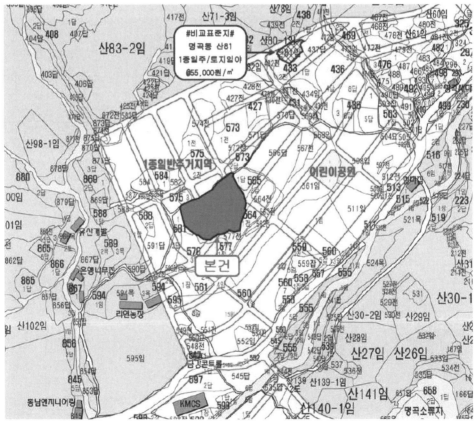

감정평가액이 들쑥날쑥하다

2015-18960 부산,
2007-18415 부산,
2003-54093 부산

필자가 낙찰받았다. 앞선 현황조사 편에서 지분경매라도 구분건물 1호의 완전한 소유권을 취득한다고 해설했다. 그런데 본건 아파트의 경매기록상 감정평가액을 비교해보면, 2015년 전유부분면적 22.848평의 감정가가 4,900만 원, 2007년 전유부분면적이 이것의 절반인 11.425평의 감정가가 3,900만 원, 2003년 전유부분면적 22.848평의 감정가가 5,200만 원이다. 선뜻 납득하기가 어렵다.

2015타경18960	• 부산지방법원 본원 • 매각기일 : **2016.03.03(木) (10:00)** • 경매 7계(전화:051-590-1819)						
소 재 지	부산광역시 금정구 회동동 201-10, 늘봄맨션 4층 402호 [도로명주소검색]						
물건종별	아파트	감 정 가	49,000,000원	오늘조회: 3 2주누적: 2 2주평균: 0 [조회동향]			
				구분	입찰기일	최저매각가격	결과
대 지 권	미등기감정가격포함	최 저 가	(64%) 31,360,000원	1차	2016-01-07	49,000,000원	유찰
				2차	2016-02-04	39,200,000원	유찰
건물면적	75.53m²(22.848평)	보 증 금	(10%) 3,140,000원	**3차**	**2016-03-03**	**31,360,000원**	
				낙찰 : **37,131,000원** (75.78%)			
매각물건	토지및건물 지분 매각	소 유 자	최 태	(입찰2명,낙찰:청도 백 호 / 2등입찰가 35,569,990원 / 차순위신고)			
개시결정	2015-08-18	채 무 자	최 태	매각결정기일 : 2016.03.10 - 매각허가결정			
				대금지급기한 : 2016.04.08			
사 건 명	임의경매	채 권 자	서동새마을금고	대금납부 2016.04.07 / 배당기일 2016.05.11			
				배당종결 2016.05.11			

2007타경18415	• 부산지방법원 본원 • 매각기일 : **2008.02.28(木) (10:00)** • 경매 5계(전화:051-590-1816)						
소 재 지	부산광역시 금정구 회동동 201-10, 늘봄맨션 1층101호 [도로명주소검색]						
물건종별	아파트	감 정 가	39,000,000원	오늘조회: 1 2주누적: 0 2주평균: 0 [조회동향]			
				구분	입찰기일	최저매각가격	결과
대 지 권	미등기감정가격포함	최 저 가	(64%) 24,960,000원	1차	2007-12-20	39,000,000원	유찰
				2차	2008-01-24	31,200,000원	유찰
건물면적	37.77m²(11.425평)	보 증 금	(10%) 2,500,000원	**3차**	**2008-02-28**	**24,960,000원**	
				낙찰 : **28,270,000원** (72.49%)			
매각물건	토지및건물 지분 매각	소 유 자	황 상	(입찰1명,낙찰:해운대구 반여동 황 숙)			
개시결정	2007-04-19	채 무 자	황 상	매각결정기일 : 2008.03.06 - 매각허가결정			
				대금납부 2008.04.02 / 배당기일 2008.05.06			
사 건 명	강제경매	채 권 자	한국자산관리공사	배당종결 2008.05.06			

2003타경54093	● 부산지방법원 본원 ● 매각기일 : 2004.12.03(金) (10:00) ● 경매 3계 (전화:051-590-1814)

소 재 지	부산광역시 금정구 회동동 201-10, 늘봄맨션 2층 202호 [도로명주소검색]		

오늘조회: 1 2주누적: 0 2주평균: 0 [조회동향]

물건종별	아파트	감 정 가	52,000,000원

구분	입찰기일	최저매각가격	결과
1차	2004-07-23	52,000,000원	유찰
2차	2004-08-27	41,600,000원	유찰
3차	2004-09-24	33,280,000원	유찰
4차	2004-10-29	26,624,000원	유찰
5차	**2004-12-03**	**21,299,000원**	

대 지 권	41.7㎡(12.614평)	최 저 가	(41%) 21,299,000원
건물면적	75.53㎡(22.848평)	보 증 금	
매각물건	토지및건물 지분 매각	소 유 자	박 철
개시결정	2003-11-21	채 무 자	박 철
사 건 명	임의경매	채 권 자	도 순

낙찰 : **26,180,000원** (50.35%)

(입찰1명)

배당기일 : 2005.02.04

배당종결 2005.02.04

5장

매각물건명세서

1. 핵심 길잡이

매각물건명세서는 매각물건에 관한 등기부등본, 현황조사서, 감정평가서, 등기부상 기재 없는 제3자의 권리신고 등을 기초로 집행법원의 판단을 구체화한 문건이다. 주된 내용은 점유자에 대한 기록, 권리의 인수 여부, 경매진행상 유의점 등이다. 집행법원은 경매절차를 진행하는 데 있어 경우의 수가 여럿일 때 그 방법을 결정하고 매각물건명세서에 기재하게 된다. 경매절차 내에서 그 내용에 권위가 있고 그 내용에 중대한 하자가 있으면 매각허가에 대한 이의사유, 직권에 의한 매각불허가사유 및 매각허가결정에 대한 즉시항고의 사유가 된다. 경우에 따라 매각허가결정 취소사유도 된다.

2. 매각물건명세서 작성의 중대한 하자

선순위임차인의 주민등록사항의 불기재, 대지권미등기 시 대지사용권 유무의 불기재, 토지경매 시 법정지상권 성립 여부의 불표시, 도로에 대한 경매 시 그 도로가 기부채납 됐음에도 불구하고 기부채납에 관한 불표시(중대한 권리관계의 변동에 해당되어 매각허가결정 취소사유가 된다) 등이 있다.

3. 매각물건명세서 유의점

① 현황조사서와 다른 내용의 권리신고나 배당요구가 있는 경우(예컨대, 보증금의 액
  수, 점유개시시기 등)에는 현황조사란은 현황조사 내용대로, 권리신고란은 권리신
  고 내용대로 기재한다.

② 인수 여부가 불분명한 임차권 등 물적 부담에 관한 주장이 제기된 경우에는 임대
  차 기재란에 "○○○가 주장하는 임차권은 존부(또는 대항력 유무)가 불분명함"
  이라고 기재한다.

3-1. 등기된 부동산에 관한 권리 또는 가처분으로 매각허가에 의하여 그 효력이 소멸되지 아니하는 것

① 가처분 중에서 피보전권리가 "건물철거 및 토지인도청구권"인 경우, 매각으로 소
  멸되지 않으므로 매각물건명세서에 반드시 기재하여야 한다.

② 매각으로 인하여 소멸되지 않는 최선순위 전세권이 있는 경우, 즉 전세권자가 경매
  신청한 사건이 아니거나 타인이 경매신청한 사건에서 배당요구 하지 않았다면 매
  수인이 전세권을 인수하여야 하므로 그 취지를 기재하여야 한다.

③ 유치권은 매수인에게 인수되나, 등기된 부동산에 관한 권리가 아니므로 본 호의 기
  재사항이 아니다. 유치권에 관한 신고가 있다면 비고란에 기재하는 것이 합당하다.

④ 예고등기는 부동산에 관한 권리관계를 공시하는 등기가 아니므로 기재대상이 아
  니다.

⑤ 등기된 부동산상의 부담이 매각으로 효력을 잃지 않고 매수인에게 인수될 것인지
  의 여부가 불명인 경우에는, 그 효력을 잃을지 여부가 불분명하다고 기재한다.

⑥ 전액배당여부를 알 수 없는 경우, "매수인에게 대항할 수 있는 임차인이 있음(임차
  보증금 ○○○만 원, 전입일 20 . . . 확정일자 20 . . .). 배당에서 보증금이 전액변제

되지 아니하면 잔액을 매수인이 인수해야함"이라고 기재한다.

선순위 가처분이 목적을 달성함에 따라 소멸로 처리

2009-2813
수원·성남

매각물건명세서상 선순위가처분을 소멸하는 것으로 처리하고 있다. 가처분의 피보전권리가 근저당권설정등기청구권이고, 이후 국민은행이 그 목적을 달성했기 때문이다.

2009타경2813		• 수원지방법원 성남지원	• 매각기일 : 2009.09.28(月) (10:00)	• 경매 4계(전화:031-737-1324)			
소재지	경기도 하남시 신장동 569 외 1필지, 대명강변타운아파트 107동 202호 도로명주소검색						
물건종별	아파트(33평형)	감정가	430,000,000원	오늘조회: 1 2주누적: 4 2주평균: 0 조회동향			
대지권	미등기감정가격포함	최저가	(80%) 344,000,000원	구분	입찰기일	최저매각가격	결과
				1차	2009-08-24	430,000,000원	유찰
건물면적	84.83㎡(25.661평)	보증금	(10%) 34,400,000원	2차	2009-09-28	344,000,000원	
매각물건	토지·건물 일괄매각	소유자	이 석	낙찰 : 372,150,000원 (86.55%)			
개시결정	2009-02-12	채무자	이 석	(입찰3명,낙찰:안 미)			
사건명	임의경매	채권자	국민은행	매각결정기일 : 2009.10.05 - 매각허가결정			
				대금납부 2009.10.30 / 배당기일 2009.12.18			
				배당종결 2010.01.15			

• 등기부현황 (채권액합계 : 322,504,947원)

No	접수	권리종류	권리자	채권금액	비고	소멸여부
1	2008.08.08	소유권보존	이진석		가처분등기의 촉탁으로 인하여	
2	2008.08.08	가처분	국민은행		근저당권설정등기청구권	인수
3	2008.09.04	가압류	국민은행 (담보여신관리센터)	96,618,315원	말소기준등기	소멸
4	2008.11.13	가압류	하남대명연합주택조합	116,686,632원		소멸
5	2008.11.14	압류	송파세무서			소멸
6	2008.12.30	근저당	국민은행	109,200,000원		소멸
7	2009.01.14	압류	강동세무서			소멸
8	2009.03.27	임의경매	국민은행 (경매소송관리센터)	청구금액: 103,894,764원	2009타경2813	소멸
9	2009.04.14	압류	하남시		세무과-3863	소멸

※ 등기된 부동산에 관한 권리 또는 가처분으로 매각허가에 의하여 그 효력이 소멸되지 아니하는 것
해당사항 없음

선순위 가처분이 목적을 달성하였으나 인수로 처리

매각물건명세서상 가처분을 인수하는 것으로 진행하고 있다. 가처분의 피보전권리가 "매매를 원인으로 한 소유권이전등기청구권"이고, 매매를 원인으로 한 소유권이 이전되었음에도 말이다. 그러다 보니 가처분권자가 현재의 소유자라는 단서를 달았다. 다음 사건과 비교해보자.

2008타경18715		● 부산지방법원 동부지원 ● 매각기일 : **2010.03.02(火)** ● 경매 1계 (전화:051-780-1421)						
소 재 지	부산광역시 남구 문현동 765-1 외 1필지, 골든밸류빌 1동 12층 1203호 도로명주소검색							
물건종별	아파트	감 정 가	123,200,000원		오늘조회: 1 2주누적: 1 2주평균: 0 조회동향			
대 지 권	대지권 매각제외	최 저 가	(100%) 123,200,000원	구분	입찰기간		최저매각가격	결과
건물면적	84.97㎡(25.703평)	보 증 금	(10%) 12,320,000원		09.06.19~06.26 개찰일 2009-06-30		123,200,000원	변경
매각물건	건물만 매각	소 유 자	신 욱		10.02.19~02.26 개찰일 2010-03-02		123,200,000원	취하
개시결정	2008-10-29	채 무 자	신 욱		본사건은 취하(으)로 경매절차가 종결되었습니다.			
사 건 명	강제경매	채 권 자	골든밸류빌입주자 대표회의					
관련사건	부산지법동부지원 2005카합124(가처분)							

● 등기부현황 (채권액합계 : 206,210,000원)						
No	접수	권리종류	권리자	채권금액	비고	소멸여부
1	2005.03.23	소유권보존	(주)두광		가처분 등기의 촉탁으로 인하여 2005.03.23 등기	
2	2005.03.23	가처분	신 욱		매매를 원인으로 한 소유권이전등기청구권 부산지법동부지원 2005카합124 가처분 내역보기	인수
3	2005.04.12	소유권이전(매매)	신 욱			
4	2005.04.12	근저당	국민은행 (문현동지점)	106,210,000원	말소기준등기	소멸
5	2008.06.20	가압류	김 월유 근	100,000,000원		소멸
6	2008.10.29	강제경매	골든밸류빌입주자 대표회의	청구금액: 6,526,524원	2008타경18715	소멸

※ 등기된 부동산에 관한 권리 또는 가처분으로 매각허가에 의하여 그 효력이 소멸되지 아니하는 것

2005.3.23. 접수 제19056호 가처분등기(가처분권자가 현재의 소유자임)

선순위 가처분이 목적을 달성함에 따라 소멸로 처리

선순위가처분을 소멸하는 것으로 처리하고 있다. 그 이유는 가처분등기 후 11년이 경과한 시점에서 가처분권자가 소유권을 취득했기 때문이다.

2009타경1820　　● 인천지방법원 부천지원　● 매각기일 : 2010.02.25(木) (10:00)　● 경매 2계 (전화:032-320-1132)

소 재 지	경기도 김포시 대곶면 거물대리 149-1 외 1필지 도로명주소검색						
물건종별	농지	감 정 가	576,400,000원	오늘조회: 1 2주누적: 1 2주평균: 0 조회동향			
토지면적	1441㎡(435.903평)	최 저 가	(49%) 282,436,000원	구분	입찰기일	최저매각가격	결과
건물면적	건물은 매각제외	보 증 금	(10%) 28,250,000원	1차	2009-12-17	576,400,000원	유찰
매각물건	토지만 매각	소 유 자	김 흥	2차	2010-01-21	403,480,000원	유찰
개시결정	2009-01-28	채 무 자	김 흥		2010-02-25	282,436,000원	취하
사 건 명	강제경매	채 권 자	최 민	본사건은 취하(으)로 경매절차가 종결되었습니다.			
관련사건	인천지법 1998카단3535(가처분)						

● **토지등기부** (채권액합계 : 372,545,052원)

No	접수	권리종류	권리자	채권금액	비고	소멸여부
1	1969.12.27	소유권이전(매매)	최 명			
2	1998.02.05	가처분	김 흥		소유권이전청구권 인천지법 1998카단3535 가처분 내역보기	인수
3	2009.01.21	소유권이전(매매)	김 흥			
4	2009.01.23	근저당	이 섭	300,000,000원	말소기준등기	소멸
5	2009.01.28	강제경매	최 민	청구금액: 44,992,715원	2009타경1820	소멸
6	2009.02.11	가압류	최 호	61,202,770원		소멸
7	2009.02.11	가압류	이 록	11,342,282원		소멸
8	2009.04.15	압류	서인천세무서			소멸
9	2009.04.15	압류	김포시			소멸

※ 등기된 부동산에 관한 권리 또는 가처분으로 매각허가에 의하여 그 효력이 소멸되지 아니하는 것

해당사항 없음

선순위 가처분의 말소에 관한 집행법원의 오락가락

집행절차 내에서 선순위 가처분의 말소에 대하여, 그 가처분이 목적을 달성 한 것으로 보임에도 불구하고 집행법원마다 다르게 처리하는 것을 볼 수 있다. 다만 이러한 처리가 초보에게는 절벽이요, 고수에게는 기회가 된다.

3-2. 매각허가에 의하여 설정된 것으로 보는 지상권의 개요

① 성립 여부에 대한 가능성은 있으나 확실히 밝혀지지 않은 경우에는 "법정지상권이 성립할 여지가 있음" 등으로 그 취지를 그대로 기재한다.

② 실무상 대지만 경매에 나왔을 경우, 그 지상에 건물이 있으면 "법정지상권 성립

여지 있음"이라고 기재하고 감정가액을 30% 저감하기도 한다. 법정지상권의 성립 여부는 당사자가 별소로 가려야 한다.

등기부상 존재하지 않는 건물이 매매된 경우, 법정지상권 불성립

2014-18933 대구

토지·건물등기부를 보면, 소유자 곽 씨가 매매로 취득한 것이다. 그러나 건물등기상의 표제부에는 목조 와즙인데, 감정평가서상 현황은 조적조 판넬지붕이다. 그렇다면 법정지상권이 성립하지 않는다.

2014타경18933 • 대구지방법원 본원 • 매각기일 : 2015.08.12(水) (10:00) • 경매 2계 (전화:053-757-6772)

소재지	대구광역시 중구 남산동 2208-28 도로명주소검색							

물건종별	대지	감정가	76,328,000원	오늘조회: 1 2주누적: 6 2주평균: 0 조회동향			
				구분	입찰기일	최저매각가격	결과
토지면적	116㎡(35.09평)	최저가	(70%) 53,430,000원	1차	2015-07-08	76,328,000원	유찰
				2차	2015-08-12	53,430,000원	
건물면적	건물은 매각제외	보증금	(10%) 5,350,000원	낙찰 : 71,770,000원 (94.03%)			
매각물건	토지만 매각	소유자	곽 효	(입찰4명,낙찰:대구시 지산동 최 자 / 2등입찰가 67,170,000원)			
개시결정	2014-10-31	채무자	곽 효	매각결정기일 : 2015.08.19 - 매각허가결정			
				대금지급기한 : 2015.09.21			
사건명	임의경매	채권자	대구신용보증재단	대금납부 2015.09.17 / 배당기일 2015.11.19			
				배당종결 2015.11.19			

• 건물등기부 (채권액합계 : 187,642,460원)

No	접수	※주의 ; 건물은 매각제외		채권금액	비고	소멸여부
1(갑1)	1993.12.13	소유권이전(매매)	심 태			
2(갑14)	2008.03.20	소유권이전(매매)	곽 효			
3(을5)	2008.03.25	근저당	대구은행	24,000,000원		
4(을6)	2012.03.15	근저당	대구신용보증재단	25,500,000원		
5(을7)	2013.01.07	근저당	김 호	15,000,000원		
6(갑15)	2013.11.14	가압류	롯데칠성음료(주)	123,142,460원	2013카단8188	

• 토지등기부 (채권액합계 : 187,642,460원)

No	접수	권리종류	권리자	채권금액	비고	소멸여부
1(갑17)	2008.03.20	소유권이전(매매)	곽 효			
2(을5)	2008.03.25	근저당	대구은행 (남문시장지점)	24,000,000원	말소기준등기	소멸
3(을6)	2012.03.15	근저당	대구신용보증재단	25,500,000원		소멸
4(을7)	2013.01.07	근저당	김 호	15,000,000원		소멸
5(갑21)	2013.11.14	가압류	롯데칠성음료(주)	123,142,460원	2013카단8188	소멸
6(갑24)	2014.10.31	임의경매	대구신용보증재단	청구금액: 23,685,825원	2014타경18933	소멸

제시외건물 매각제외(법정지상권 성립여지 있음), 제시외건물 감안평가, 임대차관계미상의 전입자(권택룡 2013.07.12.전입)있음

【 표 제 부 】		(건물의 표시)						
표시번호	접 수	소재지번 및 건물번호	건 물 내 역			등기원인 및 기타사항		
1 (전 2)	1980년4월1일	대구광역시 중구 남산동 2208-28 제1호	목조 와즙 평가건 주택1동 건평10평3홉4작					
						부동산등기법 제177조의 6 제1항의 규정에 의하여 1999년 04월 15일 전산이기		
2		대구광역시 중구 남산동 2208-28 제1호 [도로명주소] 대구광역시 중구 남산로4길 70-6	목조 와즙 평가건 주택1동 건평10평3홉4작			도로명주소 2012년9월18일 등기		
ㄱ	(제시외 건물) 대구광역시 중구 남산동	2208-28	(주택)	조적조 판넬지붕 단층	(66)	66	350,000	23,100,000	700,000 x 20/40
ㄴ	"	위지상	(창고)	기존벽체를 이용한 판넬지붕 단층	(11.7)	11.7	63,000	737,100	70,000 x 18/20
ㄷ	"	"	(화장실)	조적조 슬래브지붕 단층	(1.2)	1.2	75,000	90,000	300,000 x 10/40
	소 계							₩23,927,100	
	합 계							₩132,967,100	
			이 하		여	백			

108

3-3. 비고란

일괄입찰 여부, 제시외건물 포함 여부, 분묘소재 여부, 농지취득자격증명서 필요 여부, 공유자우선매수신고 여부 등을 기재한다.

매각물건명세서의 내용 변경

매각물건명세서의 내용은 경매진행 중에 언제든지 바뀔 수 있으므로 입찰 전에 대법원 사이트에서 이를 확인하고 입찰 당일에도 현장에서 확인하여야 한다. 경매절차의 진행에 있어 경우의 수가 여럿일 때 특별한 유의를 요한다. 또한 경매정보업체의 매각물건명세서는 변경 전의 내용을 그대로 제공하는 경우가 있으므로 유의하여야 한다.

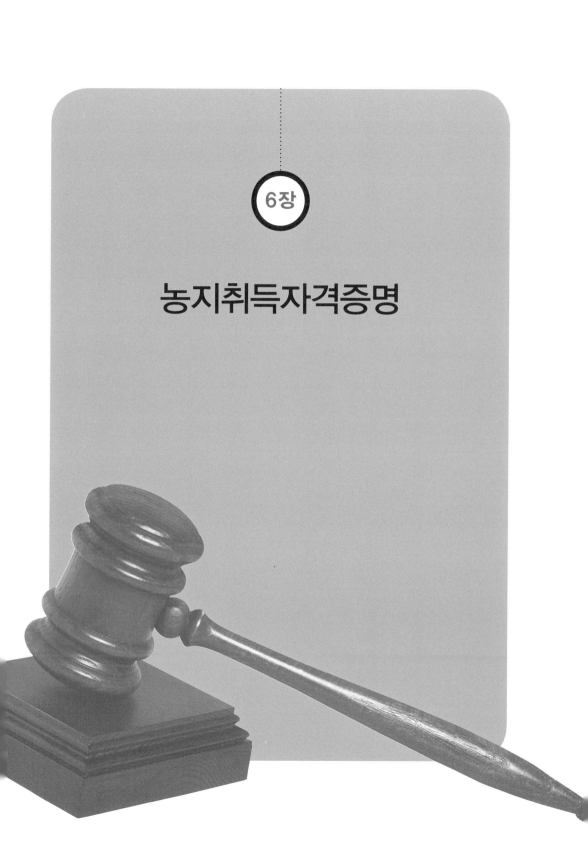

6장

농지취득자격증명

농지임대차 보호

2013년 1월 1일부터 농지법 제24조 2항의 개정으로 농지임차인 보호제도가 생겼다. 농지임차인이 대항요건, 즉 농지 소재지의 시·구·읍·면의 장의 확인과 농지의 인도를 갖추면 다음 날 오전 0시부터 대항력이 발생하여 임차권을 인수할 수 있다. 말소기준등기 이후의 임차권이면 소멸된다. 농지임차권은 대항력만 있고 우선변제권은 없다.

농지법상 농지임대차보호

제24조(임대차 · 사용대차 계약 방법과 확인)

① 임대차계약(농업경영을 하려는 자에게 임대하는 경우만을 말한다. 이하 이 절에서 같다)과 사용대차계약(농업경영을 하려는 자에게 사용대하는 경우만을 말한다)은 서면계약을 원칙으로 한다.

② 제1항에 따른 임대차계약은 그 등기가 없는 경우에도 임차인이 농지소재지를 관할하는 시·구·읍·면의 장의 확인을 받고, 해당 농지를 인도(引渡)받은 경우에는 그 다음 날부터 제삼자에 대하여 효력이 생긴다.

③ 시·구·읍·면의 장은 농지임대차계약 확인대장을 갖추어두고, 임대차계약증서를 소지한 임대인 또는 임차인의 확인 신청이 있는 때에는 농림축산식품부령으

로 정하는 바에 따라 임대차계약을 확인한 후 대장에 그 내용을 기록하여야 한다.

제24조의 2(임대차 기간)

① 제23조 제1항 제8호를 제외한 임대차 기간은 3년 이상으로 하여야 한다.

② 임대차 기간을 정하지 아니하거나 3년보다 짧은 경우에는 3년으로 약정된 것으로 본다.

③ 제1항에도 불구하고 임대인은 질병, 징집 등 대통령령으로 정하는 불가피한 사유가 있는 경우에는 임대차 기간을 3년 미만으로 정할 수 있다. 이 경우 임차인은 3년 미만으로 정한 기간이 유효함을 주장할 수 있다.

④ 제1항부터 제3항까지의 규정은 임대차계약을 연장 또는 갱신하거나 재계약을 체결하는 경우 그 임대차 기간에 대하여도 동일하게 적용한다.

제24조의 3(임대차계약에 관한 조정 등)

① 임대차계약의 당사자는 임대차 기간, 임차료 등 임대차계약에 관하여 서로 협의가 이루어지지 아니한 경우에는 농지소재지를 관할하는 시장·군수 또는 자치구 구청장에게 조정을 신청할 수 있다.

② 시장·군수 또는 자치구구청장은 제1항에 따라 조정의 신청이 있으면 지체 없이 농지임대차조정위원회를 구성하여 조정절차를 개시하여야 한다.

③ 제2항에 따른 농지임대차조정위원회에서 작성한 조정안을 임대차계약 당사자가 수락한 때에는 이를 해당 임대차의 당사자 간에 체결된 계약의 내용으로 본다.

④ 제2항에 따른 농지임대차조정위원회는 위원장 1명을 포함한 3명의 위원으로 구성하며, 위원장은 부시장·부군수 또는 자치구의 부구청장이 되고, 위원은 「농업·농촌 및 식품산업 기본법」 제15조에 따른 시·군·구 농업·농촌 및 식품산

업정책심의회의 위원으로서 조정의 이해당사자와 관련이 없는 사람 중에서 시장·군수 또는 자치구구청장이 위촉한다.

⑤ 제2항에 따른 농지임대차조정위원회의 구성·운영 등에 필요한 사항은 대통령령으로 정한다.

제25조(묵시의 갱신)

임대인이 임대차 기간이 끝나기 3개월 전까지 임차인에게 임대차계약을 갱신하지 아니한다는 뜻이나 임대차계약 조건을 변경한다는 뜻을 통지하지 아니하면 그 임대차 기간이 끝난 때에 이전의 임대차계약과 같은 조건으로 다시 임대차계약을 한 것으로 본다. 〈개정 2012.1.17〉

제26조(임대인의 지위 승계)

임대 농지의 양수인(양수인)은 이 법에 따른 임대인의 지위를 승계한 것으로 본다.

제26조의 2(강행규정)

이 법에 위반된 약정으로서 임차인에게 불리한 것은 그 효력이 없다.

교환을 노렸으나 공유자 우선매수신청으로 패찰

2011-5986
창원·밀양

3필지의 농지가 경매로 나왔다. 불허가 및 미납의 기록이 보인다. 아마 농취증 발급과 관련한 것이 아닐까 판단했다. 필자가 최고가 입찰하였으나 공유자로부터 우선매수신청을 당하여 낙찰에 실패했다. 사진을 보면 도로에 접하는 농지와 연결하여 2개의 필지에 미등기건물이 있다. 이 미등기건물이 농취증 발급에 장애요인이 되고 있다.

2011타경5986

● 창원지방법원 밀양지원 ● 매각기일 : **2013.03.25(月) (10:00)** ● 경매 2계 (전화: 055-350-2533)

소 재 지	경상남도 밀양시 상동면 고정리 1139-5 외 2필지 도로명주소검색						

				오늘조회: 1 2주누적: 2 2주평균: 0 조회동향			
물건종별	농지	감 정 가	17,905,000원	구분	입찰기일	최저매각가격	결과
				1차	2012-04-30	17,905,000원	유찰
				2차	2012-06-04	14,324,000원	낙찰
토지면적	312㎡(94.38평)	최 저 가	(26%) 4,694,000원	낙찰 17,300,000원(96.62%) / 1명 / 불허가			
				3차	2012-07-30	14,324,000원	유찰
건물면적	건물은 매각제외	보 증 금	(20%) 940,000원	4차	2012-08-27	11,459,000원	유찰
				5차	2012-09-24	9,167,000원	유찰
				6차	2012-10-29	7,334,000원	낙찰
매각물건	토지만 매각이며, 지분 매각임	소 유 자	석 암	낙찰 8,080,000원(45.13%) / 2명 / 미납 (2등입찰가: 7,400,000원)			
				7차	2012-12-24	7,334,000원	유찰
				8차	2013-01-28	5,867,000원	유찰
					2013-02-25	4,694,000원	변경
개시결정	2011-12-29	채 무 자	석 암	**9차**	**2013-03-25**	**4,694,000원**	
				낙찰 : **6,151,000원** (34.35%)			
				(입찰8명,낙찰:밀양시 이 례 / 2등입찰가 6,000,000원)			
사 건 명	강제경매	채 권 자	농림수산업자신용보증기금관 리기관농협중앙회	매각결정기일 : 2013.04.01 - 매각허가결정			
				대금지급기한 : 2013.04.30			
				대금납부 2013.04.18 / 배당기일 2013.05.30			
				배당종결 2013.05.30			

* 매각토지.건물현황(감정원 : 나라감정평가 / 가격시점 : 2012.01.25)

목록		지번	용도/구조/면적/토지이용계획		m²당 단가	감정가	비고
토지	1	고정리 1139-5	* 계획관리지역 배출시설설치 제한지역〈수질 및 수생태계 보전에 관한…☑	답 243㎡ (73.508평)	60,000원	14,580,000원	표준지공시지가: (m²당)24,000원 ☞ 전체면적 387㎡중 공유자석두압지분 236/376 매각
	2	고정리 1139-6	* 계획관리지역,자연취락지구 배출시설설치제한지역〈수질 및 수생태계…☑	답 53㎡ (16.033평)	70,000원	3,710,000원	☞ 전체면적 84㎡중 공유자석두압지분 236/376 매각 * 현:잡종지 ▶제시외건물감안가 격:2,597,000원
	3	고정리 1139-7	위와같음	답 16㎡ (4.84평)	65,000원	1,040,000원	☞ 전체면적 26㎡중 공유자석두압지분 236/376 매각 * 현 잡종지 ▶제시외건물감안가 격:728,000원
			면적소계 312㎡(94.38평)			소계 19,330,000원	
제시외 건물	1	고정리 1139-6,1139-7 조적조슬래브	단층	창고	34㎡(10.285평) 225,000원	7,650,000원	매각제외
	2		단층	가추	49.5㎡(14.974평) 50,000원	2,475,000원	매각제외
	3	고정리 1139-5 비닐하우스		비닐하우스		50,000원	매각제외
		제시외건물 매각제외					
감정가			토지:312㎡(94.38평)		합계	17,905,000원	토지만 매각이며, 지분 매각임

〈제시외건물(기호ㄱ)〉

〈제시외건물(기호ㄴ)〉

116

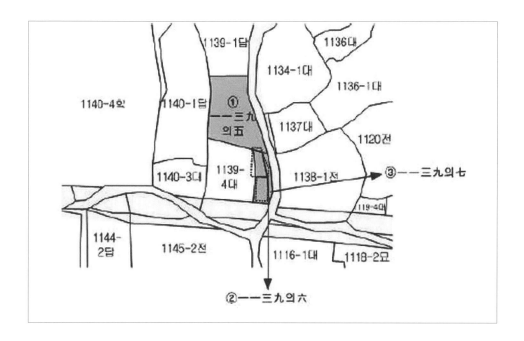

　필자가 낙찰을 받을 경우 농지 소재 관할 면사무소에 농취증 발급신청을 하려고 작성했던 문건이다. 필자가 낙찰에 실패함에 따라 본건에 활용하지는 못했지만, 이후 필자의 수강생이 농취증 발급으로 애로를 겪고 있을 때 본 민원을 활용하여 농취증을 발급받은 바 있다. 독자 여러분에게도 활용을 권한다. 또한 본건은 법정지상권이 성립하지 않아 건물은 철거대상이 된다. 그리하여 본 미등기건물의 신축자인 공유자와 협의하여 각 지분권의 교환을 노렸다.

농지취득자격증명신청에 관한 민원

수신: 상동면장

담당: 농지취득자격증명 발급담당자

민원인:

관련 필지 지번

1. 경상남도 밀양시 상동면 고정리 1139-5(387평방미터)

2. 경상남도 밀양시 상동면 고정리 1139-6(84평방미터)

3. 경상남도 밀양시 상동면 고정리 1139-7(26평방미터)

상기 민원인은 창원지방법원 밀양지원이 진행하는 2011타경5986 경매사건(이하 본 경매사건으로 칭함)의 낙찰자입니다. 본 경매사건은 첨부하는 사진 1에서 보는 바와 같이 3필지가 경매되었습니다. 본 경매사건은 각 필지의 지분 236/376이 경매되었는바,

　1) 상기 필지 1139-5는 현재 휴경 중인 답으로 농지취득자격증명(이하 농취증이라 칭함)을 발급받음에 문제가 없을 것으로 사료되나,

　2) 상기 필지 1139-6 및 1139-7은 첨부 2, 3 및 첨부 4(감정평가의견서)에서 보는 바와 같이 불법형질변경된 것으로 사료됩니다. 이에 따라 귀청이 불법형질변경에 따른 농취증반려서를 발급하여온 것으로 알고 있습니다. 이미 경매사건이 6번 유찰 및 매각불허가가 된 것은 농취증이 정상적으로 발급되지 않음에 연유하고 있는 것으로 사료됩니다.

그러나 첨부하는 확정된 판결문(첨부 5. 부산고등법원 2006누1791. 농지취득자격증명 신청서 반려처분취소 사건)에 의하면, "토지의 불법형질변경을 이유로 농지취득자격증명의 발급을 거부할 수 있는지에 관하여 보건대, ① 경매절차를 통하여 토지를 낙찰받기 위하여 농지취득자격증명을 발급받으려는 자는 위 토지를 낙찰받아 소유권을 취득하기 전에는 원상회복 등의 조치를 할 아무런 권원이 없으므로 그에게 형질변경된 부분의 복구를 요구한다는 것은 법률상 불가능한 것을 요구하는 것인 점, ② 불법적으로 형질변경된 농지에 대하여 농지취득자격증명의 발급을 거부한다면, 농지의 소유자가 금융기관에 담보로 제공한 후 농지를 불법으로 형질변경하거나 지상에 무허가건물을 짓는 경우에는 스스로 원상복구 않는 한 제3자가 이를 경락받지 못하므로 담보물권자는 농지를 환가할 수 없는 점을 참작하면, ③ 불법으로 형질변경된 위 토지에 대하여는 농작물의 재배가 가능한 토지로 원상 복구된 후에 농지취득자격증명의 발급이 가능하다는 피고의 처분사유는 적법한 것이라고 할 수 없다. ④ 원고들이 위 토지를 취득한 다음 관할 관청에서 그 원상회복을 위한 행정조치를 취하는 것은 별개의 문제이다"라고 판결 이유로 밝히고 있습니다.

또한 본건 관련 필지 상에 존재하는 불법형질변경행위는 본 민원인이 취득하는 필지의 타 공유자가 자행한 것이며 현실적으로 점유하고 있는 것입니다(첨부 6. 집행관의 현황조사보고서)

또한 농림축산식품부의 민원회신(첨부 7. 접수번호 2AA-0707-027323)에 의하면, 농지의 불법형질변경의 경우 미리 농지로 원상복구하지 않더라도 농업경영 목적으로 농지취득자격증명을 발급받을 수 있다고 명시하고 있습니다.

그렇다면 상동면의 농취증 발급사무 그리고 위 판결 및 농림축산식품부의 취지에 따

라 농취증 발급사무에 있어서 본 민원인의 신청을 수용하는 것이 타당하다는 소견을 드리며,

본 민원인의 신청은
1. 경상남도 밀양시 상동면 고정리 1139-5(387평방미터) → 정상 발급.
2. 경상남도 밀양시 상동면 고정리 1139-6(84평방미터) → 조건부 발급.
3. 경상남도 밀양시 상동면 고정리 1139-7(26평방미터) → 조건부 발급.
으로 민원을 접수합니다.

또한 본 민원이 수용되지 않는다면 귀 관청을 상대로 농취증발급신청반려처분취소를 위하여 소송을 진행할 수밖에 없음을 양해하여 주시옵기 바라오며, 소송 결과 확정된 판결에 따라 농취증 발급이 진행될 수밖에 없음도 혜량하여 주시옵기 앙망합니다.

2013. 3. 25.

위 민원인:
주소:
전화번호:

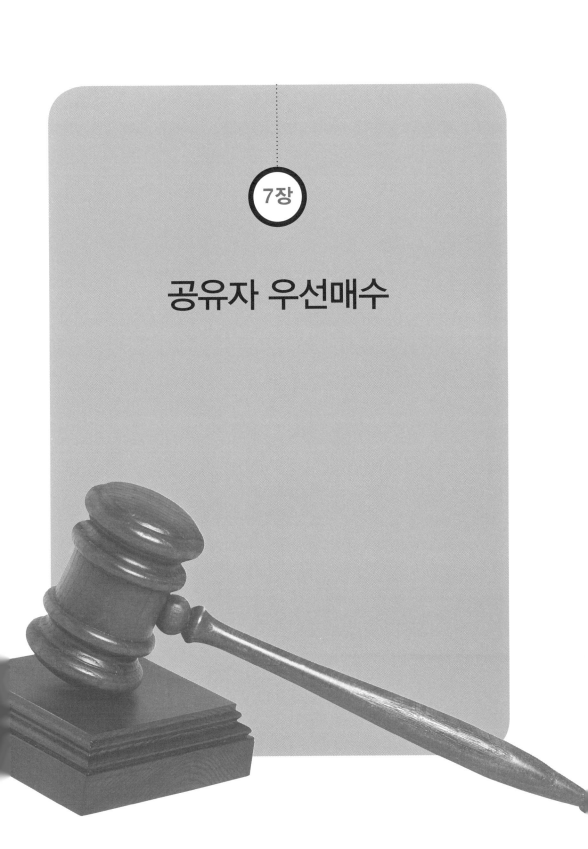

7장

공유자 우선매수

1. 목적

기존 공유자에게 우선매수권을 줌으로써 소유관계를 단순하게 함에 목적이 있다. 공유자에게 주는 집행법상의 특권이다. 그러나 공유물분할판결에 따라 공유물 전체에 대하여 경매를 진행하는 경우에는 적용되지 않는다.

2. 방법

공유자는 매각기일종결 고지 전까지 보증을 제공하고 최고가매수신고금액과 동일한 가격으로 우선매수하겠다고 신고한다. 이때 최고가매수신고인은 자동적으로 차순위매수신고인이 된다.

① "매각기일종결 고지 전까지"의 의미: "집행관이 최고가매수신고인의 이름과 가격을 호창하고 매각의 종결을 고지하기 전까지"이다. 집행관이 매각기일종결 고지 전까지 최고가매수신고인은 차순위매수신고인의 지위를 포기할 수 있다.

② 매각기일 전의 우선매수권 행사: 공유자는 매각기일 전에 보증을 제공하고 우선매수권을 행사할 수도 있다.

③ 공유자의 우선매수신청은 있었지만 다른 매수신고인이 없는 경우의 처리: 최저매각가격으로 우선매수를 인정한다.

④ 개별매각의 경우에는 우선매수를 인정하나 일괄매각인 경우, 즉 토지와 건물이 일괄경매될 때 토지 또는 건물만의 공유자에게는 허용되지 않는다.

⑤ 기간입찰에서 매각기일에 출석하여 행사하는 우선매수는 인정하지 않는다. 이 경우에는 매수신청의 보증으로 기간입찰 시 입금증명서를 제출하여야 한다.

⑥ 경매개시결정 후의 공유지분 취득자에게도 우선매수 신청자격을 부여한다.

⑦ 여러 개의 부동산을 일괄매각하는 경우, 어느 하나의 공유지분권자는 우선매수 신청자격이 없다.

공유자 우선매수권 1회 행사로 제한

법원별로 재판부 재량에 따라 자체적으로 공유자 우선매수권을 제한하기도 했지만, 법적으로는 무제한으로 행사할 수 있었던 공유자의 우선매수청구권을 1회로 한정한다. 공유자가 우선매수를 신청한 후 보증금을 내지 않은 경우에도 우선매수권을 행사한 것으로 간주한다.

이해관계인이 아닌 자

가압류권자, 가처분권자, 예고등기권리자, 구분 소유적 공유자, 재매각을 실시하는 경우 종전의 매수인은 이해관계인이 아니다. 경매개시결정등기 전의 가압류권자는 배당요구하지 않더라도 당연히 배당요구한 것과 동일하게 취급되지만 이해관계인이 아니다(《부동산경매백과》 54쪽). 이해관계인이 아닌 자에 대하여, 필자의 저서 《부동산경매백과》에서 구분 소유적 공유자는 이해관계인이 아님을 기술하고 있는데, 《실무제요》 91쪽에 따르면, 지분경매에서 다른 공유자는 이해관계인이다(대결 97마962). 나아가서 어떤 판례를 살펴보아도, 《실무제요》에도 구분 소유적 공유자는 이해관계인이 아니라는 기록을 찾을 수가 없다. 이러한 결과를 두고 돌이켜 생각해보니 "구분 소유적 공유자는 이해관계인이 아니다"라는 기술은 순전히 나의 법리적 발상에서 저서에 창의적으로 기록한 것으로 보인다. '일반적인 공유자는 이해관계인이 맞으나 구분 소유적 공유자는 이해관계인이 아니다'라는 판단에는 변함이 없음을 밝힌다. 법규에도 없고 판례에도 없지만……

구분소유적 공유자는 이해관계인이 아니다

앞 하이라이트와 관련하여 〈김창식의 경매교실〉의 '실전사례해설'을 그대로 옮깁니다.

금일 부산연구반에서 낙찰받은 사건입니다. 평범한 물건인데 지분경매입니다. 바다 조망이 끝내주게 나오지요. 부산 대변이라고 하면 횟집으로 유명합니다. 이곳 상가 쪽 땅은 평당 1000만원이 넘는다고 들었습니다. 대지권 16.335평, 전유부분 35.341평입니다.

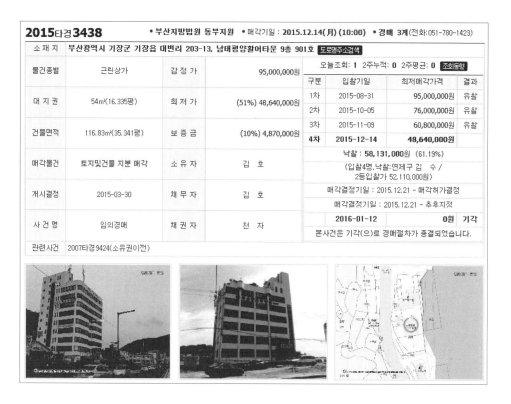

2015타경3438 • 부산지방법원 동부지원 • 매각기일 : 2015.12.14(月) (10:00) • 경매 3계 (전화:051-780-1423)

소 재 지	부산광역시 기장군 기장읍 대변리 203-13, 남태평양활어타운 9층 901호 도로명주소검색							
물건종별	근린상가	감 정 가	95,000,000원	오늘조회: 1 2주누적: 0 2주평균: 0 조회동향			
대 지 권	54㎡(16.335평)	최 저 가	(51%) 48,640,000원	구분	입찰기일	최저매각가격	결과
				1차	2015-08-31	95,000,000원	유찰
				2차	2015-10-05	76,000,000원	유찰
건물면적	116.83㎡(35.341평)	보 증 금	(10%) 4,870,000원	3차	2015-11-09	60,800,000원	유찰
				4차	2015-12-14	48,640,000원	
매각물건	토지및건물 지분 매각	소 유 자	김 호	낙찰 : 58,131,000원 (61.19%)			
개시결정	2015-03-30	채 무 자	김 호	(입찰4명,낙찰:연제구 김 수 / 2등입찰가 52,110,000원)			
				매각결정기일 : 2015.12.21 - 매각허가결정			
				매각결정기일 : 2015.12.21 - 추후지정			
사 건 명	임의경매	채 권 자	천 자	2016-01-12		0원	기각
				본사건은 기각(으)로 경매절차가 종결되었습니다.			
관련사건	2007타경9424(소유권이전)						

아래 등기부 내용을 보면, 김 씨가 낙찰을 받아 잔금을 내면서 외환은행에서 잔금대출을 일으켰습니다. 이후 천 씨가 외환은행 대출을 대위변제하면서 근저당권자가 됩니다. 이후 지분 1/2을 이전받았습니다. 이후 저당권에 의하여 경매를 신청한 사건

입니다.

● 등기부현황 (채권액합계 : 100,750,000원)

No	접수	권리종류	권리자	채권금액	비고	소멸여부
1(갑16)	2008.03.27	소유권이전(매각)	김 호	임의경매로 인한 매각 `2007타경9424`		
2(을7)	2008.03.27	근저당	천 자	100,750,000원	말소기준등기 변경전:주식회사한국외환은행	소멸
3(갑18)	2009.12.30	소유권일부이전	천 자		매매,거래가액 금71,000,000원, 지분1/2	
4(갑23)	2015.03.30	김정호지분임의경매	천 자	청구금액: 70,558,324원	2015타경3438	소멸

매각물건명세서에 구분 소유적 공유로 표시하고 있습니다. 일반적으로 공유지분이 경매로 나오면 매각물건명세서상 "공유자 우선매수와 관련하여 1회에 한정하여 행사할 수 있다"라는 기록이 나오는데…… 이 기록이 없음을 눈여겨 볼만 합니다.

※ 비고란

구분소유적 공유관계로서 공유자 김정호의 점유부분이 매각대상 물건임

구분 소유적 공유의 근거로서 감정평가서 기록을 소개합니다.

감 정 평 가 서 상

5. 기타

● 평가대상 물건의 확정은 '귀 제시 목록'에 의거 확정하였습니다.

● 본건은 공유지분에 대한 평가이며, 평가대상부분은 "김정호氏" 지분(1/2)만에 대한 평가로서, 의뢰부분의 위치는 공유자의 점유부분을 기준하였습니다.

● 본건 평가대상 9층은 901호 1개호로 구성되어 있으며, 일부는 공유자 천호자氏(1/2)가 주거용으로 점유하고 있으며 일부는 공유자 김정호氏(1/2)지분으로 공실상태입니다.

감정평가서상 점유 부분의 표시입니다

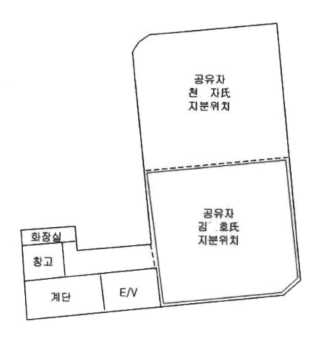

이제부터가 진짜 해설입니다.

필자가 이 물건을 분석할 때, 공유자의 우선매수가 예상된다는 점입니다. 등기부를 훑어보면, 점유자 및 1/2지분권자 천 씨의 시나리오에 의한 경매라는 느낌이 물씬 풍겼습니다. 천 씨가 이 지분을 소유하고 싶어 한다는 것이 분명해 보입니다. 그래서 천 씨가 경매신청하고 천 씨가 공유자 우선매수하고……

그런데…… 이 물건은 '구분 소유적 공유'라는 사실을 방기하고 있는 것이 아닌가 하는 생각이 들더군요. 천 씨는 이 물건이 입찰될 때마다 입찰장에 왔을 것입니다. 그리고 아무도 입찰을 하지 않으니…… 계속 다음 기일로 순차 입찰을 연기했을 가능성 말입니다.

아니나 다를까!…… 우리가 낙찰을 받았는데…… 공유자 우선매수가 들어 왔습니다…… 이때를 위하여 준비한 카드!…… 구분 소유적 공유에서는 우선매수를 인정하지 않는다는 사실! 이때 집행관에게 이를 주장하게 됩니다. 그러나 집행관도 이를 제 때 판단을 못 내립니다…… 이런 경우가 자주 일어나지는 않거든요. 우리는 매각물건명세서에 구분 소유적 공유라고 표시하고 있는 점, 구분 소유적 공유자는 집행사건의 이해관계인이 아닌 점을 들어 공유자 우선매수를 인정하여서는 안 된다는 주장을 펼칩니다. 이에 집행관은 집행절차를 멈추고…… 약 20분간 회의를 거칩니다. 집행관은 우리가 적절히 주장하지 않았다면 우선매수를 인정하였을 것입니다. 그러나 우리는 이를 예상하고 있었습니다…… 그리하여 결론은 우리에게 최고가매수인의 자격을 주고, 우선매수신청자에게는 불만이 있으면 매각허가에 대한 이의를 하라고 종용하는 것으로 결정이 났습니다…….

결론

1. 우리는 공유자 우선매수를 예상했다는 점.
2. 이를 집행관이 주의력 없이 받아줄 가능성이 있었다는 점.
3. 이때 구분 소유적 공유관계에서는 우선매수를 인정하여서는 안 된다는 점.
4. 만약 집행관이 우선매수를 인정하면, 보증금을 찾지 않고(찾으면 안 됨), 집행에 관한 이의를 하여 우리를 최고가매수신고인으로 결정해야 한다고 주장하는 시나리오 가지고 갔기 때문에 낙찰받을 수 있었다는 점입니다.

그런데 문건접수내역에 의하면, 낙찰 후 3일이 경과한 2015년 12월 17일에 채권자가 '사법보좌관의 처분에 대한 이의신청서 제출'이라는 기록이 나옵니다. 필자가 2015년 12월 14일에 낙찰받았으니 21일에는 매각허가결정이 나야 하는데 결정이 나오지 않았습니다. 그래서 '집행에 관한 의견'을 제출하게 됩니다. '문건처리내역'상 '채무자의 집행해제(취소)신청 제출'을 확인하세요.

▌문건처리내역

접수일	접수내역	결과
2015.03.27	채권자 천 자 송달장소 및 송달영수인 신고서 제출	
2015.03.31	등기소 부산지방법원 동부지원 등기과 등기필증 제출	
2015.04.16	교부권자 국민건강보험공단 해운대지사 교부청구서 제출	
2015.04.21	기타 윤 석 감정평가서 제출	
2015.04.21	감정인 미르감정평가사사무소 감정평가서 제출	
2015.04.28	집행관 부산지방법원 동부지원 집행관 현황조사보고서 제출	
2015.06.10	교부권자 부산광역시기장군 교부청구서 제출	
2015.07.16	채권자 천 자 보정서 제출	
2015.12.17	채권자 천 자 사법보좌관 처분에 대한 이의신청서 제출	
2015.12.24	최고가매수신고인 열람및복사신청 제출	
2015.12.29	채권자 천 자 열람및복사신청 제출	
2015.12.29	최고가매수신고인 의견서(답변서/정상관계진술서) 제출	
2016.01.11	채무자겸소유자 김 호 집행해제(취소)신청 제출	

7	근저당권설정	2008년3월27일
		제26919호
			2008년3월27일
			설정계약
				채권최고액 금100,750,000원
				채무자 김 호
				  부산광역시 해운대구 좌동 1439 해운대벽산2차아파트
				  202동 401호
				근저당권자 주식회사한국외환은행 110111-0672538
				  서울특별시 중구 을지로2가 181
				  〈 인산동지점 〉

7-1	7번등기명의인표시변경	2013년6월20일 제60772호	2013년6월20일 취급지점변경	주식회사한국외환은행의 취급지점 여신정리부

7-2	7번근저당권이전	2013년6월20일
		제60773호
			2013년6월20일
			확정채권대위변제
				근저당권자 천 자 440309-*******
				  부산광역시 기장군 기장읍 기장해안로 552,
				  9층000동(남태평양활어타운)

7-3				공동담보 토지 부산광역시 기장군 기장읍 대변리 203-26 대지권 표시등기 말소로 인하여 2014년6월16일 부기
7-4	7번근저당권공동담보소멸			토지 부산광역시 기장군 기장읍 대변리 203-26 에 대한 근저당권말소등기로 인하여 2014년6월16일 부기

23	[건물] 부산광역시 기장군 기장읍 대변리 203-13 남태평양활어타운 제8층 제805호	부산지방법원 동부지원 등기과	1	2000년8월30일 제55534호 설정계약으로 인하여	2002년12월20일 제115662호 일부포기
24	[건물] 부산광역시 기장군 기장읍 대변리 203-13 남태평양활어타운 제8층 제806호	부산지방법원 동부지원 등기과	1	2000년8월30일 제55534호 설정계약으로 인하여	2002년12월20일 제115662호 일부포기
25	[건물] 부산광역시 기장군 기장읍 대변리 203-13 남태평양활어타운 제9층 제901호	부산지방법원 동부지원 등기과	1	2000년8월30일 제55534호 설정계약으로 인하여	2002년12월20일 제115662호 일부포기

집행에 관한 의견

사 건: 2015타경3438 부동산임의경매

채권자:

채무자:

위 사건에 관하여 채권자가 매각허가에 대한 이의를 신청하고, 귀원이 사실조회서를 발송한 바, 최고가매수신고인은 이에 관하여 집행에 관한 의견을 제출합니다.

신청이유

1. 채권자가 제출한 매각허가에 대한 이의(첨부1. 이하 '이의서'라 칭함)에 의하면 또한 사실관계에서도 공유자인 채권자(이하 '신청인'이라 칭함)는 매각기일에 우선매수를 신청하였으나 집행관에 의하여 기각되었습니다.

기각사유에 관하여 이의서에 의하면, "집행관이 구분건물이라고 하면서"…… 라고 적시하고 있습니다. 그러나 이는 신청인이 곡해하고 있는 것입니다. 집행관은 구분건물로 본 것이 아니라 구분소유적 공유관계로 보아 우선매수를 인정하지 않았던 것입니다…… 하여 이를 바로 잡습니다.

2. 이의서에 의하면, "이 사건 부동산은 공유로 등기가 되어 있고 구분을 위한 어떠한 절차도 그치지 않았습니다. 뿐만 아니라 편의상 점유하는 부분만 합의하여 점유하고 있을 뿐 소유권을 분할하기로 합의한 것은 아닙니다. 집행관은 점유와 소유를 혼동하고

있는 것 같습니다"…… 라고 적시하고 있습니다. 이는 신청인이 구분소유적 공유에 관한 법리를 전혀 이해하지 못하고 그릇된 법리를 중복 주장하고 있는 것입니다.

3. 귀원이 발송한 사실조회서(첨부2)에 의하면, "김○○ 점유 부분에 대하여 공유자 천○○와 합의하여 구분하여 점유하기로 한 사실이 있는지 여부"…… 를 묻고 있습니다. 그러나 이는 이의서상 이미 이를 인정한 것입니다. '점유하는 부분만 합의하여 점유하고 있을 뿐'…… 이라고 이미 인정한 사실이기 때문입니다.

4. 귀원이 발송한 사실조회서(첨부2)에 의하면, "별지 도면과 같이 경계를 명확히 할 수 있는 경계표지나 건물번호 표지 등 벽체로 구분하여 구조상·이용상 독립성이 인정되는지 여부"를 묻고 있습니다.

그러나 이조차도 이의서 및 감정평가서에서 이미 인정된 사실입니다. 신청인은 본인이 신청서에 첨부한 점유현황표(첨부3)에서 각 공유자가 합의로 점유하는 부분을 이미 인정하고 있기 때문입니다. 감성병가서 사진용지(첨부4)에 의하면, 벽체에 붙여서 옷장 또는 이불장이 있음을 볼 수 있습니다. 이는 구조상의 독립성에 관한 증거입니다. 또한 각 공유자의 점유 부분에 대하여 각각의 문이 달려 있음을 알 수 있습니다. 실제 조사에 의하면 김○○ 점유 부분에는 열쇠에 의한 시건장치가, 이의신청인의 점유 부분에는 디지털 도어록이 설치되어 있음을 알 수 있습니다. 이는 이용상의 독립성에 대한 증거입니다.

이렇게 각 점유 부분은 구조상·이용상의 독립성을 확보하고 있는 것입니다.

5. 구분 소유적 공유관계의 성립에 관한 대법원 판례(2011다42430. 첨부4)에 의하면 "1동의 건물 중 위치 및 면적이 특정되고 구조상·이용상 독립성이 있는 일부분씩을 2

인 이상이 구분소유하기로 하는 약정을 하고 등기만은 편의상 각 구분소유의 면적에 해당하는 비율로 공유지분등기를 한 경우에는 구분 소유적 공유관계가 성립한다"라고 되어 있습니다.

6. 또한 본건 경매사건의 매각물건명세서(첨부6)상 "구분소유적 공유관계로서 공유자 김○○의 점유 부분이 매각대상 물건임"으로 명시되었던 사안입니다. 이제 와서 구분 소유적 공유인가 또는 아닌가의 사실관계의 진위 여부는 논의의 대상이 되어서는 안 될 것입니다.

7. 결론

본 경매사건 목적물의 등기부를 분석해보면, 본 목적물은 과거 채무자 김○○가 낙찰받아 잔금을 낼 때 외환은행으로부터 근저당설정을 하고 대출을 받았던 바, 이후 신청인인 천○○에게 2분의 1 지분을 이전하고, 신청인이 외환은행 대출을 대위변제하고 근저당권을 이전받아 임의경매를 신청한 사안입니다. 이에 신청인은 공유자 우선매수를 통하여 인수를 도모하였으나 구분소유적 공유로 인하여 우선매수가 거부된 사안임을 알 수 있습니다. 이에 최고가매수신고인은 조속히 매각허가결정을 내려주시옵기 앙망합니다.

첨부

매각허가에 대한 이의...........1매

사실조회서................................1매

점유현황표.............................1매

사진용지................................1매

대법원 판결문.............................1매

매각물건명세서...........................1매

2015. 12.

최고가매수신고인

부산지방법원 동부지원 경매3계 귀중

　등기부 을구를 보면, 임의경매를 진행한 동력이었던 순위번호 7번 근저당이 말소되었음을 확인할 수 있습니다. 채무자는 근저당이 말소된 등기부등본을 집행법원에 제출함으로써 경매절차를 취소하였던 것입니다. 사법보좌관의 처분에 대하여 이의신청을 하였으나 받아들여지지 않자 방향을 틀어서 경매신청의 취하 작업을 했던 것입니다. 이후 등기부 갑구를 보면, 채무자의 소유권이 경매신청채권자에게 이전되었음을 확인할 수 있습니다. 필자가 보기에는 집행법원이 매각허가결정을 연기함으로써 시간을 벌어주고, 그동안 채권자와 채무자가 협의를 통하여 취하 작업을 완성한 것으로 보입니다. 필자가 용만 쓰다 닭 쫓던 개가 된 신세입니다.

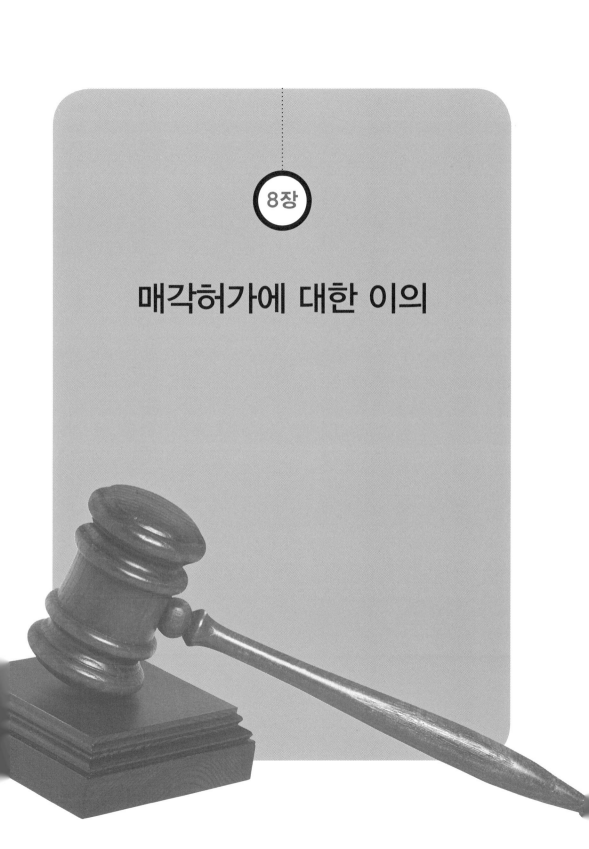

8장

매각허가에 대한 이의

1) 의의

이해관계인이 민사집행법 121조 소정의 이의사유에 기하여 매각을 허가하여서는 아니된다는 소송법상의 진술을 말한다. 이해관계인의 매각허가에 대한 의견진술은 공탁금 없이 가능하다.

2) 매각허가에 대한 이의신청사유(민집 제121조)

매각허가에 관한 이의는 다음 각호 가운데 어느 하나에 해당하는 이유가 있어야 신청할 수 있다.

① 강제집행을 허가할 수 없거나 집행을 계속 진행할 수 없을 때: 집행의 정지 또는 취소사유가 있을 때, 매각기일을 이해관계인에게 통지하지 아니한 경우, 경매개시결정이 채무자에게 송달되지 아니한 경우 등 집행절차 중에 집행절차의 진행을 저해하는 사유가 발생한 경우를 말한다.

② 최고가매수신고인이 부동산을 매수할 능력이나 자격이 없는 때

③ 부동산을 매수할 자격이 없는 사람이 최고가매수신고인을 내세워 매수신고를 한 때

④ 최고가매수신고인, 그 대리인 또는 최고가매수신고인을 내세워 매수신고를 한 사

람이 108조 각호 가운데 어느 하나에 해당되는 때

⑤ 최저매각가격의 결정, 일괄매각의 결정 또는 매각물건명세서의 작성에 중대한 흠이 있는 때

⑥ 천재지변, 그 밖에 자기가 책임을 질 수 없는 사유로 부동산이 현저하게 훼손된 사실 또는 부동산에 관한 중대한 권리관계가 변동된 사실이 경매절차의 진행 중에 밝혀진 때

- 예를 들면 경매진행 중 집행법원도 모르게 1순위 저당권이 말소됨에 따라 2순위 처분금지가처분이 가장 선순위가 되어 매수인이 인수하게 된 경우

- 본 ⑥항만 매각허가결정취소 사유가 된다.

- 시기에 따른 두 가지 구제 방법: 매각허가결정확정 전에는 매수인은 매각허가에 대한 이의신청을 하거나 매각허가결정에 대하여 즉시항고할 수 있고, 매각허가결정확정 후 대금을 낼 때까지 매수인은 매각허가결정의 취소신청을 할 수 있다.

부동산에 관한 중대한 권리관계의 변동

부동산에 물리적 훼손이 없는 경우라도 선순위 근저당권의 존재로 후순위 가처분(또는 가등기)이나 대항력 있는 임차권이 소멸하거나 또는 유치권이 존재하지 않는 것으로 알고 매수신청을 하여 매각허가결정까지 받았으나 이후 선순위 근저당권의 소멸로 인하여 처분금지가처분(또는 가등기)이나 임차권의 대항력이 존속하는 것으로 변경되거나 또는 유치권이 존재하는 사실이 새로 밝혀지는 경우와 같이 매수인이 소유권을 취득하지 못하거나 또는 매각부동산의 부담이 현저히 증가하여 매수인이 인수할 권리가 중대하게 변동되는 경우를 말한다. 본 사유는 매각허가에 대한 이의사유 및 즉시항고 사유가 되고 나아가서 본 사유만이 매각허가결정 취소사유가 된다.

⑦ 경매절차에 그 밖의 중대한 잘못이 있는 때

3) 이의의 제한

매각허가에 대한 이의는 이의진술자인 이해관계인 자신의 권리에 관한 이유에 의해야
하고 다른 이해관계인의 권리에 관한 이유로 신청하지 못한다.

4) 이의에 대한 재판

법원은 이의신청이 정당하다고 인정한 때에는 매각을 허가하지 아니한다. 매각허가에
대한 이의는 독립한 신청이 아니므로 정당하지 않다고 인정한 때에는 이의신청 자체에
응답할 필요 없이 매각허가의 결정을 선고하면 된다. 이의를 진술한 이해관계인은 이의
가 받아들여지지 아니한 경우에 매각허가결정에 대한 즉시항고를 할 수 있을 뿐 별도
로 불복항고를 할 수 없다.

이의신청사건 처리절차

1) 이의신청을 받은 사법보좌관의 처리절차
 ① 이의신청을 받은 사법보좌관은 이의신청사건을 지체 없이 판사에게 송부해야 한다.
 ② 재도의 고안: 사법보좌관은 특별항고의 대상이 되는 결정을 제외하고는 스스로 재도의 고
  안으로 자신이 한 처분을 경정할 수 있다. 다만 지체 없이 판사에게 송부하도록 하는 사법
  보좌관규칙의 취지에 따라 재도의 고안은 이의신청접수일로부터 2~3일 이내에 처리해야
  한다.
2) 판사의 이의신청 처리절차
 ① 이의신청이 이유 있는 경우:
  이의신청이 이유 있다고 인정되는 때에는 판사는 결정으로 사법보좌관의 처분을 경정한
  다. 사법보좌관의 처분의 일부만 부당한 때에는 일부를 취소하고, 나머지는 인가하는 재
  판을 할 수 있다.
 ② 이의신청이 이유 없는 경우:

이의신청이 이유 없다고 인정되는 때에는 사법보좌관의 처분을 인가하고, 이의신청사건을 항고법원에 송부해야 한다. 이 경우 이의신청은 해당법률에 의한 항고 또는 즉시항고로 본다.

3) 항고법원의 처리

① 판사가 사법보좌관의 처분을 인가한 경우에는 '판사의 인가처분'이 항고법원의 심판대상이 된다.

② 항고법원이 집행법원의 결정을 취소하는 경우에 그 매각 여부의 결정은 집행법원이 하고 항고법원은 할 수 없으므로, 항고법원은 인가처분을 취소하고 사건을 환송해야 하며, 사건을 환송받은 판사는 환송취지에 따라 경정결정을 내려야 한다.

매각허가 여부에 대한 재판

집행법원은 매각결정기일에 출석한 이해관계인에게 매각허가에 관한 의견을 진술하게 하여 이를 참고로 하는 외에 직권으로 매각불허가 사유의 유무를 기록에 의하여 조사한 다음 매각허가 여부의 재판을 한다. 매각허가 여부에 대해서는 결정으로 재판하고 매각결정기일에 선고해야 한다. 매각을 허가하거나 허가하지 아니하는 결정은 선고한 때에 고지의 효력이 생긴다. 매각허가결정 또는 매각불허가결정은 확정되어야 효력이 있다.

매각허가에 대한 이의가 인용되어 매각불허가결정이 된 사례

2014-13997(1)
광주 · 순천

필자의 지인 중에 아래 경매물건을 낙찰받고 매각불허가결정을 받을 수 없겠느냐는 요청을 받았다. 이에 자료를 검토한 결과 법정지상권은 성립한다는 판단과 함께 최저매각가격의 결정에 중대한 흠이 있다는 사실을 발견했다. 그리하여 본건 사례에 적합한 대법원 판례를 검색하였고, 판결문을 기초로 매각허가에 대한 이의를 작성, 제출하여 매각불허가결정을 받아냈다.

2014타경13997 (1)
• 광주지방법원 순천지원 • 매각기일 : 2015.05.18(月) (10:00) • 경매 7계(전화:061-729-5327)

소재지	전라남도 구례군 토지면 문수리 754-31 도로명주소검색						

물건종별	임야	감정가	101,129,500원		오늘조회: 1 2주누적: 0 2주평균: 0 조회동향		
				구분	입찰기일	최저매각가격	결과
토지면적	1285㎡(388.713평)	최저가	(49%) 49,553,000원	1차	2015-02-23	93,805,000원	낙찰
				낙찰 97,580,000원(96.49%) / 1명 / 불허가			
건물면적	건물은 매각제외	보증금	(10%) 4,960,000원	2차	2015-04-06	70,790,650원	유찰
				3차	2015-05-18	49,553,000원	
매각물건	토지만 매각	소유자	(주) 산업개발	낙찰 : 65,899,000원 (65.16%)			
개시결정	2014-09-30	채무자	(주) 산업개발	(입찰3명,낙찰:김 준)			
				매각결정기일 : 2015.05.26 - 매각허가결정			
사건명	임의경매	채권자	김 천	2015-05-18		0원	취하
				본사건은 취하(으)로 경매절차가 종결되었습니다.			

문건처리내역

접수일	접수내역	결과
2014.10.01	등기소 구례등기소 등기필증 제출	
2014.10.08	기타 집행관사무소 현황조사서 제출	
2014.10.20	감정인 제일감정평가법인 감정평가회보 지연 제출	
2014.10.20	교부권자 구례군수 교부청구 제출	
2014.10.24	채권자 김재천 특별송달신청 제출	
2014.11.07	감정인 제일감정평가법인 감정평가서 제출	
2014.11.19	채권자 김재천 보정서 제출	
2014.12.09	근저당권자 신용택 권리신고및배당요구신청 제출	
2014.12.09	근저당권자 신용택 채권계산서 제출	
2015.02.26	최고가매수신고인 매각허가에 대한 이의신청서 제출	
2015.03.16	감정인 제일감정평가법인 광주전남지사 감정평가서 제출	
2015.05.18	채권자 김재천 취하서 제출	
2015.05.26	최고가매수인 경매취하동의서 제출	
2015.05.27	최고가매수인 경매취하동의서 제출	

기일내역

물건번호	감정평가액	기일	기일종류	기일장소	최저매각가격	기일결과
1	101,129,500원	2015.02.23(10:00)	매각기일	경매 법정	93,805,000원	매각
		2015.03.02(16:00)	매각결정기일	경매 법정		최고가매각불허가결정
		2015.04.06(10:00)	매각기일	경매 법정	70,790,650원	유찰
		2015.05.18(10:00)	매각기일	경매 법정	49,553,000원	매각 (65,899,000원)
		2015.05.26(16:00)	매각결정기일	경매 법정		최고가매각허가결정

매각허가에 대한 이의신청

사 건 2014타경13997(1) 부동산임의경매

채무자 주식회사 ○○산업개발

채권자 김○○

위 당사자 간 귀원 2014타경13997(물건번호1) 부동산임의경매사건의 매각허가에 대하여 아래의 이유로 이의신청합니다.

신청이유

1. 이 사건은 지상에 건물이 있음에도 불구하고 토지만 매각되었던 바, 매각물건명세서상 "매각 제외 건물을 위한 법정지상권 성립여부 불분명"으로 매각이 실시되었습니다.

2. 이러한 경우, 대법원 판례 91마608결정(첨부1)에 의하면,

"지상의 미등기건물이 같이 경매되는 경우와 그렇지 아니한 경우는 경매목적물인 그 부지의 평가액에도 영향이 있다 할 것인데, 집행법원이 미등기건물을 경매목적물에서 제외하면서 감정인에게 미등기건물이 제외된 경우의 토지평가액의 보정을 명하는 등의 조치를 취하지 아니하고 종전에 제출된 평가서의 미등기건물이 포함된 전체평가액에서 미등기건물의 가액만을 공제하고 최저경매가격을 정한 것은 최저경매가격결정에

중대한 하자가 있다 할 것이다.”

3. 또한 이 사건의 최선순위 근저당권은 2012년 12월 21일에 설정되었던 바, 낙찰 후 법정지상권의 성립 여부에 대하여 백방으로 알아본 결과, 이 사건 건물에 대한 건축허가가 2011년 8월 3일에 있었고 착공일자가 2011년 10월 17일에 있었음을 확인하였습니다(확인자: 전라남도 구례군청 도시계획과 박××).

현재 매각에서 제외된 건물이 미등기 상태이긴 하나 이미 완공 상태에 있으므로 법정지상권의 성립이 확실시되고 있습니다.

그렇다면 매수인은 법정지상권이 성립하는 토지를 정상가격으로 매수한 것이 됩니다.

4. 이 사건 감정평가서(첨부2)에 의하면, 각 토지의 평가액과 제시외건물의 평가액을 적시하고 있습니다. 이 사건의 최초매각가액을 결정함에 있어서 위 평가서상 토지의 평가액을 그대로 인용하였음은 사실입니다.

또한 이 사건과 같이, 제시외건물을 제외한 대지만의 경매에 있어서,

귀원이 진행하고 있는 2014타경17241 부동산상제경매사건에서는 삼정평가서가 ①'정상적인 대지의 평가액' ②'제시외건물을 감안한 평가액'으로 2개의 가액을 제시하였고, 이에 따라 귀 법원은 최저매각가격을 결정함에 있어서 제시외건물을 감안한 평가액을 선택하였음은 사실입니다(첨부3).

5. 그렇다면 법정지상권의 성립이 확실시되는 건물을 매각에서 제외하는 경매를 진행함에 있어서 또는 법정지상권의 성립이 의문시되는 건물을 매각에서 제외하는 경매를 진행함에 있어서는, 감정인에게 미등기건물이 제외된 경우의 토지평가액의 보정을 명하는 등의 조치를 취하지 아니하고 종전에 제출된 평가서의 미등기건물이 포함된 전체평가액에서 미등기건물의 가액만을 공제하고 최저경매가격을 정한 것은 최저경매가

격결정에 중대한 하자가 있다고 보아야 할 것입니다.

이상의 이유에 의하여 이 사건 매각은 이를 허용하지 않는다는 결정을 하여 주시옵기 바라며, 민사집행법 제121조(매각허가에 대한 이의 신청사유) 5호 "최저매각가격의 결정에 중대한 흠이 있는 때"에 의하여 이의신청서를 제출하는 바입니다.

첨 부

1. 대법원 판례(91마608)   1부

2. 토지. 건물 평가명세표   1부

3. 타 사건 물건상세검색(2014타경17241)   1부

4. 토지 평가명세표(2014타경17241)   1부

2015. 2. 26

위 신청인(매수인)

광주지방법원 순천지원 귀중

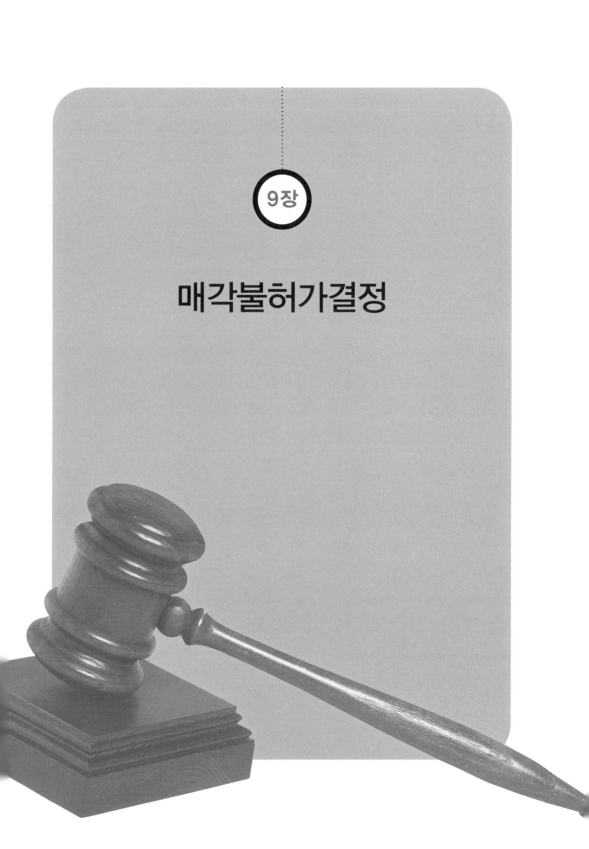

9장

매각불허가결정

매각불허가결정을 해야 할 사유

① 이해관계인의 이의가 정당하다고 인정할 때

② 법원의 직권으로 매각불허가할 사유가 있을 때: 매각물건명세서의 작성에 중대한 하자가 있는 때(예: 선순위임차인의 주민등록 기재 누락 등), 경매절차에 중대한 하자가 있을 때, 농지취득자격증명을 미제출한 때를 말한다.

③ 과잉매각으로 되는 때: 여러 개의 부동산을 매각하는 경우에 그 전부의 매각대금이 아니라도 모든 채권자의 채권액과 집행비용을 변제하기에 충분하면, 채무자는 그 부동산 가운데 매각할 것을 서면(매각부동산지정신청서)으로 지정할 수 있다. 채무자는 매각허가결정이 선고되기 전까지 지정권을 행사해야 한다.

④ 집행정지결정 정본이 제출된 경우

과잉경매
하나의 경매사건이 여러 개의 물건을 포함하여 진행된 결과, 그 전부의 낙찰가액이 아니더라도 관련 채권액의 만족이 가능한 상태를 말한다. 이때에는 채무자의 선택에 따라 일부 부동산에 대한 매각허가결정을 불허한다. 일괄경매의 경우에는 해당되지 않는다.

매각부동산지정신청

채 권 자 ○ ○ ○

채 무 자 ○ ○ ○

위 당사자간의 귀원 2○○○ 타경 ○○○○호 부동산강제경매사건에 관해서 별지 목
록 기재의 부동산이 경매에 붙여졌으나 본건 각 채권액 금○○원정, 집행비용 금○○원
정, 합계 금○○원정이므로 본건 부동산 중 ○○○ 토지(또는 건물)의 매득금으로 위 채
권액 및 집행비용에 충당하기에 충분하므로 동 부동산을 매각하도록 지정합니다.

2○ . . .

채 무 자 ○ ○ ○ 인

○○지방법원 귀중

○○지방법원

매각불허가결정

사　　건 20 타경 부동산강제(임의)경매

최고가매수신고인 ○　○　○(　　－　　)

　　　　　　　　　서울 ○○구 ○○동 ○○○

주　문

최고가매수신고인 ○○○에 대하여 별지 기재 부동산에 대한 매각을 허가하지 아니한다.

이　유

별지 목록 부동산에 대하여 2○ ．　．　．매각기일에 최고가 매수신고인 ○○으로부터 금 ○○○원의 매수가격신고가 있었으나, 기록에 의하면…… 한 위법이 있으므로(예, 매각기일의 공고에 ……의 기재가 흠결된 위법이 있으므로) 주문과 같이 결정한다.

20 ．　．　．

판 사　○　　○　　○ 인

매각불허가결정의 이유가 궁금하다

2015-7867
부산 동부

아래 임차인의 전입일자는 말소기준등기인 현대건설 근저당보다 빠르기는 하나 확정일자가 늦다. 대항력은 있지만 배당순위에서 뒤졌다는 문제가 있다. 배당에 있어 임차보증금이 전액 배당되지 않는다면 낙찰자가 보증금 잔액을 인수해야 한다. 그런데 낙찰금액을 보면 현대건설의 채권금액보다도 적다. 그러므로 임차인의 보증금 2.3억 원을 낙찰자는 인수해야 한다. 입찰기일 전에 유치권 1.55억 원이 신고되었다. 참 안타까운 경우였는데…… 매각불허가결정이 났다. 유치권신고는 이미 매각물건명세서상 고지가 되었으므로 불허가의 사유가 되지 않는다. 매각불허가의 사유가 궁금하다.

2015타경7867 ● 부산지방법원 동부지원 ● 매각기일 : **2016.05.10(火)(10:00)** ● 경매 2계 (전화:051-780-1422)

소재지	부산광역시 수영구 민락동 266, 광안현대하이페리온 101동 14층 1402호 도로명주소검색							
새 주소	부산광역시 수영구 광남로223번길 31, 광안현대하이페리온 101동 14층 1402호							
물건종별	아파트	감 정 가	600,000,000원	오늘조회: 3 2주누적: 70 2주평균: 5 조회동향				
				구분	입찰기일	최저매각가격	결과	
대 지 권	102.853㎡(31.113평)	최 저 가	(64%) 384,000,000원	1차	2016-02-02	600,000,000원	유찰	
				2차	2016-03-08	480,000,000원	낙찰	
건물면적	177.833㎡(53.794평)	보 증 금	(10%) 38,400,000원	낙찰 528,800,000원(88.13%) / 1명 / 불허가				
				3차	2016-04-12	480,000,000원	유찰	
매각물건	토지·건물 일괄매각	소 유 자	정 자	4차	2016-05-10	384,000,000원		
				낙찰 : 384,100,000원 (64.02%)				
개시결정	2015-07-16	채 무 자	정 자	(입찰1명,낙찰:경기도 이 조)				
				매각결정기일 : 2016.05.17 - 매각허가결정				
사 건 명	임의경매	채 권 자	현대건설(주)	대금지급기한 : 2016.06.07				

● 임차인현황 (말소기준권리 : 2010.10.27 / 배당요구종기일 : 2015.10.06)

임차인	점유부분	전입/확정/배당	보증금/차임	대항력	배당예상금액	기타
김 철	주거용 전부	전 입 일: 2008.08.29 확 정 일: 2013.05.09 배당요구일: 2014.04.07	보230,000,000원	있음	배당순위있음	임차권등기자
임차인분석		☞폐문으로 소유자및 점유자 만나지 못함. 공동현관문 번호키로 내부로 진입하지 못함. 인터폰하였으나 세대로 연결되지 않음.관할 주민센터에 전입자 열람한 바 전입자 없음. ▶매수인에게 대항할 수 있는 임차인 있으며, 보증금이 전액 변제되지 아니하면 잔액을 매수인이 인수함				

● 등기부현황 (채권액합계 : 806,420,000원)

No	접수	권리종류	권리자	채권금액	비고	소멸여부
1(갑7)	2010.10.27	소유권이전(매매)	정 자		거래가액:673,400,000	
2(을3)	2010.10.27	근저당	현대건설(주)	576,420,000원	말소기준등기	소멸
3(을4)	2014.04.07	주택임차권(전부)	김 철	230,000,000원	전입:2008.08.29 확정:2013.05.09 2014가기162	
4(갑12)	2015.07.16	임의경매	현대건설(주)	청구금액: 577,695,534원	2015타경7867	소멸

※ 등기된 부동산에 관한 권리 또는 가처분으로서 매각으로 그 효력이 소멸되지 아니하는 것

매수인에게 대항할 수 있는 을구 순위 4번 임차권등기(2014.04.07.등기) 있음. 배당에서 보증금이 전액 변제되지 아니하면 잔액을 매수인이 인수함.

※ 매각에 따라 설정된 것으로 보는 지상권의 개요

해당사항 없음

※ 비고란

2016. 3. 2.자로 주식회사 강인기업으로부터 공사대금 155,634,000원에 대하여 유치권신고가 있으나그 성립여부는 불분명함.

● 기일내역

물건번호	감정평가액	기일	기일종류	기일장소	최저매각가격	기일결과
1	600,000,000원	2016.02.02(10:00)	매각기일	203호 법정	600,000,000원	유찰
		2016.03.08(10:00)	매각기일	203호 법정	480,000,000원	매각
		2016.03.15(14:00)	매각결정기일	203호 법정		최고가매각불허가결정
		2016.04.12(10:00)	매각기일	203호 법정	480,000,000원	유찰
		2016.05.10(10:00)	매각기일	203호 법정	384,000,000원	매각 (384,100,000원)
		2016.05.17(14:00)	매각결정기일	203호 법정		최고가매각허가결정
		2016.06.07(16:00)	대금지급기한	민사신청과 경매2계		기한후납부
		2016.07.27(14:00)	배당기일	제203호 법정		진행

● 문건처리내역

접수일	접수내역	결과
2015.07.15	채권자 현대건설주식회사 송달장소 및 송달영수인 신고서 제출	
2015.07.15	채권자 현대건설주식회사 접수증명	
2015.07.20	등기소 남부산등기소 등기필증 제출	
2015.07.28	채권자 현대건설주식회사 보정서 제출	
2015.07.31	채무자겸소유자 정영자 주소보정서 제출	
2015.08.10	기타 미르감정평가사사무소 감정평가서 제출	
2015.08.13	집행관 양영수 부동산현황조사보고서 제출	
2015.09.09	교부권자 수영구 교부청구서 제출	
2016.03.02	유치권자 (주)강인기업 유치권신고서 제출	
2016.03.11	채무자겸소유자 정영자 열람및복사신청 제출	
2016.03.15	채권자 현대건설주식회사 매각수수료보정서 제출	

매각불허가결정이 연속 2번이다

2015-10752
대구

　　불허가결정이 연속 두 번이다. 문건접수내역을 보면, 집행법원이 매각 불허가결정을 내리자 최고가매수신고인이 이에 대하여 불복하고 있다. 드문 경우다. 집행법원이 집행절차상의 문제점을 뒤늦게 발견했다는 것이다.

2015타경10752　　　• 대구지방법원 본원　• 매각기일 : 2016.04.14(木) (10:00)　• 경매 3계(전화:053-757-6773)

소재지	경상북도 경산시 자인면 울옥리 71 외 2필지 도로명주소검색							
물건종별	근린시설	감정가	346,392,760원	오늘조회: 1 2주누적: 7 2주평균: 1 조회동향				
				구분	입찰기일	최저매각가격		결과
토지면적	1848㎡(559.02평)	최저가	(100%) 346,392,760원	1차	2015-11-11	346,392,760원		
				낙찰 387,000,000원(111.72%) / 6명 / 불허가 (2등입찰가:377,620,000원)				
건물면적	331.08㎡(100.152평)	보증금	(10%) 34,640,000원	2차	2016-01-13	346,392,760원		
				낙찰 414,233,820원(119.59%) / 7명 / 불허가 (2등입찰가:399,999,990원)				
매각물건	토지·건물 일괄매각	소유자	(주)엠스틸 앤씨 외 1	3차	**2016-04-14**	**346,392,760원**		
				낙찰 : **426,399,900원**　(123.1%)				
개시결정	2015-07-10	채무자	(주)엠스틸 앤씨 외 1	(입찰3명, 낙찰:대구 김애숙)				
				매각결정기일 : 2016.04.21 - 매각허가결정				
사건명	강제경매	채권자	배 규 외 1	대금지급기한 : 2016.05.24				
				대금납부 2016.05.23 / 배당기일 2016.06.23				
관련사건	2015타경12529(병합)							

참고사항	▶본건낙찰 2015.11.11 / 낙찰가 387,000,000원 / 대구 수성구 장○○ / 6명 입찰 / 최고가매각불허가결정 ▶본건낙찰 2016.01.13 / 낙찰가 414,233,820원 / 경산 이○○ / 7명 입찰 / 최고가매각불허가결정 * 공장용지 내에 폐기물로 보이는 물건이 야적되어 있음

※ 비고란
일괄매각. 제시외건물포함. 목록 1.토지 도시계획시설 도로저촉감안 평가. 공장용지 내에 폐기물로 보이는 물건이 야적되어 있음. 상가등록사항증명서에는 채무자 주식회사엠스틸이앤씨가 임차인으로 등록되어 있음.

2015.12.08	교부권자 경산세무서 교부청구서 제출
2016.01.07	채무자겸소유자 주식회사 엠스틸이앤씨 열람및복사신청 제출
2016.01.20	최고가매수신고인 매각불허가결정에 대한 이의(불복)신청서 제출
2016.01.22	최고가매수신고인 보정서 제출
2016.01.29	최고가매수신고인 소송위임장 제출
2016.01.29	최고가매수신고인 매각불허가결정에 대한 이의신청서 제출
2016.03.02	최고가매수신고인 법원보관금환급신청서 제출
2016.03.02	최고가매수신고인 법원보관금계좌입금신청서 제출

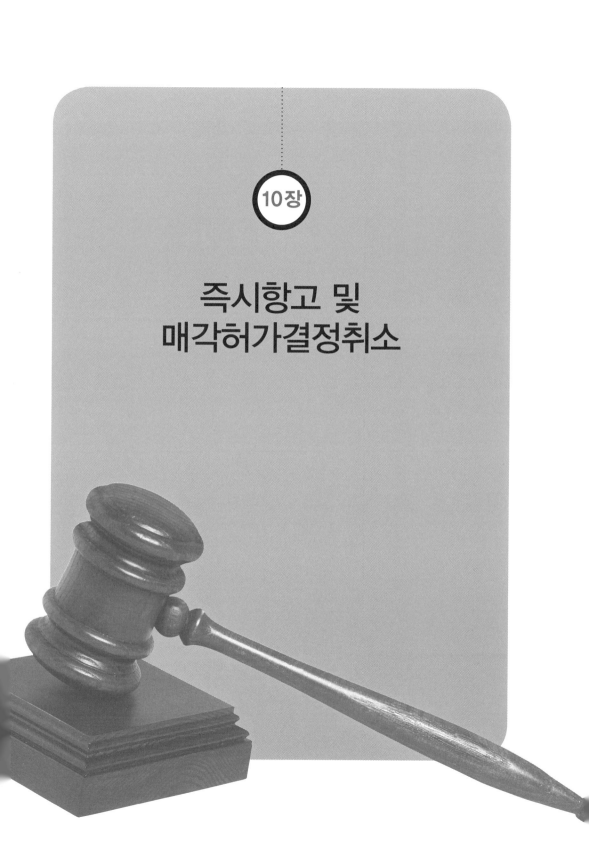

10장

즉시항고 및
매각허가결정취소

매각허가여부에 대한 즉시항고

1) 의의

이해관계인은 매각허가 여부의 결정에 따라 손해를 볼 경우에만 그 결정에 대하여 즉시항고를 할 수 있고, 또 매각허가에 정당한 이유가 없거나 결정에 적힌 것 외의 조건으로 허가해야 한다고 주장하는 매수인 또는 매각허가를 주장하는 매수신고인도 즉시항고를 할 수 있다.

2) 항고이유

매각허가결정에 대한 항고는 민사집행법에 규정한 매각허가에 대한 이의신청사유가 있다거나, 그 결정절차에 중대한 잘못이 있다는 것을 이유로 드는 때에만 할 수 있다. 그리고 매각불허가결정에 기재된 사유에 대하여 다투면 족하다.

3) 항고기간

즉시항고를 하려는 항고인은 원결정을 고지받은 날로부터 1주 이내에 항고장을 원심법원에 제출해야 하는 바, 매각허가 여부의 결정은 선고한 때에 고지의 효력이 발생하므로 위 1주의 기간은 매각허가 여부의 결정선고일로부터 일률적으로 진행된다. 위

기간은 불변이다.

4) 항고의 제기방식

즉시항고에 있어서 항고장의 제출처는 매각허가 여부의 결정을 선고한 원심법원이다. 원심재판의 취소 또는 변경을 구하는 사유가 법령의 위반 또는 사실의 오인인 경우를 구별하여 각각의 이유를 기재해야 한다. 따라서 그 사유가 법령위반인 때에는 그 법령의 조항 또는 내용과 법령에 위반되는 사유를, 사실의 오인인 때에는 오인에 관계되는 사실을 구체적으로 밝혀야 한다. 판례위반의 주장은 법령위반의 주장으로 볼 수 있는데, 판례위반을 주장하는 때에는 그 판례를 구체적으로 적시해야 한다. 사실의 오인을 주장하는 때에는 오인에 관계되는 사실을 적시해야 한다. 원심재판의 사실인정 중 오인된 부분을 구체적으로 적시해야 하는 바, 그 부분에 관하여 진실이라고 주장하는 사실도 적는 것이 상당하다.

5) 매각허가결정에 대한 즉시항고에 있어서 보증의 제공

① 매각허가결정에 대하여 항고를 하고자 하는 자는 보증으로 매각대금의 1/10에 해당하는 금전 또는 법원이 인정하는 유가증권을 공탁해야 한다. 무익한 항고를 제기하여 절차를 지연시키는 것을 방지하기 위함이다.

② 즉시항고와 공탁금의 반환: 항고가 기각되면 공탁금은 배당금에 합산된다. 채무자와 소유자는 공탁금을 반환받을 수 없으나, 기타 다른 항고자의 경우에는 항고일로부터 항고기각결정이 확정된 날까지 낙찰가에 대한 연 15%(2015. 10. 1부터 시행)의 이율을 제외한 금액을 반환받을 수 있다.

6) 항고심의 심리

매각허가 여부의 결정에 대한 항고사건의 심리에 있어서 변론의 여부와 항고인 그 밖의 이해관계인의 심문 여부는 항고법원의 자유재량에 속하고, 반드시 변론 내지 심문의 방법에 의한 사실심리를 해야 하는 것은 아니다.

즉시항고에 대한 집행법원의 조치

즉시항고에는 이심의 효력과 확정차단의 효력이 있을 뿐이고 집행정지의 효력은 없다. 그러나 매각허가결정은 확정되어야 효력이 있는데, 항고된 경우 매각허가결정은 확정되지 아니하므로 그 허가결정에 따른 후속조치(대금지급기한 및 배당기일의 지정 등)를 할 수 없게 되어, 사실상 매각절차를 진행할 수 없게 된다(《실무제요》 2-296).

매각허가결정이 된 후에 집행정지·취소서류가 제출된 경우

매수인이 대금을 납부하기 전까지 강제집행의 일시정지를 명하는 결정정본이 제출된 경우, 집행법원은 매각절차를 정지해야 한다. 또 강제집행을 허가하지 아니한다는 취지의 집행력 있는 판결정본이 제출된 경우, 이미 실시한 집행처분을 취소해야 한다. 따라서 집행법원이 한 경매개시결정도 취소해야 한다.

그러나 일시정지를 명하는 재판의 정본이 제출되었음에도 매각절차의 진행을 정지하지 않은 채 그대로 매수인으로부터 대금을 지급받는 것은 위법하므로, 이해관계인은 집행에 관한 이의에 의하여 또는 매각허가결정의 취소신청에 의하여 그 시정을 구할 수 있다. 이러한 불복절차 없이 매각절차가 완결된 경우에는 그 집행절차에 의하여 발생된 법률효과를 부인할 수 없다.

채무자 및 소유자의 항고의 실익

① 즉시항고가 사실상 집행정지의 효력이 있기 때문이다. 매각허가결정 또는 불허가 결정은 확정되어야 효력이 있는데, 즉시항고가 제기되면 집행법원은 대금지급이나 배당기일을 지정 · 실시할 수 없다.

② 보증금이 몰수되었다 하더라도, 매수인이 대각대금을 납부할 때까지 채무자나 소유자가 경매신청채권자의 청구금액을 전액 변제하고 집행취소서류를 제출하는 경우 경매절차가 취소되므로 항고보증금을 돌려받을 수 있다.

매각허가결정의 확정

이해관계인이 7일 이내에 즉시항고를 하지 아니하면 매각허가결정은 확정된다. 매수인은 매가허가결정의 확정 후에 법원이 정한 기한까지 매각대금을 납부해야 한다. 매각허가결정의 확정은 재판의 확정과 같은 기판력이 없기 때문에 경우에 따라 매각허가결정에 대한 취소신청이 가능하다.

매각허가결정의 취소신청

매각허가결정단계에서 부동산의 현저한 훼손이나 중대한 권리관계의 변동을 간과하여 매각허가결정이 되고 매수인도 이를 모르고 즉시항고를 제기하지 않아 매각허가결정이 확정된 경우, 매수인은 매각허가결정 취소신청을 할 수 있다.

🔟 매수인이 대금을 납부한 후에는 그 훼손이 대금납부 전에 생긴 것이라 하더라도 감액신청은 별론으로 하고, 매각허가결정의 취소신청을 할 수 없다고 봄이 상당하다.

매각허가결정 취소사유가 궁금하다

감정가보다는 약 2,250만 원을 더 높게 낙찰받았다. 기록상 매각허가결정취소가 보인다. 그런데 매각물건명세서상으로는 별다른 기재가 보이지 않는다. 취소사유가 객관적으로 있었다면 대체로 매각물건명세서에 특별한 기록이 등재되는 경우가 많다. 문건처리내역상 '채무자의 집행정지신청' 및 '최고가매수신고인 자격취소신청 제출'이 특이사항이다. 기일내역상 2015년 8월 6일 최고가매각허가결정이 있었고, 2015년 8월 17일 최고가매각허가결정취소가 있다(필자 주: 경매절차를 취소시키는 방법은 12장 '경매신청의 취하'를 참조). '법원보관금환급신청서 제출'이 보이는데, 매각허가결정이 취소되었으니 입찰보증금을 찾아가는 것은 당연하다. 또 채권자의 '강제집행속행명령신청서 제출'도 보인다. 집행기록을 직접 확인하지는 못했지만 평범하지는 않다. 최고가매수신고인이 스스로 자격취소신청을 했는데 그 이유가 궁금하다.

* 매각허가결정취소사건의 실전소송은 16장에 있다.

2015타경465

• 대구지방법원 본원 • 매각기일 : 2016.04.29(金) (10:00) • 경매 6계 (전화:053-757-6776)

소재지	대구광역시 수성구 지산동 359-1 외 2필지, 동서무학아파트 101동 16층 1603호 도로명주소검색			
새 주 소	대구광역시 수성구 지산로14길 83, 동서무학아파트 101동 16층 1603호			

물건종별	아파트	감 정 가	237,000,000원	오늘조회: 4 2주누적: 47 2주평균: 3 조회동향			
				구분	입찰기일	최저매각가격	결과
대 지 권	32.074㎡(9.702평)	최 저 가	(70%) 165,900,000원		2015-06-29	237,000,000원	변경
				1차	2015-07-30	237,000,000원	
건물면적	84.92㎡(25.688평)	보 증 금	(10%) 16,590,000원	낙찰 259,510,000원 / 매각허가결정취소			
				2차	2016-03-31	237,000,000원	유찰
매각물건	토지·건물 일괄매각	소 유 자	박 주	**3차**	**2016-04-29**	**165,900,000원**	
				낙찰 : 299,500,000원 (126.37%)			
개시결정	2015-01-09	채 무 자	박 주	(입찰4명 / 2등입찰가 231,500,000원)			
사 건 명	강제경매	채 권 자	이 출	매각결정기일 : 2016.05.11 - 매각허가결정			
				대금지급기한 : 2016.06.14			

※ 등기된 부동산에 관한 권리 또는 가처분으로서 매각으로 그 효력이 소멸되지 아니하는 것

해당사항 없음

※ 매각에 따라 설정된 것으로 보는 지상권의 개요

해당사항 없음

※ 비고란

기일내역

물건번호	감정평가액	기일	기일종류	기일장소	최저매각가격	기일결과
1	237,000,000원	2015.06.29(10:00)	매각기일	신관지하2층 입찰법정	237,000,000원	변경
		2015.07.30(10:00)	매각기일	신관지하2층 입찰법정	237,000,000원	매각
		2015.08.06(13:30)	매각결정기일	신관지하2층 입찰법정		최고가매각허가결정
		2015.08.17(13:30)	매각결정기일	신관지하2층 입찰법정		최고가매각허가취소결정
		2016.03.31(10:00)	매각기일	신관지하2층 입찰법정	237,000,000원	유찰
		2016.04.29(10:00)	매각기일	신관지하2층 입찰법정	165,900,000원	매각
		2016.05.06(13:30)	매각결정기일	신관지하2층 입찰법정		변경
		2016.05.11(13:30)	매각결정기일	신관지하2층 입찰법정		최고가매각허가결정
		2016.06.14(16:00)	대금지급기한	신관2층민사집행과사무실		미납
		2016.07.29(10:00)	매각기일	신관지하2층 입찰법정	165,900,000원	
		2016.08.05(13:30)	매각결정기일	신관지하2층 입찰법정		

2015.08.05	채무자대리인 이 림 집행정지신청서 제출
2015.08.05	채무자겸소유자 박 주 소송위임장 제출
2015.08.07	가압류권자 김__균 열람및복사신청 제출
2015.08.13	최고가매수인 자격취소신청 제출
2015.09.09	최고가매수신고인 법원보관금환급신청서 제출
2016.02.03	채권자 이 출 강제집행속행명령신청서 제출

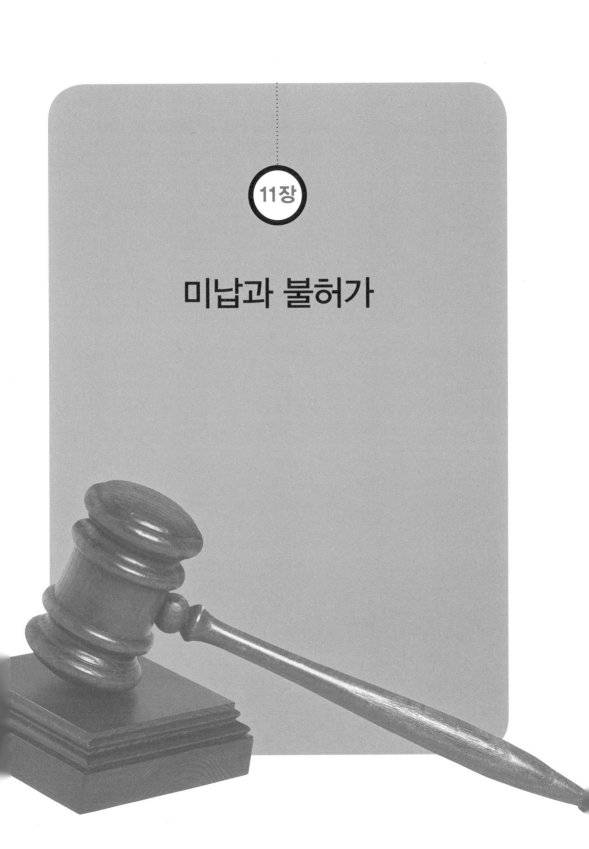

11장

미납과 불허가

미납과 불허가의 차이

4차에 누군가 낙찰받았으나 미납했다. 당연히 보증금이 몰수됐다. 그런데 5차에는 불허가가 났다. 당연히 보증금을 돌려받는다. 이런 차이는 왜 발생할까?

2012타경**9479**			• 서울중앙지방법원 본원　• 매각기일 : **2013.08.20(火) (10:00)**　• 경매 1계(전화:02-530-1813)				
소 재 지	서울특별시 동작구 사당동 105 외 1필지, 사당우성아파트 301동 6층 601호 도로명주소검색						
물건종별	아파트	감 정 가	560,000,000원	오늘조회: 1　2주누적: 3　2주평균: 0 조회동향			
				구분	입찰기일	최저매각가격	결과
				1차	2012-10-09	560,000,000원	유찰
대 지 권	52.21㎡(15.794평)	최 저 가	(33%) 183,501,000원	2차	2012-11-13	448,000,000원	유찰
				3차	2012-12-18	358,400,000원	유찰
				4차	2013-01-22	286,720,000원	낙찰
건물면적	118.25㎡(35.771평)	보 증 금	(20%) 36,710,000원	낙찰 301,000,000원(53.75%) / 2명 / 미납			
				5차	2013-04-02	286,720,000원	낙찰
				낙찰 304,110,000원(54.31%) / 1명 / 불허가			
매각물건	토지·건물 일괄매각	소 유 자	이　하,홍　순	6차	2013-06-11	286,720,000원	유찰
				7차	2013-07-16	229,376,000원	유찰
				8차	**2013-08-20**	**183,501,000원**	
개시결정	2012-04-09	채 무 자	이　하,홍　순	낙찰 : **287,770,000원** (51.39%)			
				(입찰14명,낙찰:박　호 / 2등입찰가 225,080,000원)			
				매각결정기일 : 2013.08.27 - 매각허가결정			
사 건 명	임의경매	채 권 자	안양제일새마을금고	대금지급기한 : 2013.10.04			
				대금납부 2013.10.02 / 배당기일 2013.11.08			
				배당종결 2013.11.08			

　전입일자를 볼 때 대항력 있는 임차인이 있었다. 이 사람의 권리가 폭탄이다.

• 임차인현황 (말소기준권리 : 2009.11.06 / 배당요구종기일 : 2012.06.25)

임차인	점유부분	전입/확정/배당	보증금/차임	대항력	배당예상금액	기타
최 기	주거용	전 입 일: 2004.09.13 확 정 일: 미상 배당요구일: 없음	미상		배당금 없음	
기타사항		☞ 2회 방문하였으나 폐문부재이고, 방문한 취지 및 연락처를 남겼으나 아무런 연락이 없으므로 주민등록 전입된 세대만 임차인으로 보고함. ☞ 본건 우편물함에 최종기 명의의 우편물이 있었음. ☞ 최종기은(는) 전입일상 대항력이 있으므로, 보증금있는 임차인일 경우 인수여지 있어 주의요함.

• 등기부현황 (채권액합계 : 434,000,000원)

No	접수	권리종류	권리자	채권금액	비고	소멸여부
1	2006.09.29	소유권이전(매매)	이 경		거래가액 금530,000,000원	
2	2009.11.06	근저당	안양제일새마을금고	336,000,000원	말소기준등기	소멸
3	2011.12.20	가압류	곽 원	38,000,000원		소멸
4	2011.12.20	가압류	유 남	60,000,000원		소멸
5	2012.05.18	소유권이전(상속)	이 하,홍 순		각1/2	
6	2012.06.07	임의경매	안양제일새마을금고	청구금액: 240,000,000원	2012타경9479	소멸

미납자와 매각불허가결정의 주인공들이다.

참고사항	▶본건낙찰 2013.01.22 / 낙찰가 301,000,000원 / 은평구 / 2명 입찰 / 대금미납 ▶본건낙찰 2013.04.02 / 낙찰가 304,110,000원 / 성동구 / 1명 입찰 / 최고가매각불허가결정 * 외필지 : 사당동 105-2 지상소재

4차의 낙찰자는 미납하고 아무런 조치를 취하지 않았으나, 5차의 낙찰자는 매각불허가신청을 하기 전에 유치권신고가 있었음을 알 수 있다. 우연일까?…… 작업일까? 당신의 상상에 맡긴다.

당신이 자동차의 운전자라면 운전만 잘하여서는 안 된다. 기본적인 정비지식도 갖취야함을 보여주는 사례다.

2012.06.27	가압류권자 곽 원 채권계산서 제출
2013.01.15	채권자 안양제일새마을금고 보정서 제출
2013.01.28	최고가매수신고인 열람및복사신청 제출
2013.04.05	기타 심 식 유치권신고서 제출
2013.04.08	최고가매수신고인 매각불허가신청 제출
2013.04.11	채권자 안양제일새마을금고 열람및복사신청 제출
2013.04.17	최고가매수신고인 예납금환부신청 제출
2013.05.10	채권자 안양제일새마을금고 열람및복사신청 제출
2013.09.10	채권자 안양제일새마을금고 유치권배제신청 제출
2013.10.02	최고가매수인 매각허가결정등본
2013.10.02	최고가매수인 매각대금완납증명

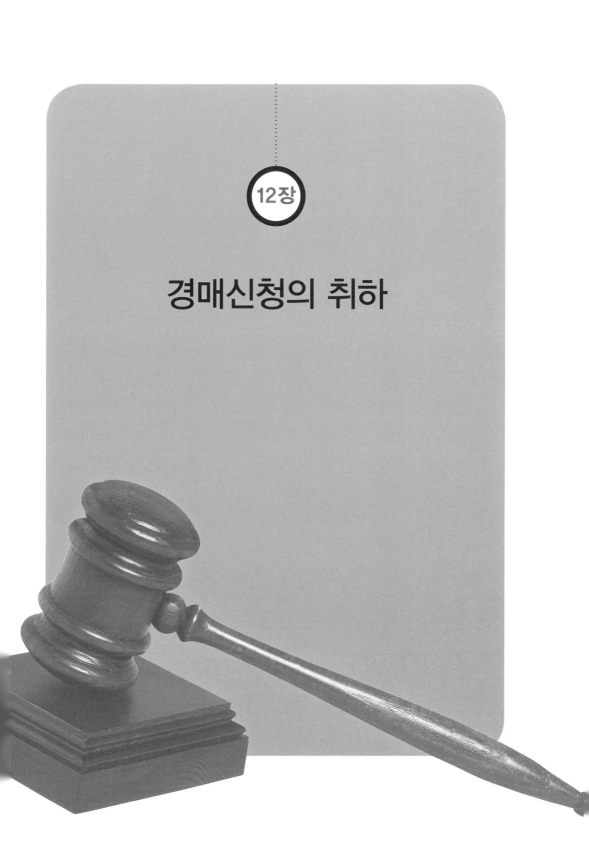

12장

경매신청의 취하

경매신청의 취하

경매신청 후 매각기일에 적법한 매수신고가 있기까지는 경매신청인은 임의로 경매신청을 취하할 수 있다. 그러나 매수신고가 있은 뒤 경매신청을 취하하는 경우에는 최고가매수신고인의 동의를 받아야 그 효력이 생긴다.

여기에서 주의할 것은 "매수신고가 있은 뒤"에 관한 해석에 있어서, 매수신고가 된 그 시점 이후를 의미하는 것이 아니라, 집행관이 개찰을 하여 최고가매수신고인이 있게 된 이후에 경매신청을 취하하는 경우에만 그 자의 동의가 필요하다고 해석한다는 점이다(《실무제요》2-686).

최고가매수신고인의 동의 없이 경매절차를 취소시키는 방법

경매신청의 취하는, 매각기일 이후에는 최고가매수신고인의 동의가 필요하다. 그러나 최고가매수신고인의 동의가 없어도 경매절차를 취소시킬 수 있다.

① 강제경매의 경우: 가령, 채무자가 입찰기일에 제3자를 통한 낙찰을 시도하였으나 낙찰에 실패한 후 집행채권자를 만나 집행채권을 변제하고(통상 협상을 통하여 감액 변제한다) 그 변제증서를 영수한 다음, 그 변제증서를 근거로 하여 청구이의의 소를 제기하면서 집행정지결정(잠정처분)을 받은 다음 본안에서 승소판결을 받아 그 판

결정본을 민사집행법상 취소서류로 제출하면 된다.

② 임의경매의 경우: 경매신청의 기초가 된 원인채권을 변제한 후 해당 담보물권을 말소하고, 말소된 등기부등본을 집행법원에 제출하여 집행절차를 취소시킨다.

국가배상책임

집행법원은 집행취소서류(담보권의 등기가 말소된 등기부등본)의 제출에 따라 경매절차를 취소하였어야 함에도 대금지급기한을 정하여 결과적으로 매수인의 대금납부를 유효하게 만들었다면 소유자에 대하여 손해배상책임(국가배상책임)을 진다.

민사집행법 제266조(경매절차의 정지):
① 다음 각호 가운데 어느 하나에 해당하는 문서가 경매법원에 제출되면 경매절차를 정지해야 한다.
  1. 담보의 등기가 말소된 등기부의 등본
  2. 담보권등기를 말소하도록 명한 확정판결의 정본
  3. 담보권이 소멸되었다는 취지의 확정판결의 정본
  4. 채권자가 담보권을 실행하지 않기로 하거나 경매신청을 취하하겠다는 취지 또는 피담보채권을 변제받았거나 그 변제를 미루도록 승낙한다는 취지를 적은 서류
  5. 담보권 실행을 일시 정지하도록 명한 재판의 정본
② 위 1호 내지 3호의 경우와 4호의 서류가 화해조서의 정본 또는 공정증서의 정본인 경우에는 경매법원은 이미 실시한 경매절차를 취소해야 하며, 5호의 경우에는 그 재판에 따라 경매를 취소하지 아니한 때에만 이미 실시한 경매절차를 일시적으로 유지하게 해야 한다.
③ 위 2항에 의한 경매절차의 취소에는 즉시항고할 수 없다
* 대금납부 후에 정지, 취소문서가 제출된다 하여도 매수인의 소유권 취득에는 아무런 영향을 주지 못하며 배당절차도 그대로 실시된다.

미납은 작전이다. 미납 후 경매 취소

2013-3692
대구 · 안동
낙찰이 7번, 미납이 7번. 감정가가 2.23억 원인데 무려 낙찰가가 계속 20억원 근처다. 왜 이런 일이 벌어질까? 미납 자체가 작전의 산물이기 때문이다. 결국 경매절차가 취소되었다. 등기부를 보면 경매절차가 진행되는 와중에 소유권을 취득한 사람이 있다. 등기부의 매매목록상 거래가액이 13억 원이다. 이 물건의 소유권을 당연히 지키고 싶어 할 것이다. 취득세만 해도 만만찮은 액수인데…… 취하작업의 방법이 무엇이었을까 궁금하다. 위 민사집행법 266조 중 1항 4목에 의거하지 않았을까 판단된다. 왜냐하면 현재의 등기부상 경매를 신청한 근저당권이 멀쩡하게 살아 있다. 그런데 경매개시결정등기 이후의 근저당들만 말소되었다. 잔금을 납부하지 않은 입찰보증금만 해도 수억 원은 되었을 것 같다. 입찰보증금 40%는…… 아마 집행법원이 고의적인 미납이라고 판단하여 특단의 조치를 내린 것으로 보인다. 작업이 성공했다.

2013타경3692
● 대구지방법원 안동지원 ● 매각기일 : 2016.01.25(月)(10:00) ● 경매 1계(전화:054-850-5051)

소재지	경상북도 안동시 수하동 산84 외 2필지 도로명주소검색							
					오늘조회 : 1 2주누적 : 8 2주평균 : 1 조회동향			
물건종별	임야	감 정 가	223,691,500원	구분	입찰기일	최저매각가격		결과
				1차	2014-05-26	223,691,500원		낙찰
				낙찰 2,000,000,000원(894.09%) / 22명 / 미납				
토지면적	44399㎡(13430.698평)	최 저 가	(100%) 223,691,500원	2차	2014-08-25	223,691,500원		낙찰
				낙찰 1,900,000,000원(849.38%) / 18명 / 미납				
건물면적		보 증 금	(40%) 89,480,000원	3차	2014-11-24	223,691,500원		낙찰
				낙찰 1,900,000,000원(849.38%) / 13명 / 미납				
				4차	2015-01-26	223,691,500원		낙찰
				낙찰 2,000,000,000원(894.09%) / 8명 / 미납				
매각물건	토지 매각	소 유 자	황 학	5차	2015-04-27	223,691,500원		낙찰
				낙찰 2,100,000,000원(938.79%) / 7명 / 미납				
				6차	2015-07-27	223,691,500원		낙찰
개시결정	2013-08-09	채 무 자	황 학	낙찰 2,000,000,000원(894.09%) / 9명 / 미납				
				7차	2015-10-26	223,691,500원		낙찰
				낙찰 1,700,000,000원(759.98%) / 6명 / 미납				
사 건 명	임의경매	채 권 자	윤 상 외 2명		2016-01-25	223,691,500원		변경
				본사건은 변경 되었으며 현재 매각기일이 지정되지 않았습니다.				
관련사건	2014타경614(중복)							

* **토지등기부** (채권액합계 : 974,000,000원)

No	접수	권리종류	권리자	채권금액	비고	소멸여부
1(갑15)	2009.02.24	공유자전원지분전부이전	황 학		매매	
2(을9)	2012.03.05	근저당	서 호,윤 상,김 옥	600,000,000원	말소기준등기	소멸
3(을10)	2012.03.05	지상권(토지의전부)	김 옥		존속기간: 2012.03.05~2042.03.05 30년	소멸
4(을11)	2012.07.16	근저당	김 옥	150,000,000원		소멸
5(갑17)	2013.08.09	임의경매	윤 상	청구금액: 112,821,918원	2013타경3692	소멸
6(갑18)	2014.02.25	임의경매	서 호,김 옥	청구금액: 387,041,096원	2014타경614	소멸
7(을12)	2015.04.22	근저당	김 현	78,000,000원		소멸
8(을13)	2015.06.03	근저당	김 현	36,000,000원		소멸
9(을14)	2015.07.28	근저당	조 영	110,000,000원		소멸
10(갑19)	2015.12.04	소유권이전(매매)	권 정,권 정		각 지분 1/2	

【 매 매 목 록 】

목록번호	2015-1676				
거래가액	금1,300,000,000원				

일련번호	부동산의 표시	순위번호	예 비 란	
			등기원인	경정원인
1	[토지] 경상북도 안동시 수하동 산84	19	2012년12월3일 매매	
2	[토지] 경상북도 안동시 수하동 779	10	2012년12월3일 매매	
3	[토지] 경상북도 안동시 수하동 779-1	15	2012년12월3일 매매	

2014.05.26	최고가매수신고인 농지취득자격증명 제출
2014.08.26	최고가매수신고인 농지취득자격증명 제출
2014.11.24	최고가매수신고인 농지취득자격증명 제출
2015.01.27	최고가매수신고인 농지취득자격증명원 제출
2015.04.27	최고가매수신고인 농지취득자격증명 제출
2015.05.06	근저당권자 김 옥 열람및복사신청 제출
2015.05.28	채권자 윤 상 열람및복사신청 제출
2015.06.09	채권자 윤 상 열람및복사신청 제출
2015.06.25	채권자 윤 상 의견서 제출
2015.07.28	최고가매수신고인 농지취득자격증명 제출
2015.10.20	채무자겸소유자 황 학 열람및복사신청 제출
2015.10.27	최고가매수신고인 농지취득자격증명 제출
2015.12.14	근저당권자 김 옥 열람및복사신청 제출
2016.01.05	채무자겸소유자 황 학 열람및복사신청 제출
2016.01.15	소유자 권 정, 권 정 집행정지신청서 제출

9	근저당권설정	2012년3월5일 제6582호	2012년3월5일 설정계약	채권최고액 금600,000,000원 채무자 황 학 경상남도 산청군 삼장면 대하내원로 473-5 근저당권자 서 호 520407-******* 울산광역시 울주군 상복면 삽재로 39 윤 상 541118-******* 경상북도 경주시 황성로 35-6,101동 1501호(황성동,럭키황성아파트) 김 옥 530302-******* 경상북도 군위군 군위읍 중앙길 61-23 공동담보 토지 경상북도 안동시 수하동 779 토지 경상북도 안동시 수하동 779-1
10	지상권설정	2012년3월5일 제6583호	2012년3월5일 설정계약	목 적 건물 기타 공작물이나 수목을 소유 범 위 토지의 전부 존속기간 설정등기일로부터 30년 지 료 없음 지상권자 김 옥 530302-******* 경상북도 군위군 군위읍 중앙길 61-23
11	근저당권설정	2012년7월16일 제21495호	2012년7월12일 설정계약	채권최고액 금150,000,000원 채무자 황 학 경상남도 산청군 삼장면 대하내원로 473-5
12	근저당권설정	2015년4월22일 제13557호	2015년4월20일 설정계약	채권최고액 금78,000,000원 채무자 황규학 경상남도 창원시 성산구 용지로 94, 302호 (중앙동,올림파이아상가) 근저당권자 김니한 741125 ****** 경상남도 창원시 의창구 도계두라길 30, 601호 (도계동,라코빌라) 공동담보 토지 경상북도 안동시 수하동 779 토지 경상북도 안동시 수하동 779-1
13	근저당권설정	2015년6월3일 제20084호	2015년5월27일 설정계약	채권최고액 금36,000,000원 채무자 황규학 경상남도 창원시 성산구 용지로 94, 302호 (중앙동,올림파이아상가) 근저당권자 김니한 741125 ****** 경상남도 창원시 의창구 도계두라길 30, 601호 (도계동,라코빌라) 공동담보 토지 경상북도 안동시 수하동 779 토지 경상북도 안동시 수하동 779-1
14	근저당권설정	2015년7월28일 제27027호	2015년7월22일 설정계약	채권최고액 금110,000,000원 채무자 황규학 경상남도 창원시 성산구 용지로 94, 302호 (중앙동,올림파이아상가) 근저당권자 조덕영 731118 ****** 경상남도 창원시 마산합포구 진동면 사동길 38-22

경매신청 가등기를 말소하는 조건으로 근저당설정하면서 경매취소

2014-7508
울산

2015-6076
울산

필자가 낙찰을 받았다. 그런데 기각되었다. 굿옥션 제공 등기부를 보면, 근저당 동울산금고 다음에 가등기권자 조 씨가 담보가등기로서 경매를 신청했다. 문건처리내역을 보면, 채무자가 경매취소 신청을 했다. 어떻게 된 일일까? 아래 등기부를 보면, 채무자와 경매신청자가 협의하여 가등기를 말소하고 그 대신에 근저당을 설정하면서 경매취하작업을 한 것이다. 그러니까 이 경매사건의 동력이었던 가등기를 등기부상 말소시킴으로써 집행절차를 취소시킨 것이다. 그런데 결말이 좋지는 않다. 또 다시 가등기권자였던 근저당권자가 경매신청을 했다. 앞선 사건에서는 채권금액이 1.6억 원이었는데 다음 사건에서는 1.86억 원이다. 자료가 복잡해 보이는데 독자 여러분이 이해할 수 있으면 좋겠다. 이 사건은 종전 사건, 이후의 사건…… 도합 2건의 기록을 분석하여야 한다. 등기부의 기록이 종전사건 기록과 이후 사건의 기록이 겹쳐 있다. 분별해서 봐야 이해를 할 수 있다.

2014타경7508 ● 울산지방법원 본원 ● 매각기일 : 2014.11.25(火) (10:00) ● 경매 4계 (전화: 052-216-8264)

소 재 지	울산광역시 중구 태화동 424-1 도로명주소검색						
물건종별	근린주택	감 정 가	551,367,920원	오늘조회: 1 2주누적: 2 2주평균: 0 조회동향			
토지면적	153㎡(46.283평)	최 저 가	(80%) 441,094,000원	구분	입찰기일	최저매각가격	결과
				1차	2014-10-24	551,367,920원	유찰
건물면적	344.155㎡(104.107평)	보 증 금	(10%) 44,110,000원	2차	2014-11-25	441,094,000원	
				낙찰: 513,740,000원 (93.18%)			
매각물건	토지·건물 일괄매각	소 유 자	남 향	(입찰6명,낙찰:부산시해운대구좌동 강 호 / 2등입찰가 495,000,000원)			
개시결정	2014-05-07	채 무 자	남 향	매각결정기일 : 2014.12.02 - 매각허가결정			
				2014-12-08		0원	기각
사 건 명	임의경매	채 권 자	조 경	본사건은 기각(으)로 경매절차가 종결되었습니다.			

● 건물등기부 (채권액합계 : 429,000,000원)

No	접수	권리종류	권리자	채권금액	비고	소멸여부
1(갑2)	2013.11.01	소유권이전(매매)	남 향			
2(을10)	2013.11.01	근저당	동울산새마을금고	429,000,000원	말소기준등기	소멸
3(갑3)	2013.11.07	소유권이전 청구권가등기	조 경		매매예약	소멸
4(갑4)	2014.05.07	임의경매	조 경	청구금액: 160,972,602원	2014타경7508	소멸

● 토지등기부 (채권액합계 : 429,000,000원)

No	접수	권리종류	권리자	채권금액	비고	소멸여부
1(갑2)	2013.11.01	소유권이전(매매)	남 향			
2(을4)	2013.11.01	근저당	동울산새마을금고	429,000,000원	말소기준등기	소멸
3(갑3)	2013.11.07	소유권이전 청구권가등기	조 경		매매예약	소멸
4(갑4)	2014.05.07	임의경매	조 경	청구금액: 160,972,602원	2014타경7508	소멸

2014.07.24	기타 울산 중구청 교부청구 제출	
2014.09.03	채권자 조은경 보정서 제출	
2014.11.17	법원 울산지방법원 세입세출외 현금출납공무원 장성북 통지서 제출	
2014.11.28	최고가매수신고인 열람및복사신청 제출	
2014.12.05	채무자겸소유자 남 향 부동산임의경매취소신청서 제출	

3	소유권이전청구권가등가	2013년11월7일 제87535호	2013년11월7일 매매예약	가등기권자 조은경 680921 ******* 울산광역시 남구 두왕로126번길 15 (선암동)
4	임의경매개시결정	2014년5월7일 제37317호	2014년5월7일 울산지방법원의 임의경매개시결정(2014 타경7508)	채권자 조은경 680921 ******* 울산 남구 두왕로126번길 15 (선암동)
5	3번가등기말소	2014년12월2일 제138009호	2014년12월2일 해제	
6	4번임의경매개시결정등기말소	2014년12월23일 제172349호	2014년12월23일 취소기각결정	
7	임의경매개시결정	2015년4월23일 제82399호	2015년4월23일 울산지방법원의 임의경매개시결정(2015 타경6076)	채권자 조 경 680921-******* 울산 남구 두왕로126번길 15 (선암동)

4	근저당권설정	2013년11월1일 제86321호	2013년11월1일 설정계약	채권최고액 금429,000,000원 채무자 곽 정 울산광역시 중구 우정3길 9, 5동 503호 (우정동,선경아파트) 근저당권자 동울산새마을금고 181244-0003034 울산광역시 동구 전하동 549-20 공동담보 건물 울산광역시 중구 태화동 424-1
5	근저당권설정	2014년12월3일 제138626호	2014년12월2일 설정계약	채권최고액 금186,000,000원 채무자 남 향 울산광역시 중구 우정3길 9, 5동 503호 (우정동,선경아파트) 근저당권자 조 경 680921-******* 울산광역시 남구 두왕로126번길 15(선암동) 공동담보 건물 울산광역시 중구 태화동 424-1

2015타경**6076**

• 울산지방법원 본원 • 매각기일 : **2015.11.27(金) (10:00)** • 경매 4계 (전화:052-216-8264)

소 재 지	울산광역시 중구 태화동 424-1 도로명주소검색						

물건종별	주택	감 정 가	581,075,700원	오늘조회: 1 2주누적: 5 2주평균: 0 조회동향			
토지면적	153㎡(46.283평)	최 저 가	(100%) 581,075,700원	**구분**	**입찰기일**	**최저매각가격**	**결과**
건물면적	382.755㎡(115.783평)	보 증 금	(10%) 58,110,000원	**1차**	**2015-11-27**	**581,075,700원**	
매각물건	토지·건물 일괄매각	소 유 자	남 향	낙찰 : **635,520,100원** (109.37%)			
개시결정	2015-04-23	채 무 자	남 향	(입찰3명,낙찰:울산 신 협 / 2등입찰가 624,557,000원)			
사 건 명	임의경매	채 권 자	조 경	매각결정기일 : 2015.12.04 - 매각허가결정			
				대금지급기한 : 2015.12.23			
				대금납부 2015.12.22 / 배당기일 2016.01.28			
				배당종결 2016.01.28			

• **건물등기부** (채권액합계 : 615,000,000원)

No	접수	권리종류	권리자	채권금액	비고	소멸여부
1(갑2)	2013.11.01	소유권이전(매매)	남 향			
2(을10)	2013.11.01	근저당	동울산새마을금고	429,000,000원	말소기준등기	소멸
3(을11)	2014.12.03	근저당	조 경	186,000,000원		소멸
4(갑7)	2015.02.05	압류	국민건강보험공단			소멸
5(갑8)	2015.04.23	임의경매	조 경	청구금액: 186,000,000원	2015타경6076	소멸

• **토지등기부** (채권액합계 : 615,000,000원)

No	접수	권리종류	권리자	채권금액	비고	소멸여부
1(갑2)	2013.11.01	소유권이전(매매)	남 향			
2(을4)	2013.11.01	근저당	동울산새마을금고	429,000,000원	말소기준등기	소멸
3(을5)	2014.12.03	근저당	조 경	186,000,000원		소멸
4(갑7)	2015.04.23	임의경매	조 경	청구금액: 186,000,000원	2015타경6076	소멸

작업?····· 낙찰을 우회하여 매매로 사들이는 방법

아래 물건이 경매로 나왔습니다. 근데, 수강생 중 1명이 이 아파트 단지에서 중개업을 하는 분이었습니다. 그리하여 이 물건을 수업시간에 분석을 했습니다. 당 아파트 단지 안에서는 제일 좋은 동에 로열층이라더군요. 물건은 평범했습니다. 기록이 취하로 나오는군요. 감정가격이 1.66억 원, 최저가가 1.328 원억입니다. 시세가 감정가격을 웃돈다더군요.

당 아파트의 실거래가 조회기록입니다.

매매,전세 실거래가 통계 (면적별)

아파트명(번지)	매매(만원)					전세(만원)				
	면적(㎡)	건수	최저	평균	최고	면적(㎡)	건수	최저	평균	최고
한일유앤아이 (600)	59.74	289	7,310	9,297	15,500	59.74	18	4,900	8,372	11,000
	84.96	1861	9,000	14,888	20,800	84.96	331	6,000	9,384	13,000

실거래가 상세내역 (면적별/층별)

전용면적 84.96 ▼ 층 수 -전체층- ▼ / [전체면적/전체층 보기]

● 2006년 1분기 ~ 2016년 2분기 [전용면적 84.96㎡] ☞
검색:1861 건

매매가 = 최저 9,000 만원 평균 14,889 만원 최고 20,800 만원

No	분기	거래기간	전용면적	층	매매가	건축년도
1861	2016년 2분기	2016-04-01 ~ 2016-04-10	84.96	21	16,900	2008
1860	2016년 2분기	2016-04-01 ~ 2016-04-10	84.96	7	19,700	2008
1859	2016년 2분기	2016-04-01 ~ 2016-04-10	84.96	9	16,600	2008
1858	2016년 2분기	2016-04-01 ~ 2016-04-10	84.96	5	17,550	2008
1857	2016년 2분기	2016-04-01 ~ 2016-04-10	84.96	8	19,000	2008
1856	2016년 2분기	2016-04-01 ~ 2016-04-10	84.96	13	19,000	2008
1855	2016년 2분기	2016-04-21 ~ 2016-04-30	84.96	12	17,000	2008
1854	2016년 2분기	2016-04-21 ~ 2016-04-30	84.96	20	16,900	2008

아래 임차인 현황과 등기부를 분석합니다. 경매물건 관련 채권이 임차보증금 6,675만 원, 등기부상 열람 가능한 채권(전세권을 제외한)이 8,266만 원입니다. 감정가 1.66억 원과 비교하면 전체 채권이 1.4941억 원입니다. 양산시의 압류금액을 제외하고 말입니다.

● **임차인현황** (말소기준권리 : 2010.12.24 / 배당요구종기일 : 2012.03.23)

임차인	점유부분	전입/확정/배당	보증금/차임	대항력	배당예상금액	기타
정 구	주거용 전부	전 입 일: 2011.01.17 확 정 일: 미상 배당요구일: 2012.01.02	보66,750,000원	없음	배당순위있음	전세권등기자, 경매신청인 현황서상 전:2010.12.28.
기타사항	☞폐문부재라 점유자 조사가 불가함에 관할 동사무소에 방문하여 전입세대를 열람한 바, 세대주-정상구(전입일자 2010.12.28)가 등재되어 있음					

● **등기부현황** (채권액합계 : 149,408,161원)

No	접수	권리종류	권리자	채권금액	비고	소멸여부
1	2010.12.24	소유권이전(매매)	변 광		거래가액 금137,030,000원	
2	2010.12.24	근저당	우리은행 (온천동지점)	79,200,000원	말소기준등기	소멸
3	2011.01.17	전세권(전부)	정 구	66,750,000원	존속기간: 2010.12.24~2011.12.23	소멸
4	2011.05.04	압류	양 시			소멸
5	2011.09.05	가압류	재단법인 신용보증재단중앙회	3,458,161원		소멸
6	2012.01.02	임의경매	정 구	청구금액: 66,750,000원	2011타경23257	소멸

당사자 내역을 보니, 교부권자가 출현했습니다. 그러나 권리금액을 알 수는 없습니다.

당사자내역

당사자구분	당사자명	당사자구분	당사자명
채권자	정 구	채무자겸소유자	변 광
임차인	정 구	근저당권자	주식회사우리은행
가압류권자	재단법인 신용보증재단중앙회	전세권자	정 구
압류권자	양산시	교부권자	국민건강보험공단통영고성지사

문건처리내역

접수일	접수내역	결과
2011.12.30	채권자 정상구 접수증명	
2012.01.02	등기소 양산등기소 등기필증 제출	
2012.01.11	법원 울산지방법원 집행관 현황조사서 제출	
2012.01.13	감정인 정인제감정평가사사무소 감정평가서 제출	
2012.01.20	채권자 정상구 주소보정 제출	
2012.02.07	교부권자 국민건강보험공단 통영고성지사 교부청구 제출	
2012.03.07	근저당권자 주식회사우리은행 채권계산서 제출	
2012.03.08	가압류권자 재단법인 신용보증재단중앙회 권리신고및배당요구신청 제출	
2012.03.14	교부권자 양산시장 교부청구 제출	
2012.05.17	채권자 정 구 신청취하서 제출	
2012.05.22	교부권자 국민건강보험공단통영고성지사 교부청구철회신청 제출	

자, 그럼 이 물건에 접근하는 방법을 논해봅시다.

1. 매각기일에 입찰하는 방법…… 우리가 낙찰받는다는 보장이 없습니다.

2. 우리가 경매신청채권자와 소유자를 협상테이블로 불러서 경매신청자의 채권을 전액변제하고, 소유자에게 알파(?)를 주고, 가압류와 압류를 인수하는 방법이 있습니다. 양산시의 압류금액을 확인해야겠지요. 그렇게 되면 교부청구한 채권은 낙동강 오리알이 되는 것이지요.

3. 본건은 관련채권이 그리 많지 않으므로, 낙찰실패 후에 상기 2의 방법을 도모할 수도 있습니다. 그럴려면 낙찰가+취득비용에서 예상수익이 남아야만 되는 것이지요.

🌀 여기까지가 저의 설명이었습니다. 경매지식이 있으면, 매수지식도 생기는 것이지요.

짜잔~~ 수강생이 위 2의 방법으로 마무리를 했네요. 당일치기로 전세권말소하고, 바로 경매신청취하서를 집행법원에 접수했습니다. 그리하여, 본 사건이 취하된 것입니다. 수강생은 원래 이 아파트 단지에 살고 있는데, 요번 기회에 이사를 한다고 합니다.

13장

집행법원의 불법행위

제목을 '집행법원의 불법행위'로 정하고 보니 필자로서 조심스러워진다. 집행법원이 고의로 불법을 저지르는 것도 아닐 텐데…… 필자는 경매절차상의 문제를 지적하고자 한다. 집행법원이 하는 행위도 사람이 하는 것이므로 실수를 할 수 있는 것이다. 그러나 집행법원이 정당한 집행의 절차를 위배하는 것은 집행의 절차를 교란하고 이후의 쟁송행위를 야기한다는 문제가 있다.

강제경매를 신청한 전세권자의 전세권 말소는 위법이다.

아래 아파트가 경매로 나왔습니다.

🏠 필자 주: 본 칼럼은 〈김창식의 경매교실〉 '실전사례해설'에 2014년 10월 14일에 쓰였습니다. 저의 카페에는 집행기록상 과거의 자료를 첨부하면서 칼럼을 썼으나, 본 칼럼이 발표된 후 집행절차가 수정되었습니다. 본서의 원고가 편집되는 과정에서 과거 자료를 본서에 옮기기가 쉽지 않았습니다. 이점을 양해바랍니다. 칼럼의 원본이 궁금하신 분은 필자의 카페에서 확인 가능합니다.

소 재 지	부산광역시 금정구 부곡동 64-29, 남신베르디 4층 402호 도로명주소검색						

• 부산지방법원 본원　• 매각기일 : 2015.01.22(木) (10:00)　• 경매 8계(전화:051-590-1820)

물건종별	아파트	감 정 가	67,000,000원
대 지 권	14.18㎡(4.289평)	최 저 가	(64%) 42,880,000원
건물면적	40.6㎡(12.282평)	보 증 금	(10%) 4,290,000원
매각물건	토지·건물 일괄매각	소 유 자	김 범
개시결정	2014-04-07	채 무 자	김 범
사 건 명	강제경매	채 권 자	현대해상화재보험(주)

오늘조회: 1　2주누적: 0　2주평균: 0　조회동향

구분	입찰기일	최저매각가격	결과
1차	2014-09-04	67,000,000원	유찰
2차	2014-10-10	53,600,000원	유찰
	2014-11-13	42,880,000원	변경
3차	**2015-01-22**	**42,880,000원**	

낙찰 : **60,100,000원** (89.7%)

(입찰12명, 낙찰:부산시 금정구 김 호 /
2등입찰가 59,000,000원)

매각결정기일 : 2015.01.29 - 매각허가결정

대금지급기한 : 2015.02.27

대금납부 2015.02.27 / 배당기일 2015.03.26

배당종결 2015.03.26

현대해상이 전세권등기 권리자로 표시되어 있습니다. 또 현대해상이 경매신청채권자로 기록되어 있군요. 그런데 현대해상의 경매신청금액이 요상합니다. 전세권은 5,200만 원인데, 신청금액은 169,747,945원입니다. 그러고 보니, 강제경매입니다. 현대해상이 전세권으로 경매를 신청한 것이 아니라 다른 채권으로 집행권원을 얻어서 경매를 신청한 사건입니다. 왜 그랬을까요?

그것은 현대해상이 선순위 전세권 외에 다른 채권을 가지고 있었기 때문입니다. 또 전세권의 선순위 배당을 위협하는 국세 및 지방세의 압류가 나타나고 있기 때문입니다. 이럴 때에는 전세권으로 경매를 신청하는 위험을 감수할 것이 아니라 일반 채권으로 경매를 신청하여, 전세권을 제외한 다른 등기를 경매절차에서 말소시키는 것이 유리합니다. 그렇다면 본 경매절차에서 전세권은 말소되지 않고 인수 대상이 되는 것입니다.

애초 매각물건명세서상 "현대해상은 신청채권자임"으로만 기재되었는데 본 칼럼이 나온 후 "현대해상은 신청채권자 겸 최선순위전세권자로서 배당요구함"으로 변경되었습니다. 본 칼럼은 최초 자료에 근거하여 기술되었음을 양지하시기 바랍니다. 어떤 이유로 변경했는지는 알 수 없습니다만.

• 임차인현황 (말소기준권리 : 2001.09.10 / 배당요구종기일 : 2014.12.16)

임차인	점유부분	전입/확정/배당	보증금/차임	대항력	배당예상금액	기타
현대해상화 재보험(주)	주거용 전부	전 입 일: 미상 확 정 일: 2001.05.25 배당요구일: 2014.12.08	보52,000,000원		배당순위있음	선순위전세권등기자, 경매신청인
기타사항		☞현장 폐문부재하여 점유자등을 만나지 못하였고, 이건 취지를 알린 통지서를 두고 왔으나, 연락 없음. ☞주민센터의 전입세대 열람한 바, 전입되어 있는 세대 없음 ☞현대해상화재보험주식회사 : 신청채권자 겸 최선순위전세권자로서 배당요구함.				

• 등기부현황 (채권액합계 : 800,779,951원)

No	접수	권리종류	권리자	채권금액	비고	소멸여부
1(갑1)	2001.05.17	소유권보존	김 범			
2(을1)	2001.05.25	전세권(건물전부)	현대해상화재보험(주)	52,000,000원	존속기간: ~2002.03.02	소멸
3(갑2)	2001.09.10	가압류	신용보증기금 (농협중앙회재송동지점)	347,841,762원	말소기준등기 2001카단7668	소멸
4(갑3)	2001.11.09	가압류	신용보증기금	280,938,189원	2001카단33904	소멸
5(갑4)	2003.02.21	가압류	현 자	120,000,000원	2003카합108	소멸
6(갑5)	2003.11.14	압류	부산진세무서			소멸
7(갑8)	2004.05.17	압류	부산광역시 부산진구			소멸
8(갑9)	2011.02.24	압류	부산광역시금정구			소멸
9(갑10)	2014.04.07	강제경매	현대해상화재보험(주) (부산사업부)	청구금액: 169,747,945원	2014타경9402	소멸

매각물건명세서를 확인합니다. 현대해상의 전세권이 배당요구하지 않았다고 기록에 나옵니다. 그런데 현대해상이 신청채권자라는 기록이 있군요.

여기에서 주목할 것은, 현대해상이 경매를 신청한 것은 맞지만, 전세권에 의한 것은 아니라는 사실입니다. 아래 인수대상을 기록하는 란에는 "해당사항 없음"이네요. 여기에서 집행법원이 중대한 착오에 빠졌음을 확인할 수 있습니다. 현대해상이 신청채권자는 맞지만, 전세권으로 신청하지 않았다는 사실을 간과한 것입니다.

그렇다면, 낙찰자가 집행법원의 착오를 신뢰하여 낙찰을 받으면 어떻게 될까요? 물론 매각결정기일까지 '매각허가에 대한 이의'를 하면 집행법원은 이를 인용할 것입니다. 그러나 잔금을 납부하면 어떻게 될까요?

이에 대하여 국가배상책임을 물을 수 있을까요? 판례에 의하면, 국가배상책임이 없다고 보는 것이 80%입니다. 만약 국가배상책임이 있다고 판결이 난다 하더라도 그 배상책임의 한도는 20% 정도로 봅니다.

배상책임에 관한 판례는《부동산경매백과》의 "경매절차의 불완전성에 대한 구제절차는 입찰자의 책임이다(96쪽)"를 참조하세요.

부동산의 점유자와 점유의 권원, 점유할 수 있는 기간, 차임 또는 보증금에 관한 관계인의 진술 및 임차인이 있는 경우 배당요구 여부와 그 일자, 전입신고일자 또는 사업자등록신청일자와 확정일자의 유무와 그 일자									
점유자의 성명	점유부분	정보출처 구분	점유의 권원	임대차 기간 (점유기간)	보증금	차임	전입신고 일자,사업 자등록신 청일자	확정일자	배당요구 여부 (배당요구 일자)
현대해상 화재보험 주식회사	전부	등기사항 전부증명 서(법정 국)	주거 전세권자		52,000,000			2001.5.25. (전세권설 정일자임)	
		권리신고	주거 전세권자		52,000,000			2001.5.25. (전세권설 정일자임)	2014.12.08

〈 비고 〉
현대해상화재보험주식회사 : 신청채권자 겸 최선순위전세권자로서 배당요구함.

※ 최선순위 설정일자보다 대항요건을 먼저 갖춘 주택.상가건물 임차인의 임차보증금은 매수인에게 인수되는 경우가 발생할 수 있고, 대항력과 우선 변제권이 있는 주택,상가건물 임차인이 배당요구를 하였으나 보증금 전액에 관하여 배당을 받지 아니한 경우에는 배당받지 못한 잔액이 매수인에게 인수되게 됨을 주의하시기 바랍니다.

※ 등기된 부동산에 관한 권리 또는 가처분으로서 매각으로 그 효력이 소멸되지 아니하는 것

해당사항 없음

본 카페의 실전사례해설 '집행법원의 불법행위' 116번 글에 대한 후속 조치가 보입니다. 집행법원에서 아래 경매사건을 변경하였군요. 변경이란, 집행법원의 자의적인 판단 또는 집행정지의 사유가 발생했을 때 집행법원이 내리는 판단입니다. 어떤 이유인지 정확하게 알 수는 없는 노릇이지만 제가 짚었던 경매사건이 변경된 것만은 사실이네요.

이런 생각을 해봅니다. 저의 글 '집행법원의 불법행위'를 읽은 독자가 집행법원에 문의함으로써 이런 결과를 만든 건 아닐까요?

본 글이 이해되지 않는 분은 본 카페의 게시판 '실전사례해설'에서 116번 글 '집행법원의 불법행위'를 참조하세요.

기일내역

물건번호	감정평가액	기일	기일종류	기일장소	최저매각가격	기일결과
1	67,000,000원	2014.09.04(10:00)	매각기일	2층256호 입찰법정	67,000,000원	유찰
		2014.10.10(10:00)	매각기일	2층256호 입찰법정	53,600,000원	유찰
		2014.11.13(10:00)	매각기일	2층256호 입찰법정	42,880,000원	변경
		2015.01.22(10:00)	매각기일	2층256호 입찰법정	42,880,000원	매각 (60,100,000원)
		2015.01.29(13:30)	매각결정기일	3층356호 법정		최고가매각허가결정
		2015.02.27(16:00)	대금지급기한	민사집행과 경매8계		납부 (2015.02.27)
		2015.03.26(14:30)	배당기일	2층256호 입찰법정		진행

아래 집행법원에 대한 문건 접수내역을 보면, 집행법원이 내린 변경 결정과 관련하여 외부적인 문건의 접수는 보이지 않습니다. 그렇다면 집행법원이 자의적인 판단으로 변경 결정을 내렸을 것으로 판단이 되는 것입니다.

2014.08.25	압류권자 부산진세무서 교부청구 제출	
2014.08.27	교부권자 국민건강보험공단부산중부지사 교부청구 제출	
2014.11.05	교부권자 부산광역시금정구 교부청구 제출	
2014.11.06	압류권자 부산광역시부산진구 교부청구 제출	
2014.11.06	교부권자 국민건강보험공단부산중부지사 교부청구 제출	
2014.11.13	압류권자 부산진세무서 교부청구 제출	
2014.11.14	교부권자 국민건강보험공단부산중부지사 교부청구 제출	
2014.11.19	채권자 농업협동조합자산관리회사 권리신고및배당요구신청 제출	
2014.12.08	채권자 현대해상화재보험주식회사 배당요구신청 제출	
2015.01.09	압류권자 부산진세무서 교부청구 제출	
2015.02.27	최고가매수인 등기촉탁신청 제출	

건물 전부, 토지가 지분인 사건에서 공유자 우선매수는 위법이다

아래 경매사건의 목적물이 건물 전부와 토지 지분입니다.

2013타경14967 (1) • 울산지방법원 본원 • 매각기일 : **2014.12.22(月)(10:00)** • 경매 7계 (전화:052-216-8267)

소재지	경상남도 양산시 삼호동 653-3 도로명주소검색						
물건종별	근린시설	감 정 가	147,157,850원	오늘조회: **1** 2주누적: **0** 2주평균: **0** 조회동향			
토지면적	76㎡(22.99평)	최 저 가	(80%) 117,726,000원	구분	입찰기일	최저매각가격	결과
건물면적	129.39㎡(39.14평)	보 증 금	(10%) 11,780,000원		2014-05-26	147,157,850원	변경
매각물건	건물전부, 토지지분	소 유 자	김 훈	1차	2014-11-18	147,157,850원	유찰
개시결정	2013-08-13	채 무 자	김 훈		**2014-12-22**	**117,726,000원**	**취하**
사 건 명	강제경매	채 권 자	신용보증기금외1	본사건은 취하(으)로 경매절차가 종결되었습니다.			
관련사건	2014타경9917(중복)						

사진 펼쳐보기 ▽

사진	토지등기	건물등기	감정평가서	현황조사서	건축물대장	매각물건명세서	부동산표시목록
기일내역	문건/송달내역	사건내역	전자지도	전자지적도	로드뷰	온나라지도+	

• 매각토지.건물현황 (감정원 : 덕수감정평가 / 가격시점 : 2013.03.08 / 보존등기일 : 2008.02.19)

목록	지번	용도/구조/면적/토지이용계획		㎡당 단가 (공시지가) 🔼	감정가	비고
토지	삼호동 653-3	준주거지역, 중로1류(폭20M~15M(접합), 상대정화구역<학교보건법>임.	대 76㎡ (22.99평)	1,400,000원 (817,500원)	106,400,000원	표준공시지가: (㎡당)812,000원 ☞ 전체면적 227㎡중 김태훈지분 1/3 매각
건물	위지상 경량철골조 샌드 위치판넬지붕	단층	대중종합가스 및 또와분식 129.39㎡(39.14평)	315,000원	40,757,850원	* 사용승인:2002.08.02 * 공부상 위험물저장및 처리시설

집행법원이 매각물건명세서에서 공유자의 우선매수권과 관련한 공고를 하고 있습니다. 그러나 이 사건에서는 공유자 우선매수가 불가능합니다. 왜냐하면, 토지와 건물이 일괄매각되는 사건에서, 토지의 지분권자에게는 우선매수권이 없기 때문입니다. 우선매수권이 성립하려면 토지와 건물, 즉 양쪽 모두의 지분권자에게만 허용하기 때문입니다. 집행법원이 착각하고 있는 것이지요. 이런 착각이 집행의 질서를 어지럽히고 있다는 것이 안타깝습니다.

※ 비고란

1.일괄매각 2.공유자의 우선매수권(민사집행법 제140조)행사에 따른 매수신고가 매수보증금의 미납으로 실효되는 경우, 그 공유자는 해당 부동산의 다음 매각기일에서는 우선매수청구권을 행사할 수 없음.

구분소유적 공유가 명확함에도 공유지분으로 매각하는 것은 위법이다

아래 종전 낙찰자의 미납기록이 있는데…… 제가 볼 때는 '매각허가에 대한 이의'를 하였다면 보증금을 돌려받을 수 있지 않았나 하고 판단합니다. 다음 기일은 2월 4일인데요…… 그 판단의 근거를 제시합니다.

2014타경3190 • 부산지방법원 본원 • 매각기일 : 2015.02.04(水) (10:00) • 경매 10계(전화:051-590-1822)

소재지	부산광역시 연제구 연산동 841-54 [도로명주소검색]							
물건종별	대지	감 정 가	36,691,200원	오늘조회: 1 2주누적: 0 2주평균: 0 [조회동향]				
				구분	입찰기일	최저매각가격	결과	
토지면적	33.6㎡(10.164평)	최 저 가	(64%) 23,482,000원	1차	2014-09-17	36,691,200원	유찰	
				2차	2014-10-22	29,353,000원	낙찰	
건물면적	건물은 매각제외	보 증 금	(20%) 4,700,000원	낙찰 29,364,000원(80.03%) / 1명 / 미납				
				3차	2014-12-30	29,353,000원	유찰	
매각물건	토지만 매각이며, 지분 매각임	소 유 자	모델 페이스(주)	**4차**	**2015-02-04**	**23,482,000원**		
				낙찰 : **28,000,000원** (76.31%)				
				(2등입찰가 27,689,000원)				
개시결정	2014-02-07	채 무 자	모델 페이스(주)	매각결정기일 : 2015.02.11 - 매각허가결정				
				대금지급기한 : 2015.03.12 - 기한후납부				
사 건 명	임의경매	채 권 자	변 규	배당기일 : 2015.05.06				
				배당종결 2015.05.06				
관련사건	2009타경32637(이전)							

아래 매각물건명세서를 보면 "감정평가사가 구분 소유적 공유관계로 판단한 사안을…… 집행법원이 1필지 전체에 대한 공유지분으로 매각한다"는 공지를 올렸습니다. 그 이유로 공유자들 사이의 약정서 등 근거서류를 제출하지 않았다는 것인데요…… 이는 잘못된 판단으로 보입니다.

구분소유적 공유 여부의 법률적 판단은 집행법원이 자의적으로 판단할 사안이 아닙니다. 사실관계에서, 즉 공유자 간의 점유관계 또는 본건에서는 후면의 토지에 타 공유자가 건물을 건축하였으므로 구분소유적 공유관계가 명확합니다. 이를 약정서 등의 근거서류를 제시하지 않았다는 이유로 사실상 구분소유적 공유관계가 명확한 법률관계를 왜곡되게 해석하는 것은 집행법원이 불법행위를 저지르고 있다고 판단되는 것입니다. 다시 말하면, 본건의 낙찰자가 집행법원의 판단에 근거하여 아무리 전체 지분에 대한 공유관계를 주장하더라도 이를 재판하게 되면 구분소유적 공유관계로 판결이 나게 될 것이라는 것입니다. 이에 대한 감정평가서를 확인합니다.

※ 비고란
지상에 공유자 조출제 소유의 제시외 2층 슬라브지붕 건물 있으나 매각에서 제외됨. 최저매각가격은 이를 감안한 가격임. 법정지상권 성립여지 있음. 민사집행법 제140조에 의한 공유자의 우선매수권 신고 후 매각기일까지 동법 제113조에 따른 보증을 제공하지 아니하여 실효되는 경우 우선매수신고한 공유자는 그 이후 매각기일부터는 공유자로서의 우선매수권을 행사할 수 없음. 감정평가서에 채무자와 공유자 조출제의 공유는 이른바 구분소유적공유관계라는 의견이 제시되었으나, 이를 입증하는 공유자들 사이의 약정서 등 근거자료가 제출되지 않아서 알 수 없으므로 1필지 전체에 대한 채무자의 공유지분으로 매각함. 특별매각조건 매수보증금 20%

감정평가서는 본건 토지를 52,416,000원으로 평가했습니다. 그런데 집행법원은 본건의 최초 매각가를 36,691,200원으로 하였음은 위 사진에서 보여 드렸습니다. 이 가액은 어디에 근거해서 나왔을까요? 감정평가서에는 전혀 없는 숫자입니다.

이는 집행법원이 감정평가액 52,416,000원의 30%를 저감하여 나온 것인데요. 일반적으로 감정평가서는 지상에 건물이 있으나 이를 제외한 토지만의 경매평가에서는

1. 제시외건물이 없는 상태에서의 평가액을 먼저 기록하고
2. 제시외건물이 본건 토지에 미치는 영향을 감안한 평가액을 부기하고 있습니다.
   즉, 2개의 평가액을 제시하게 됩니다.

본건의 평가에서 감정평가사는 구분 소유적 공유관계로 판단하였으므로 제시외건물을 감안한 평가를 평가서상 표시하지 않았던 것입니다.

| 기호 | 소재지 | 지번 | 지목 및 용도 | 용도지역 및 구조 | 면 적 (㎡) | | 감 정 평 가 액 | | 비 고 |
					공 부	사 정	단 가	금 액	
1	부산광역시 연제구 연산동	841-54	대	제2종일반주거 제3종일반주거 준주거지역	336 231.9x——— 2,319	33.60	1,660,000	62,416,000	모델 주식회사지- '중로2류' 저촉감안
	합 계							₩62,416,000.-	
				이 하		여	백		

아래 감정평가서를 보면, 구분소유적 공유관계로 판단한 근거로서, 토지의 후면에 타 공유지분권자의 건물이 소재한다고 적시하고 있습니다. 그렇다면 본건에 있어서는 일반적 공유관계로 판단하여서는 안 된다는 것이 저의 판단입니다. 아무리 근거서류를 제시하지 않았다 하더라도 사실관계가 명확하기 때문입니다. 본건의 낙찰자가, 집행법원이 매각물건명세서에 일반적 공유관계로 매각하였음을 근거로, 1필지 전체의 공유를 주장하더라도 사실관계에서 명확한 구분소유적 공유관계를 뒤엎기는 어려워 보입니다.

법리 정리

매수인의 소유권 취득은 집행법원이 매각목적물의 표시를 무엇으로 하였느냐에 달려 있는 것이 아니라, 그 물건의 실체법상의 법률관계에서 결정되는 것입니다(2004다58611).

(8) 기타참고사항(임대관계 및 기타)

· 임대관계: 미상임.
· 기   타:
  ① 연산동 841-54번지는 2인[모델   주식회사(336/2319), 조 제(1983/2319)]이
  공유하는 토지로서, 지상에 조 제씨 소유의 건물이 소재하고 있음.

  ② 본건은 토지공유자중 1인인 모델스페이스 주식회사의 지분전부에 대한 평가로서,
  공유지분 토지가 건부지인 경우 평가 대상 부분의 위치 및 경계에 대한 확인은 지
  상에 위치하는 합법적인 건축물 및 현황 점유 상태 등을 기준으로 판단하여 평가
  가능한 바, 공유자 조 제씨 건물의 점유부분을 포함한 조충제 지분면적 부분인
  토지 후면부 외의 전면 나지 부분을 모델   의 소유지분으로 위치확인하여
  평가하였으니 경매의 진행 및 응찰 시에 이 점 참고하시기 바라며 정확한 경계 및
  면적은 측량을 요함.

지분경매 시 임차보증금의 배당

공동임대인 중 일부지분권자가 임차인의 보증금을 대위하여 지급한 경우, 다른 지분권자에게
구상권을 행사할 수 있다.

① 소액임차인 여부에 대하여는 지분비율에 의하여 판단할 것이 아니라 임차보증금 전액을 기
준으로 판단하여야 한다.

② 공동임대인이 임차인에 대하여 부담하는 임차보증금 반환의무는 그 성질상 불가분채무이
다. 그러므로 주택의 일부지분경매 시에도 보증금은 전액배당되어야 한다. 이때 집행채무자
(경매지분 소유자)는 공동임대인인 다른 공유자에게 그 지분에 상응하는 금원에 대하여 구상
권을 행사할 수 있다.

* 보증금 전액을 배당함에 따라 손해를 보는 후순위채권자의 구제 문제: 부당이득을 보게 된
나머지 공유지분권자에게 구상권을 행사할 수 있다.

③ 이때 전액배당 받지 못한 대항력이 없는 임차인은 다른 공유자에게 반환청구가 가능하고,
대항력 있는 임차인의 잔여보증금은 낙찰자가 인수하게 되는데, 인수금액은 지분만큼 인수
하게 되고 나머지 금액은 다른 공유자가 부담하게 된다. 이를 대위지급한 자는 다른 공유자
에게 구상권을 행사할 수 있다.

④ 지분경매의 경우, 임차권이 발생하기 전에 지분전체에 대하여 선순위 저당권이 설정되어 있었다
면 이 저당권에 대한 배당방법에 따라 후순위 임차인은 보증금의 손실을 가져올 수 있다.

임차보증금의 지분 해당 금액을 인수하는
특별매각조건이 있어야 한다

2015-14296 부산
아파트의 지분경매다. 임차인현황에 따르면 보증금이 9000만 원이다. 현재 지분 1/5이 경매되는 상황에서 임차보증금을 집행절차에서 배당해줄 것인지 아닌지가 불명확하다. 그런데 임차보증금이 9,000만 원이므로 지분 해당 금액은 1,800만 원이 되는데 낙찰금액은 1,361만 원이다. 1,800만 원에 부족한 금액이다. 또한 강제경매사건에서 임차인에게 지분만큼 배당한다면 신청채권자에게 배당할 돈이 없다. 그렇다면 무잉여를 회피하여 신청채권자에게 배당을 한다는 조건으로 경매를 진행하는 것으로 보아야 하는데…… 그렇다면 매각물건명세서상 임차보증금의 지분 해당 금액을 인수한다는 조건이 있어야 옳았다는 것이다. 집행절차에서 낙찰자가 인수하는 권리는 특별매각조건으로서 매각물건명세서상 당연히 기재되어야 한다.

2015타경14296 • 부산지방법원 본원 • 매각기일 : 2016.03.30(水) (10:00) • 경매 5계 (전화:051-590-1816)

| 소 재 지 | 부산광역시 사하구 장림동 566-7, 강남아파트 5동 12층 1208호 도로명주소검색 |
| 새 주 소 | 부산광역시 사하구 장림로41번길 61, 강남아파트 5동 12층 1208호 |

오늘조회: 1 2주누적: 10 2주평균: 1 조회동향

물건종별	아파트	감 정 가	26,600,000원
대 지 권	10.267㎡(3.106평)	최 저 가	(51%) 13,619,000원
건물면적	16.99㎡(5.139평)	보 증 금	(10%) 1,370,000원
매각물건	토지및건물 지분 매각	소 유 자	주 문
개시결정	2015-06-16	채 무 자	주 문
사 건 명	강제경매	채 권 자	홍 득외2

구분	입찰기일	최저매각가격	결과
1차	2016-01-06	26,600,000원	유찰
2차	2016-02-03	21,280,000원	유찰
3차	2016-03-02	17,024,000원	유찰
4차	2016-03-30	13,619,000원	

낙찰 : 13,619,000원 (51.2%)

(입찰1명,낙찰:신 렬 (공유자우선매수))

매각결정기일 : 2016.04.06 - 매각허가결정

대금지급기한 : 2016.04.29

대금납부 2016.04.15 / 배당기일 2016.05.18

배당종결 2016.05.18

관련사건 2015타경13170(중복), 2015타경17714(중복)

• 임차인현황 (말소기준권리 : 2015.06.16 / 배당요구종기일 : 2015.08.26)

임차인	점유부분	전입/확정/배당	보증금/차임	대항력	배당예상금액	기타
김 옥	주거용 전부	전 입 일: 2011.10.13 확 정 일: 2011.10.13 배당요구일: 2015.08.05	보90,000,000원	있음	배당순위있음	

| 임차인분석 | ☞ 본건 현장에 수차례 방문했으나 폐문되어 본건 경매와 관련한 내용이 기재된 통지서를 출입문에 넣어 두었으나 연락이 없어 점유 및 임대차 관계는 알 수 없었음.
☞구서1동 주민센타에서 전입 세대 열람한 바 김영옥 세대가 주민등록되어 있었음.
☞김영옥 : 중복신청채권자임
▶매수인에게 대항할 수 있는 임차인 있으며, 보증금이 전액 변제되지 아니하면 잔액을 매수인이 인수함 |

• 등기부현황

No	접수	권리종류	권리자	채권금액	비고	소멸여부
1(갑5)	2014.10.06	소유권이전(상속)	주 문외8		주병문 지분11/55	
2(갑9)	2015.06.16	주병문지분강제경매	홍 득	청구금액: 15,000,000원	말소기준등기 2015타경14296	소멸
3(갑11)	2015.06.24	주병문지분강제경매	(주)국민행복기금	청구금액: 13,040,823원	2015타경13170	소멸
4(갑12)	2015.07.29	주병문지분강제경매	김 옥	청구금액: 20,000,000원	2015타경17714	소멸

※ 등기된 부동산에 관한 권리 또는 가처분으로서 매각으로 그 효력이 소멸되지 아니하는 것
해당사항 없음

※ 매각에 따라 설정된 것으로 보는 지상권의 개요
해당사항 없음

※ 비고란
공유자가 민사집행법 제140조에 의한 우선매수신고를 한 경우 그 매수신고 후 최초로 진행되는 매각기일에 매수보증금의 미납으로 실효되는 경우 그 공유자는 그 이후 해당 부동산의 매각기일에서는 우선매수권을 행사할 수 없다.(단, 당해 기일에 다른 매수신고인이 없는 경우 최저매각가격을 공유자우선매수신고액으로 봄.)

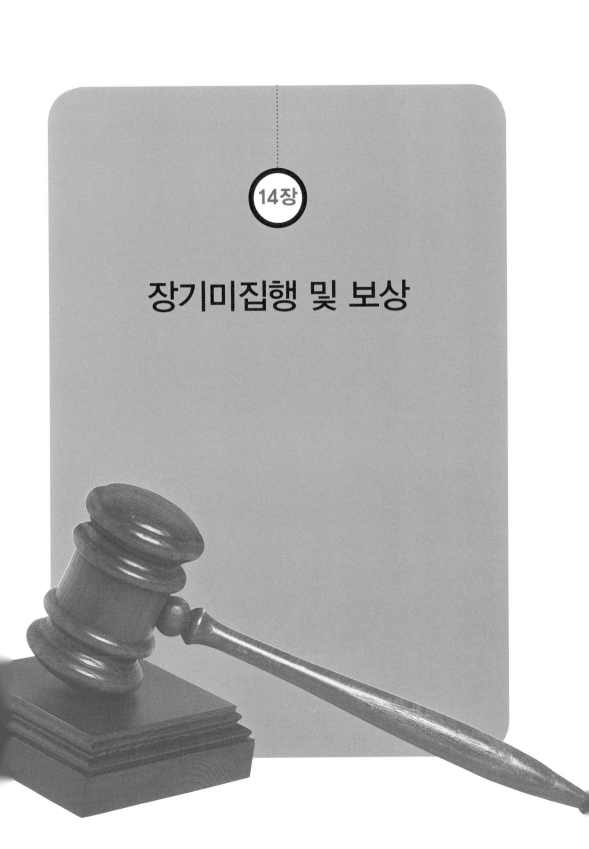

14장

장기미집행 및 보상

매수청구

도시계획시설 결정고시일로부터 10년 이상 미집행되고 지목이 '대'인 토지는 '공익사업을 위한 토지 등의 취득 및 보상에 관한 법률'을 준용하여 보상한다. 보상가액에 대하여 소유자가 다툴 수는 없고, 매수신청일로부터 6월 이내에 매수 여부를 결정하여야 한다. 매수 불가 통보를 받으면 3층 이하 근린생활시설을 건축할 수 있다.

실효제도

도시계획시설 결정고시일로부터 20년이 지날 때까지 그 시설의 설치에 관한 사업이 시행되지 아니한 경우, 그 고시일로부터 20년이 되는 날의 다음 날에 그 효력을 잃는다. 2000년 7월 1일 이전에 고시된 경우에는 2000년 7월 1일부터 새로이 20년을 경과하여야 그 효력을 상실한다.

공법상 제한을 받는 토지의 평가

경매감정을 할 때에는 제한을 받는 것으로 평가한다. 그러나 보상평가를 할 때에는 제한을 받지 않는 것으로 평가한다(예: 도시계획예정시설 토지의 평가).

매수청구를 노린 장기미집행 대지 투자

필자가 낙찰받았다. 감정평가 당시에는 자연녹지였다. 그런데 입찰 당시에는 본 토지의 일대를 근린공원으로 개발하려고 공청회를 진행하고 있었다. 토지이용계획에도 '도시계획 입안 중'이라는 기재가 있었다. 낙찰 후 3월이 지나서 토지이용계획에 '근린공원'으로 기재되었다. 2020년 1월이면 매수청구할 수 있다. 필자가 부산시에 매수청구를 해보니 1년 8월 쯤 후에 보상금을 받았던 적이 있다. 그렇다면 2022년 9월이면 보상금을 수령할 수 있다고 본다.

2008타경23940　　• 부산지방법원 본원　• 매각기일 : 2009.09.11(金) (10:00)　• 경매 3계 (전화:051-590-1814)

소 재 지	부산광역시 서구 아미동2가 32-46 도로명주소검색						
물건종별	대지	감 정 가	55,785,000원	오늘조회: 1 2주누적: 0 2주평균: 0 조회동향			
				구분	입찰기일	최저매각가격	결과
토지면적	743.8㎡(224.999평)	최 저 가	(26%) 14,624,000원	1차	2009-01-30	55,785,000원	유찰
				2차	2009-03-13	44,628,000원	유찰
				3차	2009-04-17	35,702,000원	유찰
건물면적		보 증 금	(10%) 1,470,000원	4차	2009-05-22	28,562,000원	유찰
				5차	2009-06-26	22,850,000원	유찰
				6차	2009-07-31	18,280,000원	유찰
매각물건	토지 매각	소 유 자	김　두	7차	2009-09-11	14,624,000원	
				낙찰 : 17,141,000원 (30.73%)			
개시결정	2008-06-12	채 무 자	김　두	(입찰4명,낙찰:부산시 부산진구 범천동 김창식외3 / 2등입찰가 15,120,000원)			
				매각결정기일 : 2009.09.18 - 매각허가결정			
사 건 명	강제경매	채 권 자	서울보증보험(주),채홍두	대금납부 2009.10.07 / 배당기일 2009.11.18			
				배당종결 2009.11.18			
관련사건	2008타경47281(중복)						

목록	지번	용도/구조/면적/토지이용계획		m²당 단가	감정가	비고
토지	아미동2가 32-46	* 자연녹지지역	대 743.8m² (224.999평)	75,000원	55,785,000원	표준지공시지가: (m²당)63,000원 * 현황:대부분 임야
감정가		토지: 743.8m²(224.999평)		합계	55,785,000원	토지 매각
현황 위치	* 아미동사무소 북서측 인근 위치, 부근은 마을주변 야산지대로 단독주택, 나지, 농경지, 임야등으로 형성됨 * 차량출입 불가능, 노선버스정류소 인근에 소재하여 대중교통사정 보통, 부정형토지, 맹지임					
참고사항	* 경계측량 요함 / * 지상에 자생하는 자연림(소나무,잡목)은 거래관행상 토지에 포함 평가하였음					

지역지구등 지정여부	「국토의 계획 및 이용에 관한 법률」에 따른 지역 · 지구등	자연녹지지역(자연녹지지역) , 근린공원
	다른 법령 등에 따른 지역 · 지구등	
「토지이용규제 기본법 시행령」 제9조제4항 각 호에 해당되는 사항		<추가기재> 가축사육제한구역

실효를 노렸으나 보상통보를 받은 임야

2014-10194(2)
부산 동부

필자가 2015년 10월 29일에 낙찰받아 2015년 11월 18일에 잔금을 납부했다. 이 땅에 대하여는 해제에 초점을 맞추었다. 왜냐하면 인근에 아파트가 소재하고 본건이 이미 도로 및 예정도로에 포위된 형국이었기 때문이다. 그런데 아쉽게 2016년 4월 6일 손실보상계획 통보를 받았다. 그래도 손해 볼 것은 없다고 판단한다. 양수겸장, 즉 해제되면 노가 나고, 보상이 되더라도 손해 볼 일은 없도록 낙찰받았기 때문이다.

2014타경10194 (2) • 부산지방법원 동부지원 • 매각기일 : 2015.10.29(木) (10:00) • 경매 4계(전화:051-780-1424)

소 재 지	부산광역시 남구 문현동 산21 도로명주소검색							
물건종별	임야	감 정 가	31,010,000원		오늘조회: **1** 2주누적: **0** 2주평균: **0** 조회동향			
토지면적	248.08㎡(75.044평)	최 저 가	(80%) 24,808,000원	구분	입찰기일	최저매각가격	결과
건물면적		보 증 금	(10%) 2,490,000원	1차	2015-09-24	31,010,000원	유찰
매각물건	토지만 매각이며, 지분 매각임	소 유 자	허 경	2차	2015-10-29	24,808,000원	
				낙찰 : 27,247,000원 (87.87%)			
개시결정	2014-08-27	채 무 자	허 경	(입찰1명,낙찰:강 호외5)			
				매각결정기일 : 2015.11.05 - 매각허가결정			
사 건 명	강제경매	채 권 자	기술신용보증기금	대금지급기한 : 2015.11.27			
				대금납부 2015.11.18 / 배당기일 2016.04.18			
				배당종결 2016.04.18			

• **매각토지.건물현황**(감정원 : 한마음감정평가 / 가격시점 : 2014.09.11)

목록	지번	용도/구조/면적/토지이용계획	㎡당 단가 (공시지가)	감정가	비고
토지	문 동 산21	자연녹지지역, 기타도시공간시설(2014-04-09)(운동시설), 유원지(2009...	임야 248.08㎡ (75.044평)	125,000원 (24,300원)	31,010,000원	전체면적 4391㎡중 허봉경 지분100/1770 매각
감정가	토지:248.08㎡(75.044평)		합계	31,010,000원	토지만 매각이며, 지분 매각임

현황 위치	* 문현 2차 현대아파트 북측 인근에 위치하며 주위는 아파트,기존주택, 임야,묘지,고물상 등으로 형서되어있는 시가지주변의 야산지대로서 주위환경은 보통인편임 * 본건에의 차량접근 가능하며 인근에 시내버스정류장이 있는 등 제반교통사정은 보통인 편임 * 서하향경사지대에 위치하는 삼각형의 토지로서 자연림, 묘지, 텃밭, 일부 진입로 및 등산로, 남측일부는 고물상 등으로 이용중임 * 서측으로 폭 약 12미터의 아스팔트 포장도로에 접하며 본건 내에는 폭 약 3미터 내외의 진입로 및 등산로가 소재함

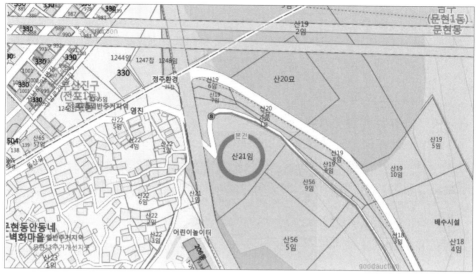

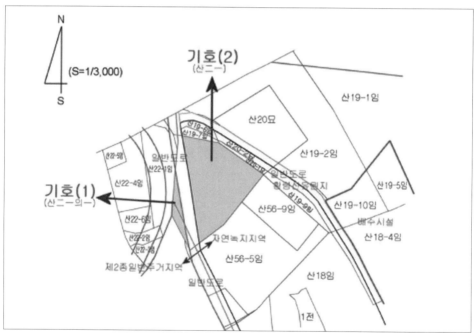

부산광역시남구

수신 강 호 외 43명 귀하
(경유)
제목 손실보상계획 열람 및 통지(문현동 생태숲 조성사업)

1. 평소 구정발전을 위하여 적극 협조하여 주심에 감사드립니다.

2. 도시·군관리계획(황령산유원지)내 문현동 생태숲 조성사업 대상지에 편입되는 귀하 소유의 토지 등에 대한 손실보상과 관련하여「공익사업을 위한 토지 등의 취득 및 보상에 관한 법률」제15조의 규정에 따라 손실보상계획을 다음과 같이 통지하오니, 붙임 물건조서 내용에 이의가 있을 경우 열람기간 내 이의 신청서를 서면으로 제출하여 주시기 바랍니다.

3. 아울러「공익사업을 위한 토지 등의 취득 및 보상에 관한 법률」제68조, 같은법 시행령 제28조의 규정에 따라 토지 소유자께서 감정평가업체를 추천하고자 할 경우에는 보상대상 토지면적의 2분의1 이상에 해당하는 토지 소유자와 당해 토지 소유자 총수의 과반수의 동의를 얻은 사실을 증명하는 서류를 첨부하여 보상계획 열람기간 만료일로부터 30일 이내에 사업시행자에게 요청할 수 있음을 알려드립니다.

4. 보상과 관련한 기타 문의사항이 있으시면 남구청 공원녹지과 공원팀(607-4542)으로 연락주시면 답변해드리겠습니다.

　　가. 사 업 명 : 문현동 생태숲 조성사업
　　나. 사업시행자 : 부산광역시 남구청장
　　나. 편입대상 물건 : 붙임 참조
　　다. 열람기간 : 2016. 3. 23.(수) ~ 2016. 4. 6.(수)
　　라. 열람장소 : 부산광역시 남구청 공원녹지과(6층) 공원팀(☎607-4542)
　　　　　　　　　　 우)48452 / 부산 남구 못골로 19 (남구청, 공원녹지과)
　　마. 보상일정(예정)
　　1) 감정평가업체 추천 : 2016. 4. 14. ~ 5. 13.
　　2) 감정평가 : 2016. 5. 14. ~ 6. 13.(예정)
　　　▷ 보상금 산정 : 2개 이상의 감정평가업체 평가액의 산술평균액
　　3) 협의기간 : 2016. 6월 ~ 9월 　(예정)
　　　※ 보상 시기는 일정/예산 등 사정변동에 따라 변경될 수 있음
　　4) 지급방법
　　　▷ 협의취득 : 협의 성립 시 본인 청구에 의거 전액 현금 지급(계좌입금)
　　　▷ 수용취득 : 협의 불능 시「공익사업을 위한 토지 등의 취득 및 보상에 관한
　　　　　　　　　　 법률」제40조 및 제45조의 규정에 의거 보상금 공탁

5) 보상절차 : 열람 및 이의신청 접수 → 감정평가 실시 → 보상액 산정 →
　　　　　　보상협의 통보 → 협의서 작성 → 보상금 지급

　바. 손실보상금 수령을 위한 조건
　　　▷ 토지 및 건물에 대한 압류, 근저당권 등 제3의 권리 해제 후 가능
　　　※ 토지 등이 금회 보상계획 구간에 포함되더라도 당해 사업 예산범위 내
　　　에서 구분하여 보상될 수 있습니다.

붙임 : 1. 개인별 물건조서 1부.
　　　　2. 감정평가업사 수선서 1부.
　　　　3. 의견서 1부.　끝.

부산광역시남구청장

지방녹지주사　　　　　　공원팀장　　　　　공원녹지과장　전결 2016. 3. 29.
보

협조자

시행 공원녹지과-4583　　(2016. 3. 29.)　　접수

우 48452　　부산광역시 남구 못골로 19, (대연동, 남구청)　　/ http://www.bsnamgu.go.kr

전화번호 051-607-4784　　팩스번호 051-607-4789　/ happyminddw@korea.kr　/ 부분공개(6)

행복한 대한민국을 여는 정부3.0

보상을 노린 장기미집행 임야

필자가 낙찰받았다. 부산 용호동의 신선대 유원지가 경매로 나왔다. 현재 등산로가 개설되어 있고 주차장이 설치되어 있다. 이곳은 절대로 해제가 될 수 없는 곳으로 판단했다. 보상을 받게 되면 노가 나는 것이다. 입찰은 3건 했는데 1건만 낙찰받아 아쉬움이 남아 있다.

2014타경6447 (13)		• 부산지방법원 동부지원	• 매각기일 : 2015.11.24(火) (10:00)	• 경매 2계(전화:051-780-1422)			
소 재 지	부산광역시 남구 용호동 산247-2 도로명주소검색						
물건종별	임야	감 정 가	202,743,000원	오늘조회: 1 2주누적: 0 2주평균: 0 조회동향			
				구분	입찰기일	최저매각가격	결과
					2014-09-30	202,743,000원	변경
토지면적	11263.5㎡(3407.209평)	최 저 가	(21%) 42,518,000원	1차	2014-12-09	202,743,000원	유찰
				2차	2015-01-13	162,194,000원	유찰
					2015-02-17	129,755,000원	변경
건물면적		보 증 금	(10%) 4,260,000원	3차	2015-06-02	129,755,000원	유찰
				4차	2015-07-07	103,804,000원	유찰
매각물건	토지지분매각	소 유 자	강 남	5차	2015-08-11	83,043,000원	유찰
				6차	2015-09-15	66,434,000원	유찰
개시결정	2014-05-26	채 무 자	(주)남부자동차운전학원	7차	2015-10-20	53,147,000원	유찰
				8차	**2015-11-24**	**42,518,000원**	
				낙찰 : 54,131,000원 (26.7%)			
				(입찰3명,낙찰:진구 김창삼외9)			
사 건 명	임의경매	채 권 자	주식회사 오에스비저축은행 (양도전:에이피제이차유동화 전문유한회사)	매각결정기일 : 2015.12.01 - 매각허가결정			
				대금지급기한 : 2015.12.23			
				대금납부 2015.12.11 / 배당기일 2016.01.27			
				배당종결 2016.01.27			

본건 (기호12,13,15,16) : 북동⇒남서   본건 (기호6-16) 진입로 : 신선대 주차장

지역지구등 지정여부	「국토의 계획 및 이용에 관한 법률」에 따른 지역·지구등	자연녹지지역 ,유원지
	다른 법령 등에 따른 지역·지구등	가축사육제한구역(2011.03.29.)〈가축분뇨의 관리 및 이용에 관한 법률〉,문화재보호구 역〈문화재보호법〉,역사문화환경보존지역(2015-05-13)(3구역,평지붕 11m이하,경사지 붕(3:100이상) 15m 이하 /문의: 남구청 문화체육과,051-607-4064)〈문화재보호법〉,시도 지정문화재구역〈문화재보호법〉,공익임지〈산림법〉,보전임지〈산림법〉

공동투자로 낙찰받았다가 매각불허가결정 후 신경매에서 꼬리를 내리다

2012-34213 부산

필자가 공동투자로 낙찰받았다가 매각불허가결정이 난 사건이다. 2.52억 원에 낙찰받았는데, 양수겸장을 노렸던 것이다. 해제가 되면 노가 나고 보상을 받더라도 손해 볼 일은 없는 낙찰가였다. 본건은 일단 바다 조망이 열리기 때문에 휴양시설이든 요양병원이든 입지가 탁월했기 때문이다. 좋은 집을 지으려면 좋은 도면과 자재가 들어가면 된다. 돈으로 해결할 수 있다. 그러나 좋은 자연의 조건은 돈으로도 만들 수가 없다. 본건 토지 안에 있는 수목의 소유권이 문제가 되었던 사안인데, 필자는 이 수목을 소송을 통하여 공통투자자의 소유로 만들 수 있다면 투자금을 전액 회수할 수 있겠다는 꿈을 가졌었다. 소나무가 멋들어진 것들이 많았기 때문이다. 그런데 이 소나무 때문에 매각불허가가 났다. 이후 경매가 나왔을 때는 한번 관망해 보았는데 6억 원에 낙찰되었다. 아마도 해제 쪽으로 올인을 한 것 같다. 필자가 관망한 이유는 이런 투자에서 향후 수익의 보장 및 사후 책임 그리고 진행과정에서 총대를 멘 사람으로서의 부담감 등이 두려움으로 다가왔기 때문이었다. 낙찰 후에는 공동투자약정서를 만드는 등 호들갑을 떨었던 기억이 난다.

2012타경34213

• 부산지방법원 본원 • 매각기일 : 2015.12.16(水) (10:00) • 경매 10계(전화:051-590-1822)

소재지	부산광역시 서구 암남동 621-37 외 1필지 [도로명주소검색]			

물건종별	농지	감정가	267,540,000원	오늘조회: 1 2주누적: 1 2주평균: 0 [조회동향]

				구분	입찰기일	최저매각가격	결과
토지면적	1274㎡(385.385평)	최저가	(100%) 267,540,000원	1차	2013-06-19	286,819,000원	유찰
					2013-07-24	229,455,000원	변경
				2차	2015-06-24	229,455,000원	유찰
건물면적		보증금	(10%) 26,760,000원	3차	2015-07-29	183,564,000원	
				낙찰 252,131,000원(94.24%) / 12명 / 불허가 (2등입찰가:250,000,000원)			
매각물건	토지만 매각	소유자	윤 신	4차	2015-12-16	267,540,000원	
				낙찰: 600,870,000원 (224.59%)			
개시결정	2012-11-22	채무자	윤 신	(입찰15명,낙찰:부산시 서구 강 수외1명 / 2등입찰가 588,000,000원)			
				매각결정기일 : 2015.12.23 - 매각허가결정			
				대금지급기한 : 2016.01.14			
사건명	강제경매	채권자	(주)케이 앤씨	대금납부 2016.01.06 / 배당기일 2016.02.15			
				배당종결 2016.02.15			

관련사건	부산지법 2012하단3835			

기호3)토지: 현황도로부분

• 매각토지.건물현황(감정원 : 문일감정평가 / 가격시점 : 2015.09.14)

목록		지번	용도/구조/면적/토지이용계획	㎡당 단가 (공시지가)🔼	감정가	비고
토지	1	암남동 621-37	제1종일반주거지역, 근린공원, 가축사육제한구역.	전 1195㎡ (361.488평)	220,000원 (189,500원)	262,900,000원	표준공시지가: (㎡당)372,000원 ▶토지상 수목의 존재로 영향을 받는 토지가액:@210,000원/㎡ = 250,950,000원
	2	암남동 621-73	위와같음	전 79㎡ (23.898평)	220,000원 (185,000원)	17,380,000원	▶토지상 수목의 존재로 영향을 받는 토지가액:@210,000원/㎡ = 16,590,000원
			면적소계 1274㎡(385.385평)		소계 280,280,000원	
제시외 수목		암남동 621-37, 621-73 해송, 동백나무, 기타 등	수목 70주, 기타 1식		5,100,000원	
감정가		토지:1274㎡(385.385평)		합계	267,540,000원	토지만 매각

참고사항	▶본건낙찰 2015.07.29 / 낙찰가 252,131,000원 / 양태임외8명 / 12명 입찰 / 최고가매각불허가결정 * 이 사건 토지상에는 부산 서구청에서 식재 및 관리하고 있는 약 70주의 수목(소나무 및 동백나무 등)이 있으며,이는 매각에서 제외됨. * 최저매각가격은 위 수목의 존재로 인하여 영향을 받는 가격임.

200

해제 쪽에 초점을 맞춘 근린공원 농지

2015-2568 광주

본건 근린공원을 현장답사한 소감은 전혀 공원으로서 기능을 하고 있지 않다는 것이다. 등산로도 없고 벤치도 하나 없었다. 그런데 본건의 북쪽 조선대학교 쪽으로 난 등산로가 상당히 정비가 잘되어 있었다. 구태여 도로 건너 조성된 공원이 있는데…… 또한 본건 근린공원은 이미 도로에 의하여 포위되고 있었다. 이런 땅의 해제를 노리는 개발업자들이 많지 않을까. 그래서 해제에 초점을 맞춰서 낙찰받았다.

2015타경 2568

● 광주지방법원 본원 ● 매각기일 : 2015.08.11(火) (10:00) ● 경매 4계(전화:062-239-1614)

소 재 지	광주광역시 동구 학동 269-1 도로명주소검색						
물건종별	농지	감 정 가	13,486,440원	오늘조회: 1 2주누적: 1 2주평균: 0 조회동향			
토지면적	396.66㎡(119.99평)	최 저 가	(100%) 13,486,440원	구분	입찰기일	최저매각가격	결과
건물면적		보 증 금	(10%) 1,350,000원	1차	2015-08-11	13,486,440원	
매각물건	토지지분매각	소 유 자	김 석	낙찰: 15,131,000원 (112.19%)			
개시결정	2015-02-04	채 무 자	남 갑	(입찰2명,낙찰:김창식외3)			
사 건 명	임의경매	채 권 자	오 내	매각결정기일 : 2015.08.18 - 매각허가결정			
				대금지급기한 : 2015.09.24			
				대금납부 2015.08.26 / 배당기일 2015.10.29			
				배당종결 2015.10.29			

● **매각토지.건물현황**(감정원 : 제일감정평가 / 가격시점 : 2015.02.24)

목록	지번	용도/구조/면적/토지이용계획		㎡당 단가 (공시지가)	감정가	비고
토지	학동 269-1	도시지역, 자연녹지지역, 근린공원	전 396.66㎡ (119.99평)	34,000원 (33,000원)	13,486,440원	☞ 전체면적 1190㎡중 김상석 지분 1/3 매각
감정가	토지:396.66㎡(119.99평)			합계	13,486,440원	토지지분매각
현황 위치	* 현대아파트 남측 인근에 위치, 주위는 전, 답, 임야 등이 소재하는 시가지주변 농경지대로서 주위환경은 보통시됨 * 평가대상 인근까지 차량출입이 가능하며, 인근에 시내버스정류장이 소재하고 있어 대중교통수단 이용은 보통시됨 * 평가대상은 부정형 완경사 토지로서 자연림으로 이용중임 * 평가대상은 지적도상 맹지임					

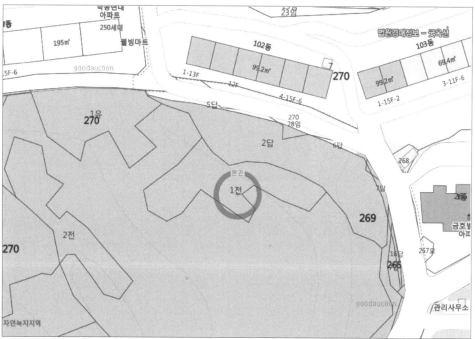

도시계획시설부지 매수청구

필자가 부산시청에서 양식에 의하여 매수신청을 했는데, 보유하고 있지 않아 첨부하지 못하겠다. 이후의 과정을 서식으로 본서에 담는다. 또한 매수청구를 해보니 부산시에서는 사무관 이상 급으로 민원후견인을 지정하여 통보를 해주었다. 보상금 수령까지는 1년 8개월이 소요됐다. 토지수용(협의매수)확인서는 통영시의 농지를 공매로 취득한 것인데, 이를 첨부한다.

부 산 광 역 시

수신자　　　　　　　　　　　　　　　　　　　　김창식 귀하
(경유)

제목　도시계획시설부지 매수청구에 대한 회신

　　1. 시정발전에 협조해 주신 귀하께 감사드립니다.

　　2. 귀하께서 우리시에 신청하신 미집행도시계획시설부지 매수청구건은 국토의계획
및이용에관한법률 제47조제6항의 규정에 따라　매수청구가 있은 날부터 2년이내에 매수결정
여부를 종합적으로 판단하여 별도 통지하겠음을 알려드립니다.

　　○ 매수청구현황

시 설 명	지　　　번	지적면적	소 유 자	비　　　고
가덕유원지		370.0㎡	김창식	2005.5.9매수청구

끝.

부　산　광　역　시

전결 05/10

담당자　　　　　　　　지방행정사무관　　　　　시설계획과장.

시행　시설계획과-2514　　(2005.05.10.)　　　접수　　　　　　　　　()

우 611-735　　부산광역시 연제구 중앙로 2001(연산5동 1000)　　/
전화 (051)888-3772 (행)3772　　전송 888-3749　　　/ jonjkim@metro.busan.kr　/ 공개

204

민원후견인 지정통보서

    귀하께서 접수시킨 민원을 신속, 공정하게 잘 처리하기 위하여 우리

시에 근무하는 담당사무관을 이 민원의 후견인으로 선정하여 귀하를 보살펴

드리고자 하오니 처리중에 궁금하신 사항을 이분에게 상담 문의 하시면

많은 도움이 될 것입니다.

접수번호	2005-6260000-0008311	접수일자	2005.05.09
주처리부서	부산광역시 도시계획국 시설계획과	처리기한	2007.05.08
민원명	도시계획시설부지 매수 청구		
후견인성명		후견인전화	
후견인부서	부산광역시 도시계획국 시설계획과	후견인직위	택지개발 담당

2005년 5월 9일

부산광역시장

부 산 광 역 시

수신자   수신자 참조
(경유)

제목   매수청구토지 매도의사 확인

　　　1. 시정에 협조하여 주신데 대하여 감사드립니다.

　　　2. 귀하께서 우리 시에 매수청구하신 미집행 도시계획시설 부지는「국토의 계획 및 이용에 관한 법률」제47조의 규정에 의거 매수하기로 결정.통지한 바 있으며, 매도의사가 확인되는 대로 보상을 추진할 계획이므로
측량, 감정 또는 물건조사를 위하여 토지의 출입을 해야할 경우 적극 협조하여 주시기 바랍니다.

　　　3. 일반적으로 도로개설이나 공원 조성 등의 도시계획시설사업을 시행할 경우에는 토지 및 건축물(지장물 포함)에 대한 보상은 물론 주거용 건축물인 경우 이주대책 보상, 영업시설인 경우 영업의 손실 등에 대한 보상을 해 주고 있으나, **매수청구에 의한 보상은 도시계획시설에 포함된 토지 및 적법한 건축물(지장물 포함)에 대해서만 보상을 하게 되고, 지분으로 등기된 토지 소유자는 전부 매매계약을 체결하여야 하며**

　　　4. 보상금액은「공익사업을 위한 토지 등의 취득 및 보상에 관한 법률」의 규정에 따라 2개의 감정평가기관에서 평가한 평가액의 산술평균치로 산정하여 보상하고 있습니다.

　　　5. 위의 매수 방법에 응할 수 없거나 매도할 의사가 없을 경우에는 2007. 7. 31(화)까지 우리 시에 의견을 제출하여 주시기 바라며, 기한내 의견표시가 없을 경우에는 매도의사가 있는 것으로 간주하여 보상절차를 진행할 계획임을 알려드리며

　　　6. 당해 토지(건축물 포함)에 대한 소유권이 변경되었을 경우 매수자가 매수청구 권한을 승계할 수 있도록 사전에 조치하여 주시기 바랍니다.

붙임   토지목록 1부. 끝.

부 산 광 역 시

수신자   수신자 참조
(경유)

제목   도시계획시설 매수청구부지 매수결정 통지(녹지)

　　　　1. 귀하께서 우리시에 매수청구 하신 도시계획시설부지에 대하여 국토의 계획 및 이용에 관한 법률 제47조제6항의 규정에 의거 매수하기로 결정되었음을 통지하오니 사업이 원만히 추진될 수 있도록 협조하여 주시기 바랍니다.

　　　　　　가. 매수신청 현황

시 설 명	매수신청 소재지	면 적	소 유 자	비 　 고
완충녹지		26.0㎡ 73.0㎡		2005.4.28매수청구
동백유원지		261.0㎡ 529.0㎡		2005.5. 4매수청구
가덕유원지		370.0㎡	김창식	2005.5. 9매수청구
완충녹지		268.0㎡ 18.0㎡ 11.0㎡ 40.0㎡		2005.5.27매수청구
민 　 락 근린공원		2,006.0㎡		2005.6.30매수청구

　　　　　　나. 매수기한 : 매수결정 통지일로부터 2년이내

　　　　　　다. 매수절차 : 공익사업을 위한 토지등의 취득 및 보상에 관한 법률을 준용하여 2개의 감정평가기관에서 평가한 평가액의 산술평균치로 산정하여 보상

　　　　　　라. 매수대상 : 매수청구에 의한 보상은 도시계획시설에 포함된 토지 및 건축물(지장물 포함)에 한하며, 기타 이주대책 보상 또는 영업손실 보상등은 하지 않음.

　　　　　　마. 기　　　타 : 위의 사항에 응할 수 없거나 매도할 의사가 없을 경우에는 우리시에 매도포기서(별도 서식 없음) 또는 의견을 제출하여 주시기 바랍니다.

　　　　2. 만약, 부득이한 사유로 매수결정을 통지한 날부터 2년이 경과될 때까지 당해 토지를 매수하지 아니하는 경우에는 국토의 계획 및 이용에 관한 법률 제56조의 규정에 의거 관할 구청장의 허가를 받아 대통령령이 정하는 건축물(3층이하의 단독주택 또는 제1종근린생활시설) 또는 공작물을 설치할 수 있음을 알려드립니다. 끝.

부산광역시

수신자   수신자 참조
(경유)

제목   매수청구부지 보상 협의 요청

　　1. 평소 시정에 관심을 가져주신데 감사드립니다.

　　2. 귀하께서 매수청구한 도시계획시설 부지의 보상과 관련, 매수계획 통지(시설계획과 - 2197(2007. 10. 12)호)한 사항에 대하여 「공익사업을 위한 토지 등의 취득 및 보상에 관한 법률」 제16조 및 동법 시행령 제8조 제1항의 규정에 의하여 협의를 요청하오니 협의기간내 응하여 주시기 바랍니다.

　　　　가. 협의기간 : 2007. 11. 29 ~ 2007. 12. 31

　　　　　○ 민원 혼잡이 예상되오니, 방문일정을 유선(☎888-3771)으로
　　　　　　미리 통보 요함

　　　　나. 협의장소 : 부산광역시 시설계획과(시청 20층)

　　　　다. 협의방법 : 2개 감정평가법인의 평가액을 산술평균한
　　　　　　　　　　금액으로 협의 요청하여 협의성립시 전액 임시불
　　　　　　　　　　현금 지급(계좌입금)

　　　　라. 계약조건 : 토지 등에 대한 소유권이외의 권리(압류, 가처분,
　　　　　　　　　　가등기, 근저당권, 지상권 등)가 있는 경우,
　　　　　　　　　　사전에 말소후 협의 가능

　　　　마. 보상액 내역 : 별첨

　　　　바. 계약체결에 필요한 구비서류 : 별첨 구비서류 내역 참조.

붙임   1. 보상액 내역 1부.
　　　　2. 구비서류 1부. 끝.

토 지 수 용 (협의매수) 확 인 서

용도	제출용

1. 수용 및 대체취득 물건내역

수 용 물 건						비고
구분	소재지	지목 (구조)	면적 (㎡)	등급	과세시가표준액	
토지		전				
토지		전				
토지		전				

위 물건에 대한 수용(협의매수) 및 보상금 지급 사실을 확인하여 주시기 바랍니다.

2015년 7월   일

신청인 :   (인)

2. 수용근거

기업자		사업명	사업인가				비고
주소	성명		일자	인가기관	고시번호	인가명칭	
통영시 무전동357	통영시장	미수(휴먼시아~ 당산나무) 도시 계획도로 개설 공사	2015.4.27	통영시	2016-58	공익사업을위한 토지등의취득및 보상에관한법률	협의취득

3. 보상금 지급내역 (본란은 반드시 스카치 테이프로 부착할 것)

보 상 금		수령일자	수 령 자			비고
물건	금액		주소	성명	주민등록번호	
계						
토지		2015.7.8				

위 사실을 확인함.

2015년   7월   일

통 영 시

주의사항	1) 보상금 수령일로부터 1년이에 대체취득(잔금지급일 또는 등기일)에 한하여 감면합니다.
	2) 대체취득 물건을 기재하여야 하며, 기재시 분실시에도 재발급은 불가합니다.
	3) 필요에 따라 보상금 총액 범위내에서 2이상 발급받을 수도 있습니다.
	4) 이 확인서는 수수료 없이 발급됩니다.

15장

경매의 절차 기타

토지를 보는 눈

🔁 필자의 견해를 이해하는 선에서 봐주시기를 바랍니다.

나대지가 경매로 나왔습니다. 최초 매각가에서 2번 유찰됐습니다. 작은 사진이지만 사진빨이 괜찮아 보입니다. 도로변 대지임을 알 수 있습니다. 문제는 아래 현황도로가 건축이 가능한 도로인가 하는 점입니다.

2011타경8160

• 창원지방법원 본원 • 매각기일 : 2011.11.29(火) (10:00) • 경매 3계(전화:055-239-2113)

소 재 지	경상남도 김해시 진영읍 내룡리 197 도로명주소검색						
물건종별	대지	감 정 가	78,660,000원	오늘조회: 1 2주누적: 0 2주평균: 0 조회동향			
				구분	입찰기일	최저매각가격	결과
토지면적	342㎡(103.455평)	최 저 가	(64%) 50,342,000원	1차	2011-09-30	78,660,000원	유찰
				2차	2011-10-31	62,928,000원	유찰
건물면적		보 증 금	(10%) 5,040,000원	3차	2011-11-29	50,342,000원	
매각물건	토지 매각	소 유 자	이 배	낙찰 : 65,990,000원 (83.89%)			
				(입찰7명,낙찰:양 은 / 2등입찰가 58,485,000원)			
개시결정	2011-05-09	채 무 자	이 배	매각결정기일 : 2011.12.06 - 매각허가결정			
				대금지급기한 : 2012.01.02			
사 건 명	임의경매	채 권 자	사 농협	대금납부 2011.12.28 / 배당기일 2012.01.31			
				배당종결 2012.01.31			

🏠 용도지역을 보니 자연녹지이면서 자연취락지구입니다. 배출시설설치제한지역이지만 필자가 공장을

지을 일은 없으니 문제는 없어 보입니다. 여기에서 자연취락지구의 의미를 새겨볼 필요가 있는데,

자연녹지의 행위제한을 완화한다는 의미입니다. '국토의 계획 및 이용에 관한 법률시행령'에 의하여

단독주택, 다가구주택을 지을 수 있습니다. 도시계획조례에서 허용하면 다세대, 연립주택, 일반음식

점도 가능합니다. 국토법 시행령에 의하면 건폐율 60% 이내로 지을 경우에는 높이 3층 이하 용적률

300% 이하로 연면적 300평방미터 이하의 건축이 가능합니다.

• 매각토지.건물현황 (감정원 : 통일감정평가 / 가격시점 : 2011.05.17)

목록	지번	용도/구조/면적/토지이용계획	m²당 단가	감정가	비고
토지	내룡리 197	도시지역, 자연녹지지역, 자연취락지구, 배출시설설치제한지역〈수질 및 수생태계 보전에 관한 법률〉🔺	대 342m² (103.455평) 230,000원	78,660,000원	표준지공시지가: (m²당)120,000원 * 일부현황 도로
감정가		토지:342m²(103.455평)	합계	78,660,000원	토지 매각
현황 위치		* 내룡마을 내에 위치하며 부근은 순수농촌지대로서 제반 주위환경은 보통시됩니다. * 본건까지 차량접근 가능하며 위치 및 대중교통의 운행횟수 등을 고려할 때 일반적인 교통사정은 보통시됩니다. * 북동측으로 노폭 약 3-4미터 내외의 콘크리트 포장도로와 접합니다. * 부정형의 완만한 환경사진 토지로서 자체지면 평탄하게 조성된 주거나지 및 일부 현황 도로			
참고사항		※하천에 관한 사항 건설과 하천계(330-3811)별도확인※			

🏠 등기부상 문제가 없습니다.

• 토지등기부 (채권액합계 : 67,000,000원)

No	접수	권리종류	권리자	채권금액	비고	소멸여부
1	2007.04.12	소유권이전(매매)	이 배		거래가액 400,000,000원	
2	2008.12.05	근저당	사 농협 (개금지점)	39,000,000원	말소기준등기	소멸
3	2008.12.05	지상권(전부)	사 농협		존속기간: 2008.12.05~2038.12.05	소멸
4	2009.12.09	근저당	김 석	28,000,000원		소멸
5	2011.05.09	임의경매	사 농협	청구금액: 30,644,076원	2011타경8160	소멸

본건의 토지이용계획입니다. 하천에 관한 기록이 있으나 경험상 문제는 없을 것으

로 사료됩니다.

지역지구등 지정여부	「국토의 계획 및 이용에 관한 법률」에 따른 지역 · 지구등	도시지역 ,자연녹지지역 ,자연취락지구
	다른 법령 등에 따른 지역 · 지구등	배출시설설치제한지역<수질 및 수생태계 보전에 관한 법률>
「토지이용규제 기본법 시행령」 제9조제4항 각 호에 해당되는 사항		

본건의 배경사진입니다. 평화로워 보입니다. 큰 그림으로 볼 때 배산을 하고 있을 가능성이 있습니다. 풍수에서는 산을 바라보는 것도 좋은 일로 칩니다.

본건 사진입니다. 전원주택이 보이는군요. 삼거리에 위치하고 있습니다. 그런데 왜 이곳에는 집이 없을까요. 지목이 대인데?

본건 지역의 확대사진입니다. 인근에 이미 개발된 주거지역 및 산업단지가 보입니다. 생산녹지 주변으로 5개의 자연취락지구가 보입니다. 생산녹지와 더불어 자연녹지를 개발한다면, 향후 시가화예정지구 또는 지구단위계획도 가능해 보입니다. 왜냐하면 이렇게 자연취락지구가 다발성으로 흩어져 있으면 이를 통으로 개발할 수 있기 때문입니다. 아래 사진에서 저수지가 보입니다. 물은 어느 방향으로 흐를까요? 자세히 보면 답을 얻을 수 있습니다. 생각만 한다면, 생각이 자연히 답을 줄 것입니다.

주제: 지목이 '대'라도 집을 지을 수 없는 경우도 있다.

1) 필자가 볼 때 문제의 핵심은 본건 토지에 건축허가가 가능한가입니다. 지목이 대인 것을 보아 과거에 집이 있었던 듯한데, 그것은 과거 사정입니다. 본건이 접한 도로에 대하여, 감정평가서는 1. 일부현황도로라는 표현 2. 약 3~4미터 내외의 콘크리트 포장도로와 접한다고 기록하고 있습니다. 그러나 도시계획도로라는 표현은 하고 있지 않습니다. 도시계획도로라면 당근 건축허가가 난다고 보지만 이 표현이 없다는 것입니다. 아래 토지이용계획에도 도시계획도로에 접한다는 표현이 없습니다.

2) 과거에 건축물이 있었다고 추정되므로 현재도 건축이 가능하지 않느냐고 반문할 수 있으나, 그렇지 않습니다. 현행 국토법은 면지역 및 비도시지역에서는 현황도로

에도 건축허가를 내주고 있으나, 이제는 이 지역이 '읍'이 되었기 때문입니다. 동, 읍 지역에서는 4미터 이상의 법정화도로 또는 비법정화도로라도 이해관계인의 동의를 얻어 도로로 지정 고시된 곳에 한하여 건축허가를 내주고 있기 때문입니다. 핵심은 이 도로가 지정 고시된 도로인가를 확인하는 것입니다. 이는 김해시에서 확인이 가능할 것입니다. 필자는 아직 확인해보지 않았습니다. 다만 문제를 지적하는 것입니다.

3) 이곳에 이미 누군가가 건축허가를 받았을 가능성이 있습니다. 그렇다면 그 허가를 승계받을 필요가 있습니다. 이 또한 김해시에서 확인할 수 있을 것입니다. 제가 이런 말씀을 드리는 것은 이런 가능성을 검토하지 않고 이 물건을 낙찰받는 것은 위험할 수 있기 때문입니다.

4) 결론: 본건의 핵심은 건축허가다…… 필자가 이 물건이 현재 매수 타이밍이라는 결론을 내는 것이 아님을 유념하기를 바랍니다.

소멸된 가처분의 본안승소는 소유권을 박탈한다(《부동산경매백과》 281쪽).

원인무효로 인한 소유권분쟁의 후순위가처분(피보전권리 : 원인무효로 인한 소유권이전등기말소청구권)은 낙찰로 인해 소멸되나, 이후 가처분채권자가 본안의 소송에서 승소할 경우, 낙찰자는 소유권을 상실한다. 경매절차에서 매각물건명세서상 소멸되는 것으로 기록되고, 소멸되었다 하더라도 소멸된 가처분채권자가 본안소송에서 승소하면 낙찰자가 소유권을 상실한다. 그러므로 입찰자는 가처분의 피보전권리가 무엇인가를 사전에 확인해야 한다. 이러한 법리는 부동산에 있어서 선의취득을 인정하지 않음에 따라(동산은 선의취득을 인정한다) 부동산등기에는 공신력이 없기 때문이다.

낙찰자의 소유권이 원인무효에 걸리게 된다

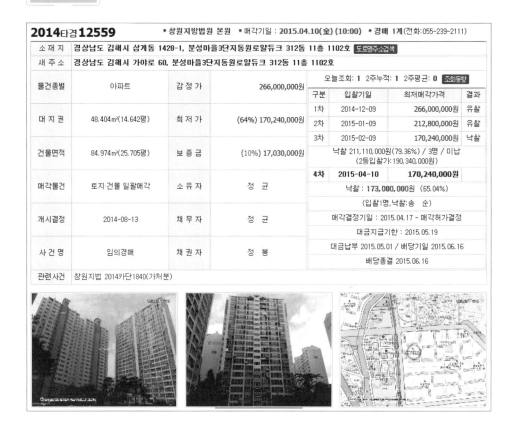

2014-12559
창원

평범합니다.

2014타경12559　　• 창원지방법원 본원　• 매각기일 : 2015.04.10(金) (10:00)　• 경매 1계(전화:055-239-2111)

소 재 지	경상남도 김해시 삼계동 1428-1, 분성마을3단지동원로얄듀크 312동 11층 1102호 도로명주소검색					
새 주 소	경상남도 김해시 가야로 60, 분성마을3단지동원로얄듀크 312동 11층 1102호					
물건종별	아파트	감 정 가	266,000,000원	오늘조회: 1 2주누적: 1 2주평균: 0 조회동향		
				구분	입찰기일	최저매각가격	결과
대 지 권	48.404㎡(14.642평)	최 저 가	(64%) 170,240,000원	1차	2014-12-09	266,000,000원	유찰
				2차	2015-01-09	212,800,000원	유찰
건물면적	84.974㎡(25.705평)	보 증 금	(10%) 17,030,000원	3차	2015-02-09	170,240,000원	낙찰
				낙찰 211,110,000원(79.36%) / 3명 / 미납 (2등입찰가:190,340,000원)		
매각물건	토지·건물 일괄매각	소 유 자	정 균	4차	2015-04-10	170,240,000원	
				낙찰 : 173,000,000원 (65.04%)		
개시결정	2014-08-13	채 무 자	정 균	(입찰1명,낙찰:송 순)		
				매각결정기일 : 2015.04.17 - 매각허가결정		
				대금지급기한 : 2015.05.19		
사 건 명	임의경매	채 권 자	정 봉	대금납부 2015.05.01 / 배당기일 2015.06.16		
				배당종결 2015.06.16		
관련사건	창원지법 2014카단1840(가처분)					

아래 그림을 보면 후순위가처분이 있다. 이 가처분은 집행절차에서 소멸시킨다. 그런데 가처분의 피보전권리를 보면 원인무효의 소유권이전등기 말소등기절차이행청구권이다. 이게 무서운 권리다. 예고등기를 기억하자! 이런 경우에는 가처분등기가 설정되어 있지 않다 하더라도, 나중에 가처분권자가 본안소송에서 승소하면 낙찰자의 소유권을 빼앗길 수 있다. 그럼 매각물건명세서를 확인해보자.

- **임차인현황** (말소기준권리 : 2014.05.20 / 배당요구종기일 : 2014.11.06)

임차인	점유부분	전입/확정/배당	보증금/차임	대항력	배당예상금액	기타
장 범	주거용 본건전부	전 입 일 : 2005.05.26 확 정 일 : 2014.06.18 배당요구일 : 2014.09.16	보100,000,000원	있음	예상배당표참조	
임차인분석	▶매수인에게 대항할 수 있는 임차인 있으며, 보증금이 전액 변제되지 아니하면 잔액을 매수인이 인수함					

- **등기부현황** (채권액합계 : 674,900,000원)

No	접수	권리종류	권리자	채권금액	비고	소멸여부
1(갑4)	2014.05.16	공유자전원지분전부이전	정 균		매매, 거래가액:285,00 0,000	
2(을2)	2014.05.20	근저당	정 봉	200,000,000원	말소기준등기	소멸
3(갑5)	2014.06.13	가압류	안 마출농협조합공동사업 법인	396,000,000원	2014카단1614	소멸
4(갑6)	2014.06.25	가처분	임 자외1명		원인무효의 소유권 이전등기 말소등기절차이행청 구권 창원지법 2014카단1840 가처분 내역보기	소멸
5(갑7)	2014.07.01	가압류	옥 농협	78,900,000원	2014카단461	소멸
6(갑8)	2014.08.13	임의경매	정 봉	청구금액: 200,000,000원	2014타경12559	소멸

매각물건명세서를 보면 소멸로 나타나 있다.

※ 등기된 부동산에 관한 권리 또는 가처분으로서 매각으로 그 효력이 소멸되지 아니하는 것

해당사항 없음

※ 매각에 따라 설정된 것으로 보는 지상권의 개요

해당사항 없음

※ 비고란

본 경매사건의 가처분권자가 본안소송을 제기하여 승소한다면, 이 승소판결의 집행으로 낙찰자는 소유권을 빼앗기게 되는 것이다.

집행법원이 배당요구종기일을 연기하다

2014-4572
창원 · 마산

집행법원이 배당요구종기일을 연기한 사건이다. 드문 일이다. 그 이유가 대항력이 없는 임차인이 배당요구종기일 이내에 배당요구를 못했기 때문이다. 대항력이 없을 뿐만 아니라 등기부상 권리의 순위를 보니 임차보증금의 일부라도 배당받을 가능성은 전혀 없어 보인다. 사정이 이쯤 되면 임차인으로서는 피를 토할 일이다. 최우선변제금으로 1,400만 원은 받을 수 있었을 텐데 말이다. 이럴 때는 임차인

이 울부짖는 수밖에 없다. 그 울음이 집행법원을 움직였다. 배당요구의 종기일 연기는 집행사건의 이해관계인의 변동을 가져오고 배당을 교란할 수 있기 때문에 민사집행법도 함부로 연기하여서는 안 된다고 명시하고 있다. 그런데 종전 낙찰자가 입찰보증금을 되돌려 받을 수 있게 됐다. 횡재한 경우다. 그 속사정을 정확히 알 수는 없지만······.

2014타경4572

• 창원지방법원 마산지원 • 매각기일 : 2015.06.18.(木) (10:00) • 경매 1계 (전화:055-240-9413)

소재지	경상남도 창원시 마산합포구 교방동 355-1, 무학산벽산블루밍아파트2단지 203동 9층 904호 도로명주소검색			
새주소	경상남도 창원시 마산합포구 노산서18길 142, 무학산벽산블루밍아파트2단지 203동 9층 904호			

물건종별	아파트	감 정 가	320,000,000원
대 지 권	44.18㎡(13.364평)	최 저 가	(80%) 256,000,000원
건물면적	84.994㎡(25.711평)	보 증 금	(20%) 51,200,000원
매각물건	토지·건물 일괄매각	소 유 자	문 하
개시결정	2014-06-02	채 무 자	문 하
사 건 명	임의경매	채 권 자	김 열

오늘조회: 1 2주누적: 0 2주평균: 0 조회동향

구분	입찰기일	최저매각가격	결과
	2014-12-11	320,000,000원	변경
1차	2015-01-22	320,000,000원	유찰
2차	2015-02-12	256,000,000원	낙찰
	낙찰 290,000,000원(90.63%) / 4명 / 미납 (2등입찰가:285,100,000원)		
	2015-05-21	256,000,000원	변경
	2015-06-18	**256,000,000원**	**취하**
	본사건은 취하(으)로 경매절차가 종결되었습니다.		

• **임차인현황** (말소기준권리 : 2009.08.04 / 배당요구종기일 : 2014.10.17)

임차인	점유부분	전입/확정/배당	보증금/차임	대항력	배당예상금액	기타
정 효	주거용 전부	전 입 일: 2013.08.16 확 정 일: 2014.04.11 배당요구일: 2014.10.06	보25,000,000원	없음	소액임차인	
최 규	주거용 미상	전 입 일: 2003.10.08 확 정 일: 미상 배당요구일: 없음	미상		배당금 없음	현황조사서상 전:2013.10.08

• **등기부현황** (채권액합계 : 375,800,000원)

No	접수	권리종류	권리자	채권금액	비고	소멸여부
1(갑2)	2009.08.04	소유권이전(매매)	조 복			
2(을1)	2009.08.04	근저당	국민은행 (마산역지점)	175,800,000원	말소기준등기	소멸
3(갑3)	2009.10.15	소유권이전(매매)	문 하			
4(을4)	2013.01.04	근저당	김 열	200,000,000원		소멸
5(갑8)	2014.04.29	압류	국민건강보험공단			소멸
6(갑9)	2014.06.02	임의경매	김 열	청구금액: 200,000,000원	2014타경4572	소멸

매각물건 명세서

사건	**2014타경4572** 부동산임의경매	매각물건번호	1	담임법관(사법보좌관)	이 기
작성일자	2015.06.01	최선순위 설정일자	2009.8.4.(근저당권)		
부동산 및 감정평가액 최저매각가격의 표시	부동산표시목록 참조	배당요구종기	2014.10.17 (연기) / / /		

부동산의 점유자와 점유의 권원, 점유할 수 있는 기간, 차임 또는 보증금에 관한 관계인의 진술 및 임차인이 있는 경우 배당 요구 여부와 그 일자, 전입신고일자 또는 사업자등록신청일자와 확정일자의 유무와 그 일자

점유자의 성명	점유부분	정보출처 구분	점유의 권원	임대차 기간 (점유기간)	보증금	차임	전입신고 일자, 사업 자등록신 청일자	확정일자	배당요구 여부 (배당요구 일자)
정 효	미상	현황조사	주거 임차인	미상	미상	미상	2013.8.16	미상	
	본건 904호 전부	권리신고	주거 임차인	2013.8.14.부 터 2015.8.1 3.까지	2천5백만 원	없음	2013.8.16.	2014.4.11.	2014.10.06
최 규	미상	현황조사	주거 임차인	미상	미상	미상	2003.10.0 8.	미상	

〈 비고 〉
최민규 : 세대주 정차효의 동거인으로 등재

※ 비고란

매수신청보증액은 최저매각가격의 10분의2로 함.

2014.09.19	근저당권자 주식회사국민은행 송달장소변경신고서 제출
2014.09.30	임차인 정차효 배당요구연기신청 제출
2014.10.06	임차인 정차효 권리신고및배당요구신청 제출
2014.10.07	교부권자 창원시마산합포구 교부청구 제출
2014.10.15	교부권자 인천세무서 교부청구 제출
2014.10.17	압류권자 국민건강보험공단인천계양지사 교부청구 제출
2014.11.24	교부권자 인천세무서 교부청구 제출
2014.12.09	채무자겸소유자 문종하 매각기일연기신청서 제출
2014.12.24	교부권자 인천세무서 교부청구 제출
2015.05.18	채권자 김문열 매각기일연기신청서 제출
2015.06.16	채권자 김문열 경매취하서 제출

2014-58176
수원

우째 이런 일이…… 낙찰가가 1원 차이

2014타경58176
• 수원지방법원 본원　• 매각기일 : 2015.07.07(火) (10:30)　• 경매 4계(전화:031-210-1264)

소재지	경기도 화성시 마도면 슬항리 629-6 외 3필지	도로명주소검색					
물건종별	농지	감정가	430,956,000원	오늘조회: 1 2주누적: 2 2주평균: 0	조회동향		
토지면적	2095㎡(633.738평)	최저가	(70%) 301,669,000원	구분	입찰기일	최저매각가격	결과
				1차	2015-06-04	430,956,000원	유찰
건물면적		보증금	(10%) 30,170,000원	2차	2015-07-07	301,669,000원	
				낙찰: 365,000,000원 (84.7%)			
매각물건	토지만 매각	소유자	이 선	(입찰4명,낙찰:권태우 / 2등입찰가 364,999,999원)			
개시결정	2014-12-09	채무자	이 순	매각결정기일 : 2015.07.14 - 매각허가결정			
				대금지급기한 : 2015.08.20			
사건명	임의경매	채권자	신한은행외1명	대금납부 2015.08.20 / 배당기일 2015.09.18			
				배당종결 2015.09.18			
관련사건	2015타경7465(중복)						

도시개발구역 투자

2013-11195(7)
대구

용계동 도시개발구역의 공동주택예정부지가 경매로 나왔다. 사업진행은 순조로운지, 입지의 탁월성, 투자 후의 수익성 계산이 필요하다.

2013타경11195 (7)
• 대구지방법원 본원　• 매각기일 : 2016.04.04(月) (10:00)　• 경매 1계(전화:053-757-6771)

소재지	대구광역시 동구 용계동 494-2	도로명주소검색					
물건종별	대지	감정가	176,176,000원	오늘조회: 1 2주누적: 2 2주평균: 0	조회동향		
토지면적	145.6㎡(44.044평)	최저가	(49%) 86,326,000원	구분	입찰기일	최저매각가격	결과
				1차	2016-02-02	176,176,000원	유찰
건물면적		보증금	(10%) 8,640,000원	2차	2016-03-07	123,323,000원	유찰
				3차	2016-04-04	86,326,000원	
매각물건	토지 매각	소유자	(주)생보부동산신탁	낙찰: 152,150,000원 (86.36%)			
개시결정	2013-05-23	채무자	김 숙	(입찰16명,낙찰:대구 유 현외2명 / 2등입찰가 136,570,000원)			
				매각결정기일 : 2016.04.11 - 매각허가결정			
사건명	임의경매	채권자	파산자 토마토저축은행의 파산관재인 예금보험공사	대금지급기한 : 2016.05.13			
				대금납부 2016.05.12			

222

- **매각토지.건물현황**(감정원 : 명품감정평가 / 가격시점 : 2015.11.02)

목록	지번	용도/구조/면적/토지이용계획	㎡당 단가 (공시지가➕)	감정가	비고
토지	용계동 494-2	제2종일반주거지역, 제1종지구 단위계획구역, 중로3류(폭 12 M~15M)(집산도로),가축사육 제한구역<가축분뇨의 관리 및 이용에 관한 법률>, 비행안전 제5구역(전술)<군사기지 및 군 사시설 보호법>, 도시개발구역 <도시개발법> ⬆	대 145.6㎡ (44.044평)	1,210,000원 (530,000원)	176,176,000원	* 공부상 269㎡

참고사항	* 용계동 도시개발사업조합장의 부재로 2012.8.21.자 용계동 도시개발사업조합장 명의로 발급한 환지예정지지정증명원을 기초로 감정평가함 * 현재 환지처분이 이루어지지 않은 상태로서 환지예정면적은 환지확정측량후의 면적과 다소 차이가 발생할 수 있음. * 환지예정지(A2BL-1LT)로 권리면적(145.6㎡)으로 평가, 공동주택예정부지

접수번호가 같은 전세권과 근저당 중 근저당이 경매신청한 경우

평범하다.

2010-11349 인천

2010타경11349

- 인천지방법원 본원 • 매각기일 : **2010.11.22.(月)(10:00)** • 경매 1계(전화:032-860-1601)

소재지	인천광역시 남동구 간석동 775-1, 팬더아파트 다동 1층 102호 도로명주소검색						
물건종별	아파트	감 정 가	85,000,000원	오늘조회: 1 2주누적: 1 2주평균: 0 조회동향			
대 지 권	26.66㎡(8.065평)	최 저 가	(70%) 59,500,000원	구분	입찰기일	최저매각가격	결과
				1차	2010-10-22	85,000,000원	유찰
건물면적	42.6㎡(12.887평)	보 증 금	(10%) 5,950,000원	2차	**2010-11-22**	59,500,000원	
매각물건	토지·건물 일괄매각	소 유 자	이 건	낙찰: **67,500,000원 (79.41%)**			
개시결정	2010-03-08	채 무 자	서 경	(입찰1명,낙찰:김 숙)			
				매각결정기일 : 2010.11.29 - 매각허가결정			
				대금지급기한 : 2010.12.28			
사 건 명	임의경매	채 권 자	신 한,박 복	대금납부 2010.12.28 / 배당기일 2011.01.28			
				배당종결 2011.01.28			

아래 자료상 전세권자는 배당요구를 배당요구종기일 이후에 하여 배당요구의 효력

이 없다. 그런데 아래 등기부 현황을 보니 같은 날에 전세권과 근저당이 설정되었다. 그럼 등기부를 보자.

• 임차인현황 (말소기준권리 : 2009.08.20 / 배당요구종기일 : 2010.05.24)

임차인	점유부분	전입/확정/배당	보증금/차임	대항력	배당예상금액	기타
윤 하	주거용 전부	전 입 일: 미상 확 정 일: 2009.08.20 배당요구일: 2010.05.25	보30,000,000원	전액낙찰자인수		배당종기일 후 배당신청 전세권등기자
기타사항	☞조사외 소유자 점유 ☞소유자 등 관계인을 만나지 못하여 연락을 달라는 안내문을 넣어두고 왔으나 연락이 오지않고 있음 /☞공부상 소유자가 거주하는 것으로 나와있음					

• 등기부현황 (채권액합계 : 90,000,000원)

No	접수	권리종류	권리자	채권금액	비고	소멸여부
1	2000.05.08	소유권이전(매매)	이 언			
2	2009.08.20	전세권	윤 하	30,000,000원	존속기간: 2009.08.20~2010.08.20	인수
3	2009.08.20	근저당	신 한,박 복	60,000,000원	말소기준등기	소멸
4	2010.03.08	임의경매	신 한,박 복	청구금액: 69,527,671원	2010타경11349	소멸

매각물건 명세서

사건	2010타경11349 부동산임의경매	매각물건번호	1	담임법관(사법보좌관)	권 욱
작성일자	2010.10.08	최선순위 설정일자	2009.8.20.근저당권		
부동산 및 감정평가액 최저매각가격의 표시	부동산표시목록 참조	배당요구종기	2010.05.24		

부동산의 점유자와 점유의 권원, 점유할 수 있는 기간, 차임 또는 보증금에 관한 관계인의 진술 및 임차인이 있는 경우 배당요구 여부와 그 일자, 전입신고일자 또는 사업자등록신청일자와 확정일자의 유무와 그 일자

점유자의 성명	점유부분	정보출처 구분	점유의 권원	임대차 기간 (점유기간)	보증금	차임	전입신고 일자.사업 자등록신 청일자	확정일자	배당요구 여부 (배당요구 일자)
윤신하	건물전부	등기부등 본(법정 국)	주거 전세권자	2010. 8. 20. 까지	30,000,000				
	건물전부	권리신고	주거 전세권자	2010.8.20.까 지	30,000,000				2010.05.25

〈 비고 〉

※ 최선순위 설정일자보다 대항요건을 먼저 갖춘 주택.상가건물 임차인의 임차보증금은 매수인에게 인수되는 경우가 발행할 수 있고, 대항력과 우선 변제권이 있는 주택.상가건물 임차인이 배당요구를 하였으나 보증금 전액에 관하여 배당을 받지 아니한 경우에는 배당받지 못한 잔액이 매수인에게 인수되게 됨을 주의하시기 바랍니다.

※ 등기된 부동산에 관한 권리 또는 가처분으로 매각허가에 의하여 그 효력이 소멸되지 아니하는 것

2009.8.20.전세권

등기부를 보니 순위번호가 똑같다. 접수번호가 똑같기 때문이다.

6	(1)근저당권설정	2009년8월20일 제59636호	2009년8월20일 설정계약	채권최고액 금60,000,000원 채무자 서 경 　광주광역시 광산구 우산동 1571-1 하남주공아파트 　105-1317 근저당권자 　신 한 620711-1****** 　경기도 고양시 일산동구 마두동 719 백마마을 606-703 　박 복 590110-2****** 　서울특별시 송파구 잠실동 44 레이크펠리스 109-2302
6	(2)전세권설정	2009년8월20일 제59636호	2009년8월20일 설정계약	전세금 금30,000,000원 범 위 주거용건물의 전부 존속기간 2010년 8월 20일까지 전세권자 윤신하 590408-1****** 　서울특별시 관악구 봉천동 1000 관악현대아파트 　116-201

이때 문제는 전세권과 근저당의 우열이 어떻게 되느냐에 달려 있다. 판례에 의하면, 동일한 순위로 등기된 권리 간에는 그 당해 채권자 상호 간에는 우열이 없다는 것이다. 그리하여 근저당이 경매를 신청한 사건에서 전세권은 인수되는 것이다.

16장

매각허가결정 취소
실전사례

피 말리고 치가 떨리고 주접을 떤 매각허가결정취소사건 승소

2007-13396(2) 광주

2016년 6월 현재 이 원고를 쓰고 있고 2007년에 낙찰을 받았으니 지금으로부터 9년 전의 일입니다. 지금 생각해보면 경매라는 것을 전업으로 한 지가 그리 오래된 지경은 아니었지요. 그런데 부산에서 활동하던 제가 전국구로 나서보자고 처음 마음먹고 첫판을 벌렸는데…… 기부채납된 도로에 덜컥 덜미가 잡힌 사건입니다. 이에 매각허가결정취소를 신청하고 집행법원에서 이를 기각하자 즉시 항고를 했던 사건인데요. 항고심에서 승소하긴 했습니다만…… 스스로의 못남에 대한 자책과 한탄이 소송의 기록에 고스란히 스며들어 있습니다. 항고심에서는 변호사를 선임하고자 했으나 선뜻 수임하고자 하는 이가 없어 본인이 끝까지 진행했습니다. 당시 필자의 지식으로 집행법원인 1심에서 승소할 것으로 예상했으나 패소하면서 멘붕에 빠졌습니다. 경매를 가르치는 사람으로서, 가르치는 내용대로 세상에서 강사 스스로가 구현해내지 못한다면 강의사업을 접어야 하지 않느냐는 심각한 자괴심에 빠졌던 기억이 납니다. 그 기록을 공유합니다.

보증금이 여전히 10%입니다. 매각물건명세서상 무상통행권에 관한 기록은 항고심 종결 후 집행법원이 추가한 것입니다. 경매신청채권자가 낙찰을 받아 상계(차액지급) 신청하였습니다. 문건처리내역을 보면, 필자 "김창식 법원보관금환급신청서 제출"이 보입니다. 아래 정보공개요청의 접수증은 담당자의 협조를 구하였으나 적극적으로 대응하지 않아 필자가 정식으로 정보공개 요청을 한 것입니다.

2007타경13396 (2)　　● 광주지방법원 본원　● 매각기일 : **2008.08.14(木) (10:00)**　● 경매 26계 (전화:062-239-1626)

소 재 지	광주광역시 남구 주월동 505-52 도로명주소검색							
					오늘조회: 1 2주누적: 0 2주평균: 0 조회동향			
물건종별	도로	감 정 가	192,372,000원	구분	입찰기일	최저매각가격	결과
				1차	2007-10-17	192,372,000원	유찰
토지면적	697㎡(210.843평)	최 저 가	(36%) 68,947,000원	2차	2007-11-28	134,660,000원	낙찰
				낙찰 145,131,000원(75.44%) / 1명 / 미납			
건물면적		보 증 금	(10%) 6,900,000원	3차	2008-02-20	134,660,000원	유찰
					2008-04-02	107,728,000원	변경
				4차	2008-05-14	107,728,000원	유찰
매각물건	토지 매각	소 유 자	김　자	5차	2008-06-25	86,183,000원	유찰
				6차	**2008-08-14**	**68,947,000원**	
개시결정	2007-04-05	채 무 자	김　자	낙찰 : **69,000,000원** (35.87%)			
				(입찰1명,낙찰:강　주)			
사 건 명	강제경매	채 권 자	강　규	매각결정기일 : 2008.08.21 - 매각허가결정			
				배당기일 : 2008.10.24			
				배당종결 2008.10.24			

▒ 비고란

광주시활:최초 소유자인 박정봉이 광주광역시에 기부채납되어 무상통행권이 부여된 토지라 주장함.

▌문건처리내역

접수일	접수내역	결과
2007.04.12	등기소 등기국 결정(변동사항) 제출	
2007.04.23	채권자 강심규 특별송달신청 제출	
2007.06.05	채권자 강심규 특별송달신청 제출	
2007.06.13	기타 집행관 현황조사서 제출	
2007.06.20	기타 한국감정원 감정평가서 제출	
2008.01.16	최고가매수신고인 즉시항고장 제출	
2008.04.24	최고가매수신고인 매각대금완납증명	2008.04.24 발급
2008.04.24	최고가매수신고인 등기촉탁신청 제출	
2008.04.24	최고가매수신고인 등기촉탁신청 제출	
2008.04.24	최고가매수신고인 매각대금완납증명	2008.04.24 발급
2008.05.02	기타 김창식 법원보관금환급신청서 제출	
2008.09.11	최고가매수신고인 차액지급신고서(상계신청) 제출	
2008.10.27	최고가매수인 매각대금완납증명	2008.10.27 발급
2008.10.29	최고가매수인 등기촉탁신청 제출	

열린정부
open.go.kr

인쇄일자 :2007.12.26

접 수 증

접 수 번 호	438292	청구인이름	김창식
접수자　직급	행정서기	이　　　름	박주용

귀하의 청구서는 위와 같이 접수되었습니다.

2007 년　12 월　26 일

광주광역시

※ 정보공개의 처리와 관련하여 문의사항이 있으면 (담당부서, 전화번호)로 문의하여 주시기 바랍니다.

매각대금지급기한변경 및 매각허가결정취소신청

사건 : 2007타경13396(2)
채권자 :
채무자및소유자 :
신청자(낙찰자) :

신청취지

2007타경13396(2) 부동산강제경매사건에 대한 매각대금지급기한을 변경하고
매각허가결정을 취소한다.
라는 결정을 구합니다.

신청이유

1.신청인은 2007타경13396(2) 부동산강제경매사건의 낙찰자입니다.
금일(2007.12.26) 잔금납부를 위하여 광주에 갔습니다(낙찰자는 부산에 거
주함) 법원 경매계에 들러 잔금을 납부하기 전에, 광주시가 경매대상물건이
도시계획시설 도로임에도 불구하고 현재까지 보상을 하지 않은 사정을 알기
위해 광주시 건설본부를 방문하였습니다.
그간 낙찰 후 보름이 넘게 전화로 문의하였으나(입찰 전에 전화문의 시에는
소송이 걸려 보상을 못했다고 하였음)
명확한 답을 얻지 못하여 잔금납부 전에 최종적인 확인 차 방문한 것입니
다.

2.청천벽력같은 일이었습니다.
담당자(광주광역시 건설관리본부 건설지원과   )의 설명에 의하면 본
경매물건은 당 경매사건 소유자 및 채무자인   .가 인근택지개발을 하는
댓가로 이미 광주시에 기부채납되었다는 사실을 설명하면서, 절대로 잔금을
납부하면 안된다고 당부하는 것이었습니다.
담당자의 설명요지는 현재 당 경매물건은 광주시의 소유이며 현재 소유권이
전절차를 밟고 있다는 것이었습니다.

3.첨부서면 취득경위

낙찰자는 잔금납부를 위하여 2007.12.26일 오전9시30분경 부산에서 광주로 이동하던 중, 휴대폰전화로 건설관리본부직원   ㅏ이라는 사람으로부터 본 경매물건이 광주시에 기부채납된 물건이라는 것을 처음 들었습니다. 깜짝 놀랐습니다. 숨이 막힐 것 같았습니다.

이후 10시30분경에 광주시청에 도착하여 현재 담당자 조상호로 부터 본 첨부서류를 처음 열람하였습니다.

이에 본 낙찰자는 복사하여 줄 것을 요청하였습니다.

담당자는 복사하여 줄 수 없다고 하였습니다.

그리하여 본 낙찰자는 "그럼 판사님의 명령서를 갖고 와야 복사 해 줄 것이냐"며 설전을 벌렸습니다.

이에 건설지원 과장님이 담당자에게 복사하여 주라고 명을 내리자, 담당자가 과장님의 결재를 득하여, 저에게 복사하여 주었습니다.

결제하시던 과장님의 말씀이 "이거 한 장만 줘도 되나?"고 하셨는데 담당자에게 워낙 시달렸던 본 낙찰자는 추가 자료를 요청하지는 않았습니다.

어찌됐던 본 경매물건 토지가 기부채납되었다는 사실이 있었으니까요.

4. 채무자와 채권자의 기망

첨부하는 서면에 의하면, 채무자   ·는 이미 본인이 광주시에 기부채납한 토지를 보상청구 하였으나 광주시가 이미 기부채납되었음을 이유로 보상을 거절한 바 있음을 이미 알고 있었는데도 불구하고, 채권자 강심규와 통모하여 본 강제경매를 진행하여 결과적으로 집행법원을 기망하였다는 추정을 가능케합니다. 왜냐하면 이러한 사실관계(기부채납)의 적시는 집행관 현황조사보고서 및 감정평가보고서에 의존하는 집행법원으로서는 발견하기 어려운 사실입니다.

5.결론

낙찰자는 본건경매로 인하여 많은 피해를 입었습니다.

그러나 본 경매물건은 광주시에 기부채납된 것으로서 민사 집행법제127조(매각허가 결정의 취소신청) 1항에 의한 "부동산에 관한 중대한 권리관계가 변동된 사실이 경매절차의 진행 중에 밝혀진 때"에 해당하여 매각에 대한

허가를 취소하여 주시옵기 바랍니다.

(광주시 건설본부 담당자:　　　062-613-6863

　　"　　　"　　건설지원과장:　　062-613-6860)

첨부서류

1.토지손실보상요구 민원에 대한 회신 1부

2007. 12. 26

신청인(낙찰자)

김 창 식

광주지방법원 경매 26계 귀중

광주광역시건설관리본부

수신자 광주 동구 학동 676-1 아남아파트101-416호 김　　자
(경유)

제목　토지손실보상요구 민원에 대한 회신
_____

　　　1. 평소 시정발전에 협조하여 주심에 감사 드립니다.
　　　2. 귀하께서 민원 제2271호(2004. 10. 14)로 제출하신 광주 남구 주월동505-52
번지 토지 손실보상 재차 요구와 관련하여 다음과 같이 회신합니다.

　　　　　　　　　◆ 다　　음 ◆

　　　가. 민원내용 : 남구 주월동 505-52번지 토지는 당초 소유자　　　　　과 우리 시
와의 채권적 청구권이고 귀하께서는 제3자로서 선의의 피해자이니 재차 보상 요구
　　　　　나. 회신내용 : 동 토지는 우리 시에 기부채납 되어 무상통행권이 부여된 토지
이므로 보상이 불가함을 재차 알려드리오니 이점 양해하여 주시기 바랍니다. 끝.

광주광역시건설관리본부

지방행정주사보	직원	도로건설과장	시설부장
10/15			
건설관리본부장			

협조자

시행　도로건설과-2284　　　　　　(2004.10.15.) 접수　　　　　　　　　　()

우　502-702　　　광주광역시 서구 내방로410(치평동1200)　　　　　　/
전화　613-6863　　　전송 613-6879　　/ tnlxhd@hanmail.net　　　　/ 공개

||||| ||| ||||| ||||| ||| |||| | |||| **614-110**
2 0 9 6 9 5 7 - 9 5 0 4 3 3 ↓
민사집행과 경매26계
2007-014-3137-506

광주지방법원

결   정

사 건   2007타기3137   매각허가결정취소

신 청 인   1.   (614-110)

          2.   (302-120)

          3.   (614-100)

          4.   (602-093)

          5.   (137-070)

          6.   (302-120)

          7.   (602-093)

          8.   (611-070)

          9. 김 창 식   (614-100)

피신청인   (501-190)

주 문

이 사건의 매각허가결정취소신청을 기각한다.

이 유

이 사건 신청은 이유 없으므로 주문과 같이 결정한다.

정 본 입 니 다.
2008. 1. 7.
법원주사보 오 룡

2008. 1. 7.

사법보좌관 박   연

236

민원진정서

발송(민원인) : 김창식

수   신   : 광주광역시

참   조   : 건설관리본부장

1.귀시의 발전을 기원합니다.

2.본인은 귀시에 기부채납된 토지(광주시 남구 주월동 505-52 도로)에 대한 경매사건(광주지방법원 2007타경 13396 물건번호2)의 낙찰자입니다(영수증 참조).

문제의 발생

본인은 위 사건의 낙찰자로서 잔금납부의 의무와 소유권이전청구권을 가진 사람입니다. 그러나 잔금납부 전 2007.12.26 오전 10시경에 귀시를 방문하여 본건 토지가 귀시에 이미 기부채납되어 무상통행권이 부여된 토지임을 확인하였습니다(귀시 건설관리본부장 발행 민원회신문, 접수증 참조)

문제의 전개

이에 본인은 잔금을 납부하고 소유권을 취득할 것인가, 잔금납부를 보류하고 매각허가결정취소신청을 할 것인가를 두고 고민할 수밖에 없었습니다.

그리하여 본인은 잔금납부를 보류하고 매각허가결정취소신청을 하였으나 집행법원으로 부터 기각결정을 받았습니다. 현재 본인은 2007.12.28부터 잔금(₩131,665,000)에 대한 연 20%의 지체이자를 부담하고 있습니다.

매각허가결정취소신청사건에서의 기각 사유

본인이 판단할 때 본건 토지가 광주시에 기부채납된 사실이 명백하였다면, 첨부하는 첨부1의 민원회신 이외에 귀시의 담당자로 부터 본건에 대한 적극적인 협조를 받을 수 있었다면, 본 경매사건은 마땅히 매각허가결정이 취소되어졌을 것입니다.

또한 이러한 업무의 처리가 불필요한 민원을 피할 수 있었을 것입니다.

왜냐하면, 현재 귀시는 기부채납에 의한 소유권을 주장하는 형편이고, 본인은 경매에 의한 소유권의 취득을 예정하고 있었기 때문입니다.

그러나 본인은 첨부1의 복사용지 1장을 입수하는데 1시간을 넘게 고충을 토로하여 입수할 수 있었을 뿐입니다

민원사항

그리하여 본 민원인은

①본건 토지가 원소유자에 의해 기부채납되어 도로부지로 무상제공된 사실이 있는지

②기부채납된 토지의 경우 어떤 행정절차를 밟아 소유권을 취득하는지를 질의하오니 조속히 회신하여 주시옵기 바랍니다

본인은 본건 잔금납부의 지연으로 인하여 1일에 ₩72,145원이라는 지체이자를 부담하고 있습니다. 귀시의 적극적인 협조를 당부드립니다.

※본건 관련 항고사건의 담당재판부에 위 질의와 같은 사실조회신청을 하였음을 알려드립니다.

첨부서류

1.토지손실보상요구에 대한 민원회신　　　1부
2.정보공개열람신청접수증　　　　　　　　1부
3.영수증(매각허가)　　　　　　　　　　　1부
4.매각허가결정취소신청에 대한 기각결정문 1부

2008. 1

민 원 인　　　김　　창　　식

증거자료 제출

사건번호 : 2007타기3137
신청인 : 김창식외8명

　　　위 사건과 관련하여 광주광역시 종합건설본부 로부터
민원회신을 받았으므로 수신원본을 제출합니다.

※첨부
　1. 민원질의 회신　　　　1부

2008. 1. 30

위신청인

김창식

광주지방법원 귀중

광 주 광 역 시 종 합 건 설 본 부

수신자 김창식(

(경유)

제목 민원 질의 회신

___

1. 평소 시정 발전에 협조하여 주심에 감사드립니다.

2. 귀하께서 민원 제359(2008.1.17)로 제출하신 광주 남구 주월동 505-52번지 민원에 관련하여 다음과 같이 회신합니다.

◆ 다　음 ◆

가. 민원내용

1) 남구 주월동 505-52번지 토지가 원 소유자에 의해 기부채납되어 도로부지로 무상제공된 사실이 있는지

2) 기부채납된 토지의 경우 어떤 행정절차를 밟아 소유권을 취득하는지

나. 회신내용

1) 우리시에서 백운주유소~월산마을간 도로 개설공사 편입 토지를 보상하면서 확인한 결과 남구 주월동 505-52번지 토지는 최초 소유자인 박정봉이 '82. 8.10 위 토지의 분할 이전 지번인 주월동 505번지를 형질 변경 허가를 ('82.9.17) 득 하면서 도로에 편입되는 동 토지를 우리시에 기부채납한 사실이 있습니다.

2) 따라서 기부채납한 동 토지는 소유권이전과 관계없이 실제 소유는 우리시에 있다고 판단됩니다. 끝.

광주광역시종합건설본부장

01/25

실무관   보상담당   보상과장

협조자

시행   보상과-125   (2008.01.25.)   접수   ( )
우   502-702   광주광역시 서구 내방동 410(치평동 1200번지)   /
전화   613-6854   전송   613-6859   / syt1022@hanmail.net   / 공개
            - 첨단산업 문화수도 1등광주 1등시민 -

광주지방법원

결　　정

사　　　건　　　2007타경13396　부동산강제경매
　　　　　　　　2007타기3137　　매각허가결정취소

신 청 인

피신청인

주　　문

이 사건 사법보좌관의 처분을 인가한다.

이　　유

이 사건 이의신청은 이유 없으므로 사법보좌관규칙 제4조 제6항 제5호를 적용하여
주문과 같이 결정한다.

　　　　　　　　　　　　　　　　2008.　2.　19.

　　　　　　　　　　판　　사

즉시 항고

사건 : 2008타키51 매각허가결정취소

항고인 :

광주지방법원 귀중

즉시항고장

항고인

김 창 식

위 항고인은 귀원 2007타경13396 물건번호2번 부동산강제경매사건에 관하여 매각허가결정취소신청사건의 기각결정(2008.1.7)을 받았으나 그 결정에 불복하므로 이에 항고합니다.

원결정의 표시
이 사건의 매각허가결정취소신청을 기각한다.

항고의 취지
원결정을 취소하고 이 사건의 매각허가결정을 취소한다

라는 재판을 구합니다.

항고 이유

항고인은 귀원 2007타경13396(2)호 부동산강제경매사건에 관하여 본건 토지가 이미 광주시에 기부채납된 사실(광주광역시 건설관리본부장 발행, 첨부서류1)을 이유로 하여 매각허가결정취소신청을 하였으나 2008. 1. 7 기각결정을 받았습니다. 그러나 이러한 결정은 민사집행법 제121조 제6호의 "부동산에 관한 중대한 권리관계의 변동"에 관하여 낙찰자의 손실을 간과한 것이어서 본 항고에 이르게 된 것입니다.

1. 민사집행법 제127조(매각허가결정의 취소신청) 1호에서 규정하는 사유로써 인용되는 민사집행법 제121조(매각허가에 대한 이의신청사유) 6호의 "부동산에 관한 중대한 권리관계의 변동"에 관한 대법원판례(2005마643결정)에 의하면 "(매수인이 소유권을 취득하더라도) 매각부동산의 부담이 현저히 증가하여 매수인이 인수할 권리가 중대하게 변동되는 경우"로 정의하고 있습니다.

항고인은 본건 토지(광주시 남구 주월동 505-52)와 관련하여 광주시 건설관리본부 소속 박종탁으로 부터 ①"본건 토지가 인근택지개발과 관련하여 기부채납 되었다"는 구두진술과 ②첨부서류1의 민원회신내용 중 본건 토지가 "기부채납되어 무상통행권이 부여된 토지" 라는 사실과 ③본건 토지 소유자 김숙자가 토지손실보상요구를 하였으나 거부당했다는 사실에 국한되고 있음을 양해하여 주시기 바랍니다.

항고인은 본건 관련 정보공개열람신청(첨부서류2)을 하였으나, 첨부1의 복사용지 1부만을 취득하였을 뿐입니다.

그러나 광주광역시 건설관리본부장 명의의 공문을 신뢰하지 않을 수 없을 것입니다.

2. 대법원 판례(97다52844)에 의하면 "토지의 원소유자가 토지의 일부를 도로부지로 무상제공 함으로써 이에 대한 독점적이고 배타적인 사용수익권을 포기하고 이에 따라 주민들이 그 토지를 무상으로 통행하게 된 이후에 그 토지를 경매, 매매, 대물변제 등에 의하여 특정승계한 자는 그와 같은 사용수익의 제한이라는 부담이 있다는 사정을 용인하거나 적어도 그러한 사정이 있음을 알고서 그 토지의 소유권을 취득하였다고 봄이 상당하다"고 판시하고 있습니다.

그렇다면 본 항고인은 "도로부지로 무상제공됨으로서 이에 대한 독점적이고 배타적인 사용수익권이 포기된 토지를 무상제공된 조건 그대로를 승계하는 매수"라는 불측의 부담을 안고 본건 토지를 매수하여야 한다는 결론에 이르게 됩니다.

또한 도시계획도로라 하더라도 도로부지로 무상제공되지 않은 도로가 비일비재한 현실에서, 이러한 불측의 부담(기부채납되어 무상통행권이 부여된 토지라는 사실)이 귀원에 의해 공시되었던 바도 없었습니다

그렇다면 낙찰인이 부담해야 하는 기부채납에 의한 사용수익권의 포기는 위 판례에서 말하는 매수인이 인수할 권리가 중대하게 변동되는 경우에 해당되어 위 민사집행법 제127조의 "중대한 권리관계의 변동"에 해당된다할 것입니다

3. 채무자와 경매신청채권자의 협력

본건 토지의 등기부등본(첨부서류3)에 의하면 등기부상 아무런 제한물권이 없습니다. 단지 경매신청등기만이 존재하고 있습니다. 채무자 김숙자는 본건 토지를 광주광역시에 보상청구 하였으나 광주시로부터 이미 기부채납되어 무상통행권이 부여된 토지라는 이유로 보상거절을 당한 바 있었고, 이미 이러한 사정을 알고 있었음에도 불구하고 채권자 강심규와 협력하여 본 강제경매사건을 진행하여 결과적으로 집행법원을 기만하였다는 추정을 가능케 하는 것입니다.

나아가서 본건 경매사건의 진행은 선의의 제3자를 재물로 삼아 본인의 무수익자산을 털어 내고자하는 의도를 추정케 하는 것입니다 왜냐하면 이러한 사실관계(기부채납에 의한 무상통행권의 부여)의 적시는 집행관 현황조사보고서 및 감정평가보고서에 의존하는 집행법원으로서는 발견하기 어려운 것이 사실일 것입니다. 김숙자는 본인에게 아무 이익이 없고 오히려 손해(보유세 및 이에 따른 의료보험료의 증가 등)만 입히는 본건 토지가 미운 오리새끼였을 것입니다.

4. 본건 매각허가결정취소신청과 관련하여 낙찰인은 과실이 없었다는 점입니다. 본건 관련 경매사건과 관련하여 매각물건명세서 등 어떤 집행법원의 문건에서도 "기부채납되어 무상통행권이 부여된 토지"임을 명시한 바가 없었고, 낙찰자는 입찰 전후를 막론하고 문의하였으나 기부 채납된 본건 토지에 대한 사실관계에 접근할 수 없었다는 점입니다. 광주시 남구청 지적과, 광주광역시 도시계획과 유방실, 건설관리본부 조상호와 접촉하였으나 이러한 사

실을 민원인이 알아내기에는 쉬운 일이 아니었습니다. 심지어 첨부서류1을 담당자(조상호)가 가지고 있었으나 복사하여 달라는 항고인의 요청을 1시간 동안이나 배척하였습니다.

5.결론

낙찰자는 진퇴양난에 빠질 수밖에 없었습니다..

그리하여 잔금납부를 보류하고 매각허가결정취소신청에 이르렀던 것입니다.

이러한 사정을 비추어볼 때 매각허가결정취소신청사건에 대한 기각결정은 민사집행법 제127조 1호의 "중대한 권리관계의 변동"을 간과한 것이어서 본 항고에 이르게 된 것입니다.

첨부서류

1.토지손실보상요구 민원에 대한 회신　　1부
2.정보공개 및 열람신청접수증(2007.12.26) 1부
3.등기부등본　　　　　　　　　　　　　1부
4.민원진정서(수신처: 광주광역시)　　　1부
5.사실조회신청　　　　　　　　　　　　1부

　　　　　　　　　　2008. 1.
　　　　　　　　위 항고인

　　　　　　　　　　김 창 식

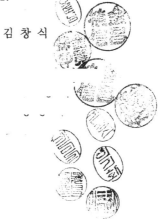

광주지방법원 귀중

즉시 항고

사건 : 8008라51 매각허가결정취소
항고인 :

광주지방법원 귀중

항고이유보충서

사건 : 2008라51 매각허가결정취소
항고인 :

김창식(대표연락처:

항고인은 위 사건에 대하여 아래와 같이 항고이유를 보충합니다.

아   래

1. 항고인은 귀원에 즉시항고장을 접수한 이후, 광주광역시(이하 광주시)에 민원 진정서를 접수하여 민원 질의회신(첨부1. 광주시 종합건설본부장발행)을 송달 받

은 바 있습니다.

그 내용인즉, ① 본 경매사건에 관련된 도로 (광주시 남구 주월동 505-52)가 이미 광주시에 기부채납된 토지이며, ② 소유권 이전과 관계없이 실제소유는 광주시에 있다는 것이었습니다. 또한 원심법원에서도 본건 토지에 대한 기부채납여부를 광주시에 사실조회하여 기부채납된 토지임을 확인한 바 있습니다.

2. 살피건데 민사집행법 제127조 〔매각허가결정의 취소신청〕의 사유로 인정하는 동법 제121조제6호의 "부동산에 관한 중대한 권리관계가 변동된 사실이 경매절차의 진행 중에 밝혀진 때"에 관한 조문의 해석에 있어서, 위 기부채납의 사실이 "중대한 권리관계의 변동" 사유에 해당하느냐, 해당하지 않느냐의 판단이 본 항고의 쟁점이 되었다 할 것입니다.

또한 동 기부채납의 사실이 본 항고인이 잔금납부를 보류하고 매각 허가 결정취소의 소를 제기하게 된 유일한 결정적 요인이 되었던 것도 사실입니다.

3. "부동산에 관한 중대한 권리관계의 변동"의 의미에 관한 대법원판례(2005마643결정)에 의하면, "(소유권을 취득한다 하더라도) 매각부동산의 부담이 현저히 증가하여 매수인이 인수할 권리가 중대하게 변동되는 경우를 말한다"고 판시하고 있습니다.

4. 그렇다면 위 1, 2, 3을 종합하면, 항고인은 잔금납부 후 소유권을 취득한다 하더라도 기부채납된 도로라는 사실의 부담을 안고 취득함이 불가피하고 나아가서 소유권에 있어서도 광주시와의 다툼이 예상된다할 것입니다.

5. 그러나 항고인의 이의신청을 이유없다고 판단한 원심법원의 결정배경에는, 경매절차의 진행 중 밝혀진 본건 도로의 기부채납 여부에 관하여는 매각허가결정의 취소사유로 인정할 수 없다는 법률적 해석과 또한 기부채납에 기인하여 광주시가 소유권을 주장하더라도 등기부상 소유권의 취득에는 문제될 것이 없다는 법률적 해석을 전제로 한 것으로 보입니다. 그러나 이러한 전제는 항고인이 소유권을 취득하게 된다고 하더라도 경매에 의한 취득은 원시취득으로써 전소유자의 기부채납으로 인한 부담을 배척할 수 있다는 가정하에서 가능할 것입니다.

6. 위 대법원 판례 (2005마643결정)에 의하면, "부동산에 관하여 유치권이 존재하지 않는 것으로 알고 매수신청을 하여 매각허가결정 까지 받았으나 그 이후 유치권이 존재하는 사실이 새로 밝혀진 경우"에는 "중대한 권리관계의 변동사유"로

인정하고 있음을 비추어 볼 때, 기부채납되어 무상통행권이 부여되고 있음이 경매절차의 진행 중에 밝혀졌음에도 불구하고 이를 이유로 한 매각허가 결정취소신청을 기각하였음은 위 판례의 취지를 왜곡하였다 할 것입니다.

물론 이러한 사실(기부채납된 사실)이 매각물건 명세서의 어디에도 표시되지 않았습니다.

7. 만약 위6의 주장을 항고법원에서 인용할 수 없다고 한다면, 대법원 판례(97다52844) " 원 소유자에 의하여 도로부지로 무상제공된 토지를 특정승계한 자의 배타적 사용수익권 행사 및 부당이득반환청구의 가부"에 관한 판결에서 "토지의 원소유자가 토지의 일부를 도로부지로 무상제공함으로써 이에 대한 독점적이고 배타적인 사용수익권을 포기하고 이에 따라 주민들이 그 토지를 무상으로 통행하게 된 이후에 그토지의 소유권을 경매, 매매, 대물변제 등에 의하여 특정승계한 자는 그와같은 사용,수익의 제한이라는 부담이 잇다는 사정을 용인하거나 적어도 그러한 사정이 있음을 알서 그 토지의 소유권을 취득하였다고 봄이 상당하므로 도로로 제공된 토지부분에 대하여 독점적이고 배타적인 사용수익권을 행사할 수 없고, 따라서 지방자치단체가 그토지의 일부를 도로로서 점유,관리하고 있다고 하더라도 그 자에게 어떠한 손해가 생긴다고 할 수없으며 지방자치단체도 아무런 이익을 얻은 바가 없으므로 이를 전제로 부당이득반환청구를 할 수없다" 라고 판시하였습니다.

8. 그렇다면 본 항고인이 매각대금을 납부하고 소유권을 취득한다고 하더라도 기부채납되어 무상통행권이 부여된 토지라는 부담을 승계하여야 한다는 것이 자명한 사실이 되어 버리는 것입니다.

9. 사실이 이러함에도 불구하고, 항고인에게 이부분에 대한 책임을 묻기위해서는 "토지계획도로로서 사유지로 되어있는 도로는 기부채납되어 무상통행권이 부여되어 있다는 사실"이 일반적 원칙이라는 전제가 성립하여야 할 것입니다.

그러나, 현재 본 항고인의 지식으로는 도시계획도로라 하더라도 "기부채납된 사실이 없는 도로"가 비일비재하다는 사실입니다.

나아가서 사실관계를 적시한다면 "기부채납된 도로"는 특별한 경우에 해당한다 할 것입니다.

10.결론

본 항고인은 잔금납부 후 등기부상 소유권을 취득한다 하더라도, 광주시와의 소유권에 대한 다툼을 별론으로 하고 "기부채납되어 무상통행권이 부여된 도로"라는 부담을 벗어날 수 없다는 결론에 이르게 됩니다.

그리하여 본 항고인은 잔금납부를 보류하고 매각허가결정취소신청에 이르렀던 것입니다. 이러한 사정을 비추어 볼 때 매각허가결정취소신청에 대한 기각결정은 민사집행법제127조 제1호의 "중대한 권리관계가 변동된 사실이 경매절차의 진행 중에 밝혀진 경우"에 관한 법리를 오해한 위법이 있다 사료되므로 항고를 제기하기에 이른 것입니다.

※첨부:

1. 민원질의회신

위신청인

김창식

광주지방법원 귀중

탄 원 서

사건 : 2008라51 매각허가결정취소
항고인 : 오순남외 8명

1. 사법정의의 실현을 판사님의 열정으로 이루심을 존경 합니다.

2. 사건의 전체개요

본인은 본인의 주도하에 광주지방법원 경매사건 2007타경13396(2) 경매물건 광주시 남구 주월동 505-52 도로를 낙찰 받았으나, 잔금납부 전에 본 경매대상 도로가 "기부채납되어 무상통행권이 부여된 사실"을 뒤늦게 알게 되어 잔금납부를 보류하고, 작금에 이르러 매각허가결정취소신청을 하였으나 원심법원으로부터 기각결정을 받아 즉시항고를 하기에 이르렀습니다.

3. 사건의 발생 - 매각허가결정취소신청 및 기각결정

본인은 2007.12.26일 본건의 잔금납부대금을 소지하고 잔금 납부차 부산에서 광주로 가던 고속도로 휴게소에서 광주광역시 건설관리본부소속 박종탁님으로 부터 본건 토지가 "기부채납되어 무상통행권이 부여된 도로"임을 처음 통보 받았습니다(첨부1. 광주광역시 정보공개신청 접수증 2007.12.26)
이같은 사실을 서두에 말씀드리는 것은 잔금납부기일(2007.12.27) 경과 후에 입찰보증금을 건지려는 의도가 아님을 분명히 밝히고자 함입니다.

그리하여 본인은 동 토지가 기부채납되어 무상통행권이 부여된 토지임을 이유로 하고 "토지손실보상요구민원에 대한 회신(첨부2)"을 근거로 하여 매각허가결정취소신청을 우편발송(2007.12.27)하여 2007.12.28일자로 귀법원에 접수되었습니다.
그러나 집행법원의 사법보좌관님으로부터 기각결정(2008.1.7)을 받았습니다.
그러나 이때만 하여도, 본인이 제출하는 첨부2의 증명력에 관하여 신뢰성의 부족이 원인이 되지 않았나 하는 내심의 판단을 하였습니다.
왜냐하면 첨부2는 보상이 불가하다는 결론을 위하여 "기부채납되어 무상통행권이 부여된 토지"라는 사실을 부수적으로 기록한 관공서의 문서였기 때문입니다.

4. 사건의 전개-즉시항고장 접수

즉시항고를 하면서, 원심법원에 "기부채납되어 무상통행권이 부여된 토지"임을 증명하기 위하여 사실조회를 신청하였습니다.

또한 본인은 광주광역시에 민원진정서(첨부3)를 접수하였습니다.

그리하여 광주광역시로부터 민원질의회신(첨부4)을 우편수령하여 원심법원에 2008.2.1일 증거자료로 제출하였습니다.

이때 당시만 하여도 본건담당 경매계장님으로부터 "우리도 광주광역시에 사실조회를 하였으니 회신결과에 따라 좋은 결과가 있지 않겠느냐"는 답변을 들었습니다. 그러나, 원심법원은 2008.2.13일자로 광주광역시로 부터"기부채납되어 무상통행권이 부여된 토지" 라는 회신을 받았음에도 불구하고 또다시 원심법원의 판사님은 "이 사건 사법보좌관의 처분을 인가한다" 라는 결정을 내렸습니다. 이에 경매계장님께 문의하였더니 판사님께서 판단한 내용에 대해 자신은 뭐라고 말할 수 없다고 하였습니다.

5. 쟁점은 무엇인가

본건 토지가 "기부채납되어 무상통행권이 부여된 토지"임을 사실조회를 통해 확인했음에도 불구하고 원심법원의 판사님은 왜 매각허가결정취소신청사건을 기각하였을까에 대하여 본인으로서는 무척 궁금합니다.

이러한 사실조회 결과를 간과한 것으로는 판단되지 않기 때문입니다.

그렇다면 "낙찰인이 소유권을 취득하는데 있어서는 문제될 것이 없다"는 판단을 하셨던 것이 아닐까 하는 결론에 도달하게 됩니다.

말하자면 기부채납되어 무상통행권이 부여된 토지이든지, 아니든지를 불문하고 말입니다.

그러나 본 낙찰인의 입장에서는 소유권을 취득하였을 때 "기부채납되어 무상통행권이 부여된 도로임을 배척할 수 있느냐"의 문제로 귀결된다 할 것입니다.

6. 관련 판례의 탐색

① 대법원 판례 2005마643 결정에 의하면 "부동산에 관하여 유치권이 존재하지 않는 것으로 알고 매수신청을 하여 매각허가결정까지 받았으나 그 이후 유치권이 존재하는 사실이 새로 밝혀진 경우에는 "중대한 권리관계의 변동사유"로 인정하고 있음을 비추어 볼 때, 기부채납되어 무상통행권이 부여되어 있음이 경매의 절차 진행 중에 밝혀졌음에도 불구하고 이를 이유로 한 매각허가결정취소신청을 기각하였음은 위 판례의 취지를 왜곡하였다 할 것입니다. 또한 이러한 사실(기부채납된 사실)이 매각물건명세서의 어디에도

표시되지 않았습니다.

② 대법원 판례 97다52844 판결에 의하면 "원 소유자에 의하여 도로부지로 무상제공된 토지를 특정승계한 자의 배타적 사용수익권 행사 및 부당이득반환청구의 가부"에 관한 판결에서 "토지의 원소유자가 토지의 일부를 도로부지로 무상제공함으로써 이에 대한 독점적이고 배타적인 사용수익권을 포기하고 이에 따라 주민들이 그 토지를 무상으로 통행하게 된 이후에 그 토지의 소유권을 경매, 매매, 대물변제 등에 의하여 특정승계한 자는 그와 같은 사용, 수익의 제한이라는 부담이 있다는 사정을 용인하거나 적어도 그러한 사정이 있음을 알고서 그 토지의 소유권을 취득하였다고 봄이 상당하므로 도로로 제공된 토지부분에 대하여 독점적이고 배타적인 사용수익권을 행사할 수 없고, 따라서 지방자치단체가 그 토지의 일부를 도로로서 점유, 관리하고 있다고 하더라도 그 자에게 어떠한 손해가 생긴다고 할 수 없으며 지방자치단체도 아무런 이익을 얻은 바가 없으므로 이를 전제로 부당이득반환청구를 할 수 없다" 라고 판시하였습니다.

그렇다면 본 항고인이 매각대금을 납부하고 소유권을 취득한다고 하더라도 "기부채납되어 무상통행권이 부여된 토지라는 부담을 승계하여야 한다"는 것이 자명한 사실이 되어 버리는 것입니다.

7. 기부채납의 사실은 특별한 경우입니다.

사실이 이러함에도 불구하고, 항고인에게 이 부분에 대한 책임을 묻기 위해서는 "토지계획도로로서 등기부상 사유지로 되어있는 도로는 기부채납되어 무상통행권이 부여되어 있다는 사실이 일반적 원칙이라는 전제"가 성립하여야 할 것입니다.

그러나, 도시계획도로라 하더라도 "기부채납된 사실이 없는 도로"가 비일비재하다는 사실입니다.

나아가서 사실관계를 적시한다면 "기부채납된 도로는 특별한 경우에 해당한다" 할 것입니다.

8.결론

본 항고인은 잔금납부 후 등기부상 소유권을 취득한다 하더라도, 광주시와의 소유권에 대한 다툼을 별론으로 하고 "기부채납되어 무상통행권이 부여된 도로"라는 부담을 벗어날 수 없다는 결론에 이르게 됩니다.

그리하여 본 항고인은 잔금납부를 보류하고 매각허가결정취소신청에 이르렀던 것입니다. 이러한 사정을 비추어 볼 때 매각허가결정취소신청에 대한 기각결정은 민사집행법제127조 제1호의 "중대한 권리관계가 변동된 사실이 경매절차의 진행 중에 밝혀진 경우"에 관한 법리를 오해한 위법이 있다 사료되므로 항고를 제기하기에 이른 것입니다.

9.추신
본인의 매각허가결정취소신청 이후 금일까지 2회 매각절차(2008.2.20, 2008.4.2)가 진행되었습니다. 다행스럽게 유찰되긴 했습니다.
만약 다음 매각기일에 본건이 낙찰된다면 항고인의 입찰보증금은 배당재단에 편입되고 말 것입니다
또한 본 사건은 당사자간 대립구조를 가지지 않는 항고사건입니다
바라옵건데, 본건 사건의 심리를 조속히 진행하여 주셨으면 합니다.
아울러 본건의 심리를 위하여 본인에게 변론의 기회를 주실 것을 간곡히 당부 드립니다.

사법정의의 실현을 판사님의 특별한 소명의식으로 이루심을 존경합니다.

첨 부
1. 광주광역시 정보공개신청접수증   1부
2. 토지손실요구보상민원에 대한 회신 1부
3. 광주광역시에 대한 민원진정서   1부
4. 민원질의회신(광주광역시 발송)   1부

위 항고인 대표 김   창   식 드림
(휴대폰:)

광주지방법원 귀중

탄원서

사건 : 2008라 51 매각허가결정취소
항고인 :

1. 사법정의의 실현에 판사님의 열정을 더하심을 존경합니다.

2. 본인은 본인의 주도하에 광주지방법원 경매사건 2007년타경 13396(2)
-광주시 남구 주월동 505-52 도로) 을 낙찰 받았으나, 잔금납부 전 본 경매
대상도로가 기부채납되어 무상통행권이 부여된 사실을 뒤늦게 알게되어 잔
금 납부를 보류하고, 작금에 이르러 매각허가결정취소신청을 하였으나, 원심
법원으로부터 기각결정을 받아 위 항고부에 제소하였습니다.

3. 아뢰올 말씀은 본건의 기부채납과 관련하여, 일반입찰자의 입장에서 신청
인의 과실은 없었다는 주장을 하고자 이글을 올리게 되었습니다.

4. 본건 매각기일 (2007. 11. 28)의 수일 전에 본건 소재지 관할 남구청에
"왜 이 도로가 보상이 되지 않았는가 "에 대해서 문의 하였습니다.
이때 저는 본건 토지를 협의 매수하려는 입장이라고 하였습니다. 이에 담당
자(성명미상, 이때만 하여도 평범하게 생각했습니다.)가 본인 소관사무가 아
니므로 광주시청에 문의하여 알려주겠다고 하였습니다. 그러자 수 시간이 경
과한 후 전화가 와서 하는 말이 "법률적 분쟁이 있어서 아직 보상이 안 나
갔는데, 이러한 사정을 알고서 사려고 하는 것이 아니냐"고 반문하였습니다.
그러하여 저는 당시 등기부등본 상 가등기(2000. 1.13, 2001.4.6, 2004.
3.24)가 연속하여 등기되었다가, 이제 삭제 되었던 것으로 보아 남구청 담당
자의 답변을 쉽게 수긍할 수 있었습니다.

5. 본건 낙찰을 받은 후, 광주시 지적과로 문의하여 당시 담당자 ⎯⎯⎯씨
(' ⎯⎯⎯⎯, 휴대폰. ⎯⎯ ⎯⎯⎯ 와 접촉하게 되었습니다.
씨는 친절한 직원이었습니다.
그러나 제가 알고자 하는 의문에 대해서 필요하고도 유익한 정보를 얻을 수
는 없었습니다. 그녀와 통화하기를 수일째 하였으나, 본건 토지의 정보를 알
려주고 싶어도, 자료를 찾는데 시간이 걸리고 (1982. 9. 17 기부채납) 내가
이 민원 하나만을 취급하는 사람이 아니다고 하더군요. 물론 맞는 말이었을

것입니다.

저는 과거 은행에 다녔는데, 수년 전의 전표를 찾는 일은 참으로 짜증나는 일이었으니까요.

6. 그리고 한 일주일쯤 지나고 나니, 도저히 자신으로서는 자료를 찾을 수 없으니 광주시 건설본부   라는 담당자를 소개하면서 이분에게서 적절한 도움을 받을 수 있을 것이라고 하였습니다. 그러면서   씨가 대통령 선거(2007. 12. 19)와 관련하여 파견중에 있으며, 대통령 선거일은 선거업무에 종사하고, 그 다음날은 선거사무 종사자에 한해서 하루 휴가를 받게 되어 2007. 12. 21일이 되어야 정상적인 근무가 가능하다고 하였습니다. 난감하더군요. 그렇더라도 오늘과 같은 상황이 벌어질 줄은 몰랐습니다.

7. 2007. 12. 21(금요일)에 담당자 송윤태씨와 통화가 되었습니다.
자료를 찾아봐야 하니 기다리라고 하였습니다. 이럴 때, 공무원들은 친절하게 답변하기는 하나, 도움은 별로 되지는 않더군요. 그리고 토. 일요일은 휴무하고 나니 크리스마스 이브(2007. 12.24) 였습니다. 2007. 12. 27일이 잔금납부 기한이라 더 이상 미룰 수가 없어 잔금납부 하루 전인 12월26일 잔금납부를 하기로 하고 제가 살고 있는 부산에서 광주로 출발하였습니다.
광주로 가는 도중에 광주시 건설관리본부 소속 박종탁이라고 성명을 밝히는 분이 휴대폰으로 전화가 와서 "본건토지가 기부채납되어 무상통행권이 부여된 도로"임을 처음으로 알게되었습니다.

8. 수차례   씨와 통화를 하면서, 잔금을 납부하려고 하니 본 건 토지에 대한 내력을 알고자 하였으나 답변을 듣지 못하다가 잔금 납부 직전에서야 알게 되었던 것입니다.
이에 저는 광주시 건설관리본부에 들러서 "본건 토지에 대한 기부채납에 관한 증거서류"를 입수하고자 하였으나 그리 호락호락하지 않더군요.
이럴 때 민원인은 담당공무원 앞에서 한없이 낮아집니다.
얼마나 몸을 낮추어 호소하였는지 지금도 생각하면 등골이 오싹합니다.
판사님, 민원인이 관청으로부터 자신에게 필요한 정보를 알아내는 것이 그리 쉬운 일이 아님을 상기하여 주시옵기 바랍니다.

9. 내일이 잔금 기한인데, 이제 시간이 점심시간이 되더군요. 저는 저에게 남은 하루와 한나절을 어떻게 활용할 것인가를 두고 고민할 수밖에 없었습

니다. 즉시 광주지방법원에 가더라도, 저에게는 준비된 것이라고는 광주시청에서 입수한 "민원질의회신" 한 장 외에는 없었습니다. 이에 과감하게 차를 부산으로 몰고 올 수 밖에 없었습니다.

왜냐하면, 이 사태를 수습하기 위해서는 본인의 집에서 마음을 가다듬고 새로운 "어떤서류"를 작성하고 귀 법원에 서둘러 접수하는 것이 최우선 과제라고 생각되었기 때문입니다.

10. 그리고는 기부채납된 도로이므로, 매각허가결정취소결정이 당연히 날 것으로 생각했습니다. 또한 원심법원에서도 본건의 기부채납여부를 광주시에 사실조회 신청하였으므로 기부채납여부에 따라 본건 결정을 할 것이라고 판단되었기 때문입니다.

11. 이글을 쓰고 있는 지금도 마음이 떨립니다.
저는 39세에 위암3기 판정을 받아 위절제 수술을 받았으나 현재까지 기적같이 살아 남았습니다. 이후 45세에 은행을 명예퇴직하여 현재 53세에 이르러 이제 무능하고 추해지는 오늘의 자화상을 마주보고 있습니다.

판사님의 사법정의를 판사님의 열정으로 실현하시옵기 바랍니다.

위 매수신고인 대표
김 창 식 드림

광 주 지 방 법 원

제 2 민 사 부

결   정

사   건   2008라51 매각허가결정취소

항 고 인   1.

동 1703호

2.

3.

4.

5.

6

7.

8.

9. 김창식

제 1 심 결 정　　광주지방법원 2008. 2. 19.자 2007타기3137 결정

주　　　　문

제1심 결정을 취소한다.

이　　　　유

1. 기초사실

　　기록에 의하면 다음 각 사실을 인정할 수 있다.

　　가. 강심규는 2007. 4. 4. 공증인가 법무법인 빛고을 종합법률사무소 작성 2007년
제348호 약속어음공정증서에 기한 채권에 의하여 김숙자 소유의 광주 남구 주월동
505-52 도로 697㎡(이하, '이 사건 토지'라 한다)를 포함한 3개의 부동산에 관하여 강
제경매를 신청하여 경매법원은 2007. 4. 5.자 2007타경13396호로 위 각 부동산에 관하
여 경매절차를 개시하였다.

　　나. 위 경매절차에서 경매법원은 배당요구의 종기를 2007. 8. 6.로 정하였고, 현황
조사 등을 거쳐 2007. 10. 2. 이 사건 토지에 관한 매각물건명세서에는 점유자의 성명
및 점유란 등 점유관계, 점유의 권원 등에 점유관계에 관하여 "조사된 임대차내역 없
음", 등기된 부동산에 관한 권리 또는 가처분으로 매각허가에 의하여 그 효력이 소멸
되지 아니하는 것에 관하여 "해당사항 없음"이라고만 기재되었다.

　　다. 경매법원은 2007. 11. 28. 입찰기일에 입찰절차를 진행한 결과, 2007. 12. 5.

이 사건 토지에 대하여 최고가로 매수신고한 항고인 오순남 외 7명에게 매각을 허가하는 결정을 하였다.

라. 매각허가결정을 받은 항고인들은 이 사건 토지가 도로임에도 불구하고 광주시가 현재까지 보상하지 않은 이유에 대하여 알아보던 중 2007. 12. 26. 광주시의 담당자(건설관리본부 건설지원과 조상호)를 통하여 이 사건 토지가 광주시에 기부채납된 것이라는 사실, 그에 따라 이 사건 토지와 관련하여 소유자인 김숙자가 2004. 10. 14. 광주광역시 건설관리본부 앞으로 토지손실보상을 해달라고 낸 토지손실보상요구 민원에 대하여 2004. 10. 15. 광주광역시 건설관리본부장은 이 사건 토지의 경우 광주시에 기부채납되어 무상통행권이 부여된 토지이므로 보상이 불가능하다고 회신한 사실을 알게 되었다.

마. 이에 항고인들은 2007. 12. 27. 경매법원에 매각허가결정취소를 신청하였고, 취소신청을 받은 경매법원은 광주광역시 종합건설본부를 상대로 사실조회를 한 결과, 이 사건 토지는 소유자인 박정봉이 1982. 7. 이 사건 토지의 분할 전 지번인 광주광역시 남구 주월동 505번지에 대한 형질변경 허가를 득하면서 도로에 편입되는 같은 동 505-17 909㎡와 같은 동 505-19 829㎡를 기부채납하였는데, 기부채납된 505-19 829㎡가 각각 505-19 65㎡, 505-52 697㎡'(이 사건 토지), 505-53 67㎡로 분할된 사실이 밝혀졌다.

바. 경매법원은 2008. 1. 7.자 2007타기3137 결정으로 항고인들의 매각허가결정취소신청을 기각하였고, 제1심 법원은 사법보좌관의 기각결정에 대한 이의신청을 이유 없다고 보아 2008. 2. 19. 사법보좌관의 처분을 인가하였다(이하, '제1심결정'이라고 한다).

사. 한편, 매수인인 항고인들이 대금지급기일인 2007. 12. 27.까지 매각대금을 지급하지 아니하자, 경매법원은 2008. 1. 16. 이 사건 토지에 대한 재매각을 명하였다.

2. 항고인들의 주장 및 그에 대한 판단

　가. 항고인들의 주장

　　항고인들은, 매각허가결정할 당시에는 매각물건명세서 등에 아무런 기재가 없었으므로 이 사건 토지가 광주시에 기부채납된 것을 몰랐으나, 매각허가결정의 확정 이후 원소유자인 박정봉이 1982. 7. 인근지역 택지개발의 대가로 이 사건 토지를 광주시에 기부채납하였다는 사실을 알게 되었는바, 만약 항고인들이 이 사건 토지를 취득하는 경우 기부채납된 도로의 특정승계인으로서 무상사용의 제한을 받는 소유권을 취득하게 되므로 이는 민사집행법 제121조 제6호에서 규정한 매각허가결정 취소사유인 "그 밖에 자기가 책임을 질 수 없는 사유로 부동산에 관한 중대한 권리관계가 변동된 사실이 경매절차의 진행중에 밝혀진 때"에 해당한다고 주장한다.

　나. 판단

　　구 도시계획법(1991. 12. 14. 법률 제4427호로 개정되기 전의 것) 제83조 제2항은 "행정청이 아닌 시행자가 도시계획사업을 시행하여 새로이 설치한 공공시설은 그 시설을 관리할 국가 또는 지방자치단체에 무상으로 귀속되며, 도시계획사업의 시행으로 인하여 그 기능이 대체되어 용도가 폐지되는 국가 또는 지방자치단체의 재산은 국유재산법 및 지방재정법 등의 규정에 불구하고 그가 새로 설치한 공공시설의 설치비용에 상당하는 범위 안에서 그 시행자에게 이를 무상으로 양도할 수 있다."고 규정하고 있으므로, 도시계획사업의 시행으로 공공시설이 설치되면 그 사업완료(준공검사)와 동시에 당해 공공시설을 구성하는 토지와 시설물의 소유권이 그 시설을 관리할 국가 또는 지방자치단체에 직접 원시적으로 귀속된다(대법원 1999. 4. 15. 선고 96다24897 판결참조).

또한, 토지의 원소유자가 토지의 일부를 도로부지로 무상 제공함으로써 이에 대한 독점적이고 배타적인 사용수익권을 포기하고 이에 따라 주민들이 그 토지를 무상으로 통행하게 된 이후에 그 토지의 소유권을 경매, 매매, 대물변제 등에 의하여 특정승계한 자는 그와 같은 사용·수익의 제한이라는 부담이 있다는 사정을 용인하거나 적어도 그러한 사정이 있음을 알고서 그 토지의 소유권을 취득하였다고 봄이 상당하므로 도로로 제공된 토지 부분에 대하여 독점적이고 배타적인 사용수익권을 행사할 수 없고, 따라서 지방자치단체가 그 토지의 일부를 도로로서 점유·관리하고 있다고 하더라도 그 자에게 어떠한 손해가 생긴다고 할 수 없으며 지방자치단체도 아무런 이익을 얻은 바가 없으므로 이를 전제로 부당이득반환청구를 할 수 없다(대법원 1998. 5. 8. 선고 97다52844 판결참조).

이 사건에 관하여 보건대, 이 사건 토지가 도시계획법에 근거한 도시계획사업의 시행으로 광주시에 기부된 것인지, 토지형질변경허가에 부수하여 광주시에 기부채납된 것인지는 분명하지 아니하나, 만약 전자의 경우라면 항고인들이 매각대금을 완납한다고 하더라도 이 사건 경매개시결정 전에 이미 구 도시계획법 제83조의 규정에 따라 광주시가 이 사건 토지의 소유권을 취득(민법 제187조 법률의 규정에 의한 물권변동)하였으므로 항고인들로서는 이 사건 토지의 소유권을 취득할 수 없다고 할 것이고/후자의 경우라면(가사, 소유권을 취득하더라도) 항고인들은 이 사건 부동산을 강제경매로 취득한 특정승계인으로서 무상통행권의 제한을 받는 부동산소유권만을 취득하게 될 여지가 있다고 할 것이다.

264

또한, 항고인들이 매각허가결정이 확정된 이후인 2007. 12. 26. 비로소 위와 같은 이 사건 토지에 관한 권리관계를 알게 된 사실, 경매법원에서의 감정평가서, 현황조사보고서, 매각물건명세서 어디에도 위와 같이 이 사건 토지가 도시계획법에 따라 소유권이 광주시에 있다거나, 기부채납된 것이므로 무상의 통행권에 의한 제한을 받을 수 있다는 등의 중요한 권리관계에 관하여 기재된 바가 전혀 없었던 사실은 앞서 본 바와 같으므로, 결국 본건은 매각허가결정의 확정 뒤에 비로소 부동산에 관한 중대한 권리관계가 변동된 사실이 밝혀진 경우에 해당한다고 봄이 상당하다.

그럼에도 불구하고 제1심 법원이 항고인들의 매각허가결정취소신청을 기각한 사법보좌관의 처분을 인가한 것은 민사집행법 제127조 제1항, 제121조 제6호의 해석을 잘못한 위법이 있다고 할 것이다.

3. 결론

그렇다면, 항고인들의 이 사건 항고는 이유 있으므로 이를 인용하고, 제1심 결정은 이와 결론을 달리하여 부당하므로 이를 취소하기로 하여 주문과 같이 결정한다.

2008. 4. 8.

재판장　　판사　　강신중

판사　　정회일

판사　　노미정

광 주 지 방 법 원

결   정

사   건   2007타경13396 부동산강제경매

채   권   자

채무자 겸 소유자

매   수   인   별지 기재와 같다.

주   문

이 법원이 별지 목록 기재 부동산에 대하여 2007. 12. 5.에 한 매각허가결
정은 이를 취소한다.

이   유

별지 목록 기재 부동산에 대한 매수인들의 매각허가결정취소 신청을 기각한
2007타기 3137호 결정(2008. 1. 7.자 사법보좌관의 기각 결정, 2008. 2. 9.
자 제1심 법원의 사법보좌관처분 인가 결정)이 2008. 4. 8. 광주지방법원
2008라 51호로 취소되고, 2008. 4. 22. 확정되었으므로 주문과 같이 결정한
다.

2008.   8.   22.

사 법 보 좌 관   박   용

좌절 그리고 극복(자유게시판 2009년 12월 13일)

위 매각허가결정취소사건의 승소 후 〈김창식의 경매교실〉에 올렸던 소회를 소개합니다.

작년 12월부터 끌어온 소송이 어제서야 승소 확정되어 금일 사건파일을 종결합니다.

1심에서 승소를 낙관하였으나 패소하고

2심에서 작심하여 즉시항고를 하고, 항고이유보충을 하고, 2번의 탄원서를 제출하고……

이제 한권의 책이 된 사건기록을 장서로서 보관합니다.

경매강의를 하면서, 경매전문가를 자처하면서

승소를 자신했던 사건에서 패소하는 참담함을 감수하는 것은 향후 저의 인생에 뼈아픈 저격사건이 아닐 수 없습니다.

만약 이 사건에 관한 법리를 강의하게 된다면 승소를 장담할 수밖에 없었을 터인데 본인이 1심에서 패소하였으니…… 참으로 세상 속의 자화상과 내 머리 속 지식이 이리 모순이 되어서야……

1심 패소 후 변호사를 만나 상담하였으나(신경 쓰여서 변호사를 선임하고자)

2심에서 되돌려 이기기는 어렵지 않겠느냐는 대답을 들으니 더욱 참담할 수밖에 없었습니다.

이에 대법원까지 간다는 각오로 항고장을 작성하고 항고이유보충서를 작성하고……—본인이 당사자가 되는 소송에 있어서는 변호사보다도 본인이 전문가라는 사실을 절감하면서—그리하여 법전출판사의《서식총람》을 구입하여 2회 정독하고, 관련 소송 공부를 하던 중 대법원에서는 '심리불속행기각'이라는 제도가 있어 모든 사건을 심리하지 않는다는 사실을 알게 되고…… 그리하여 탄원서에 탄원서를 보내고…… 사람이 점점 졸렬해지고…… 이러고도 경매강의를 계속한다는 것이 양심불량이 아니냐는 자괴감에 빠져들고……

2심 판결문을 받고 보니 1심에서 본인이 주장했던 그대로를 인용하여, "제1심 법원이 민사집행법 제127조 제1항, 제121조 제6호의 해석을 잘못한 위법이 있다고 할 것이다. 그렇다면 항고인들의 이 사건 항고는 이유 있으므로 이를 인용하고, 제1심 결정은 이와 결론을 달리하여 부당하므로 이를 취소하기로 하여 주문과 같이 결정한다."

🔖 본 사건의 쟁점은 '매각허가결정 확정 후에 낙찰인이 경매대상 도시계획도로가 기부채납되어 무상통행권이 부여된 도로임을 알게 되었을 때 매각허가결정을 취소할 수 있느냐' 하는 것이었습니다.

추신: 사법보좌관과 1심법원의 판사가 참 원망스럽습니다. 그동안 힘들었던 시간을 생각하면.